인공지능 교육단체
OUTTA와 함께하는!

자연어 처리
첫 단추
끼우기

NLP with OUTTA

교육출판위원 OUTTA

임주희 · 조민지 · 한창희
권태희 · 양윤정 · 오이석

도서출판 홍릉

자연어 처리
첫 단추 끼우기

2022년 7월 13일 초판 1쇄
2023년 7월 17일 초판 2쇄

참여저자 : 임주희 · 조민지 · 한창희 · 권태희 · 양윤정 · 오이석
편집위원 : 권태희 · 손수환 · 양윤정 · 이서준A · 이서준B · 이현수 · 임주희 · 장형원 · 조성민 · 조민지 · 하성수 · 한창희
발행인 : 송 준
발행처 : 도서출판 홍릉
주 소 : 01093 서울시 강북구 인수봉로 50길 10
등 록 : 1976년 10월 21일 제5-66호

전 화 : 02-999-2274~5
팩 스 : 02-905-6729
e-mail : hongpub@hongpub.co.kr
http://www.hongpub.co.kr
ISBN : 979-11-5600-054-9(93000)

정 가 : 17,000원

Acknowledgement

This work was derived from the lectures, exercises, and projects of the Cog * Works course at the MIT Beaver Works Summer Institute, which was created by Ryan Soklaski, Petar Griggs, and other members of the Cog * Works team. The MIT Beaver Works Summer Institute trains high school students who are applying to a wide range of cutting-edge courses in robotics, artificial intelligence, medical data science, and other topics. The Cog * Works course uses project-based learning to immerse students in exciting applications of modern machine learning and data science. Its central ethos is that all of these projects and exercises can be completed without depending on any "mystery boxes" to do so.

작가의 말

임주희 서울대학교 재료공학부

"안녕하세요, 먼저 인공지능의 세계에 발을 들이신 여러분 환영합니다! 이 책을 공부하실 여러분들은 모두 관심 분야와 공부하고자 하는 목적이 다양하겠지만 인공지능은 독자 여러분들에게 다양한 선택의 폭을, 또 새로운 분야에 도전할 용기를 줄 것입니다. 인공지능을 공부하는 것이 막연했던 제가 지금 작가의 말을 쓰고 있다는 것이 신기하지만, 그만큼 인공지능이 흥미롭고 앞으로도 제게 새로운 기회를 가져다 줄 것이라는 말씀을 드리고 싶습니다. 독자 여러분들도 이 책을 통해 인공지능에 대한 흥미를 얻으시고 저와 함께 색다른 경험을 해보시길 바랍니다!"

조민지 서울대학교 교육학과(인공지능 연합전공)

"사람에 대한 첫인상이 중요한 것처럼, 모든 일은 그 첫인상이 어떠했는지에 따라 자신의 다음 선택이 결정되곤 합니다. 인공지능에 대한 이야기를 수없이 들어온, 앞으로도 끊임없이 마주할 여러분들이 AI에 대한 막연한 부담감을 깨트리고 '내 아이디어를 실현시킬 유용한 도구'라는 첫인상을 가지게 되길 바라는 마음으로 자료를 작성해 보았습니다. 저는 현재 교육 분야에서 활용되는 AI의 가능성에 대해 궁금해하며 OUTTA를 통해 꿈을 키워나가는 길 위에 있습니다. 제 작은 마음이 부디 잘 전달되기를 바라며, 함께 두드리고 끝까지 도전해봅시다:)"

한창희 서울대학교 자유전공학부(컴퓨터공학 전공, 수리과학 전공)

"현대 사회를 살아가면서 인공지능이라는 단어를 접해보지 않은 사람은 드물 것이라 생각합니다. 그런데 막상 인공지능이 무엇이냐고 되물었을 때, 이에 대해 자신있게 대답할 수 있는 사람은 그보다 더 드물 것이라는 확신이 듭니다. 숨쉬는 내내 인공지능과 함께하고 있음에도, 많은 사람들이 인공지능으로부터 일종의 장벽을 느끼고 있는 것 같아 아쉬움이 많습니다. 이 책을 통해 제 이러한 아쉬움이 해소될 수 있기를 기원하며, 인공지능이라는 미지의 세계로 모험을 떠나오신 독자 여러분들을 격하게 환영하는 바입니다."

이 책을 통해 자연어 처리의 원리를 명확히 이해하고 나면 컴퓨터가 어떻게 인간의 언어를 학습하는지에 대한 큰 틀을 이해할 수 있을 것이다.

누구에게 도움이 되는 책인가?

1)
이 책은 머신러닝에 대한 기본적인 정보를 담은《인공지능 교육단체 OUTTA와 함께 하는! 머신러닝 첫 단추 끼우기》를 읽은 독자들을 대상으로 쓰였다. 따라서 이 책을 효율적으로 활용하기 위해선 머신러닝에 대한 기본적인 지식을 갖추고 있어야 하며 실습을 해결하기 위한 기본적인 python 프로그래밍 경험이 필요하다.

선형대수학 및 다변수 미적분학의 기초적인 내용, 머신러닝과 신경망의 학습 원리, 그리고 CNN 구조를 이해하고 있는 독자라면 이 책을 공부하는데 어려움이 없을 것이다. 앞서 언급한 내용들이 생소하다면《인공지능 교육단체 OUTTA와 함께 하는! 머신러닝 첫 단추 끼우기》을 먼저 읽고 오는 것을 추천한다.

2)
이 책에서는 PyTorch TensorFlow 등 잘 알려진 산업용 라이브러리를 사용하지 않고 MIT Beaverworks에서 개발한 교육용 라이브러리를 사용한다.《인공지능 교육단체 OUTTA와 함께 하는! 머신러닝 첫 단추 끼우기》에서 이미 이 교육용 라이브러리에 대한 설명이 언급되어 있다.

본 책에서는 실습에 사용할 교육용 라이브러리에 대한 자세한 설명은 생략하였지만 첨부된 도큐먼트 링크를 통해 공부해볼 수 있다. 실습에 들어가기 전 도큐먼트를 스스로 읽고 이해하며 프로그래밍 연습을 해보는 것도 당연히 좋다.

책을 어떻게 읽어야 하는가?

이 책은 머신러닝에 대해서는 알고 있지만 자연어처리를 새롭게 공부하고자 하는 독자들을 위해 쓰였다. 따라서 처음 실습에 도전해도 이해하기 쉽도록 쓰였으나 당연히 어려운 부분이 생길 수 있다. 이런 경우에는 적극적으로 구글링을 활용하면 좋다. 프로그래밍에 대한 수만 가지의 정보가 인터넷에 있다. 이 정보를 잘 활용하는 것 또한 프로그래밍 실력을 늘려나가는 과정이다. 이 과정은 앞으로 진행하게 될 실습에서 어려운 부분을 맞닥뜨렸을 때 슬기롭게 해결해나갈 수 있는 길을 제시해줄 것이다.

소개글

안녕하세요, 인공지능 교육단체 OUTTA입니다.

열성적인 대한민국의 청년들이 모여 만든 OUTTA는 'out of'라는 뜻으로, 교육에 관한 기존의 규범과 기대를 뛰어넘는 새로운 라이프스타일을 추구합니다. OUTTA는 다음의 세 단계를 통해 'Make a Difference'하는 라이프스타일을 추구합니다.

Step 1. Ideation – 내 가슴을 뛰게 하는 아이디어가 있다면 내가 먼저 적극적으로 리드해보는 문화

Step 2. Collaboration – 내 아이디어에 동참할 팀원들을 직접 찾아나서는 문화

Step 3. Impact – 내 아이디어로 세상에 임팩트를 주는 문화

위 과정을 통해 누구나 새로운 변화를 만들 수 있다고 믿으며, 더 많은 사람들이 저희와 함께 이러한 라이프스타일을 갖추길 바랍니다.

저희는 모든 사람이 AI에 접근할 수 있고 누구나 AI를 활용하여 세상을 바꿀 문제를 해결해나가길 희망하는 마음에서, 이 책을 썼습니다. 이 책을 통해, 사람들이 자신의 배경이나 전문성에 관계없이 AI를 활용하는 데 필요한 기술과 지식을 개발하고 AI를 주체적으로 활용할 수 있기를 바랍니다. OUTTA가 추구하는 AI 교육은 단순히 알려진 AI 지식을 주입하는 것이 아닙니다. 틀에 박힌 사고에서 벗어나, 각자의 시각으로 세상에 존재하는 문제를 찾아내고, 자신만의 해결 방법으로 그 문제를 풀어나가는 힘을 갖출 수 있도록, 능동적이고 창조적인 프로그램을 제공하기 위해 노력합니다.

이 책을 단순히 암기하듯 공부하는 것이 아니라, 배운 내용을 어떻게 활용할 수 있을지, 이 책을 읽는 것이 자신에게 어떤 도움이 될지 생각하며 즐겁게 읽으시면 좋겠습니다. 그리고 여러분의 삶에서 make a difference 하기 위한 계기로 이어지면 더욱 좋겠습니다.

[Contact Info.]
Email: admin@outta.ai

Website: Linkedin:

OUTTA 회장단 일동 드림

차 례

자연어 처리

1 자연어 처리 소개

자연어 처리(Natural language processing, NLP)란 인간의 자연어를 다루는 인공지능 분야로, 컴퓨터가 인간 언어를 이해하고 사용하며 사고할 수 있도록 처리하는 것이다. 자연어 처리가 다루는 인간의 자연어에는 일상 생활에서 사용되어 음성으로 표현되는 구어(口語)와 문자로 표기되는 문어(文語)가 있다.

자연어 처리는 크게 자연어 이해(Natural Language Understanding, NLU)와 자연어 생성(Natural Language Generation, NLG)의 두 분야로 나눌 수 있다. 인간 언어에는 비꼬는 말투나 중의성 문제와 같은 이슈가 존재하므로, 곧이 곧대로 직역한다면 오히려 원 메시지를 훼손할 수 있다. 이에 따라 자연어 이해(NLU) 과정에서는 문장의 단순한 해석을 넘어서 그것의 맥락과 유의어까지 고려하는 것이 필요하다. 자연어 생성은 데이터에 축적된 인간 자연어를 조합하여 사용자가 이해하기 쉬운 문장으로 출력해준다.

자연어 처리는 인간 언어와 관련된 데이터를 사용한다면 어느 분야에서나 활용될 수 있다. 예컨대 최근 많이 활용되는 인공지능 챗봇뿐 아니라 사진에 캡션 달기, 표절 탐지, 에세이 자동 채점, 문서 요약, 음성 인식 UI, 키워드 기반 문서 검색, 유사한 주제끼리 문서 분류하기, 유사한 문서끼리 그룹화하기, 그리고 문서 추천 시스템까지 자연어 처리는 매우 광범위하게 활용되고 있다.

실습 1 셋업

자연어 처리를 공부하는 동안 다양한 실습을 진행하게 되니 먼저 실습을 위한 환경을 컴퓨터에 조성해야 한다. 우리는 아나콘다로 파이썬을 활용한 실습을 진행할 것이다. 따라서 셋업에서는 아나콘다에 새로운 conda 환경을 만들고, 필요한 패키지를 설치하여, 앞으로의 실습을 원활히 진행할 수 있도록 할 것이다. 또한 셋업 단계에서 앞으로의 실습에 필요한 데이터셋과 스켈레톤 코드들을 미리 다운로드할 것이다.

1 아나콘다 conda 환경 구축

[1]아나콘다에 nlp라는 새로운 conda 환경을 만들어보자. 터미널(Anaconda Prompt, 아나콘다 프롬프트)을 통해 자연어 처리 실습을 위한 새로운 conda 환경을 생성하고 활성화 및 비활성화하는 방법을 알아보겠다.

다음 명령어를 터미널에 입력하면 nlp conda 환경을 구축할 수 있다.

conda create -n nlp python=3.8 jupyter notebook numpy matplotlib numba scikit-learn nltk

이렇게 생성된 nlp 환경을 활성화 및 비활성화하기 위해서는 아래의 두 명령어를 각각 터미널에 입력하면 된다.

- **활성화**: *conda activate nlp*
- **비활성화**: *conda deactivate*

1) 《인공지능 교육단체 OUTTA와 함께 하는! 인공지능 파이썬 기초 다지기》를 읽은 독자들의 노트북에는 이미 아나콘다가 잘 설치되어 있을 것이다. 또한, 새로운 conda 환경을 만드는 연습도 해보았을 것이다. 하지만 그렇지 않은 독자들이라면, 자신의 운영체제에 맞는 아나콘다를 직접 설치해야 한다. 구글링 등의 방법을 통해 아나콘다에 대해 스스로 학습하는 것도 권장한다. 앞으로의 실습에서 우리는 모든 실습을 아나콘다의 jupyter notebook에서 진행할 것이다.

2 패키지 설치

다음으로, 자연어 처리 실습에 사용되는 모든 라이브러리를 설치해볼 것이다. nlp conda 환경을 구축할 때 이미 많은 패키지를 설치했다. 남은 패키지들을 세 단계에 걸쳐 설치해보자.

1) python-graphviz를 설치하기 위해 다음의 명령어를 터미널에서 실행하자.

    conda install -n nlp -c conda-forge python-graphviz

2) Pytorch를 설치하기 위해 다음의 명령어를 터미널에서 실행하자.
   (자신의 운영체제가 무엇인지에 따라 입력해야 하는 명령어가 다르다는 것에 주의하자.)

    (Windows, Linux) *conda install -n nlp pytorch torchvision cpuonly -c pytorch*
    (MacOS) *conda install -n nlp pytorch torchvision -c pytorch*

3) mygrad, mynn, noggin, gensim을 설치하기 위해 다음의 명령어를 터미널에서 실행하자.
   (설치하는 명령어를 실행하기 전에, nlp의 conda 환경을 활성화해야 함에 주의하자.)

    conda activate nlp
    pip install mygrad mynn noggin gensim

이것으로 실습에서 필요한 모든 패키지의 설치를 끝냈다.

설치되어야 하는 패키지가 다 설치되었는지 확인하기 위해서는, 다음의 명령어를 터미널에 입력해보면 된다. conda 환경의 모든 패키지 리스트를 한번에 확인할 수 있다.

    conda list

이 리스트에서 다음 표의 패키지들이 모두 있는지 대조해보자.

conda 환경 구축 시 설치한 패키지
jupyter notebook numpy matplotlib numba scikit-learn nltk python-graphviz
추가 패키지 1)
python-graphviz (conda-forge channel 이용하여 install)
추가 패키지 2)
pytorch
추가 패키지 3)
mygrad mynn noggin[2)] gensim[3)]

3 데이터셋, 스켈레톤 코드 다운로드

이제 실습에 필요한 데이터셋(dataset)들과 실습의 스켈레톤 코드들이 작성되어 있는 jupyter notebook 파일을 다운받을 차례이다. 이 자료들은 모두 https://github.com/outta-ai/Skeleton_Codes에서 다운받을 수 있다. 다운받은 후에, 각자의 노트북에 있는 user

2) 《인공지능 교육단체 OUTTA와 함께 하는! 머신러닝 첫 단추 끼우기》를 읽은 독자들은 MyGrad, MyNN, Noggin 라이브러리를 이용한 실습을 많이 진행해봤을 것이다. 하지만 그렇지 않은 독자들이라면, 이에 해당하는 MyGrad 도큐먼트(https://mygrad.readthedocs.io/en/latest/install.htmlnoggin), MyNN 도큐먼트(https://pypi.org/project/mynn/), Noggin 도큐먼트(https://noggin.readthedocs.io/en/latest/)를 읽어보고 사용법을 스스로 학습하기를 권장한다.

3) 《인공지능 교육단체 OUTTA와 함께 하는! 자연어 처리 첫 단추 끼우기》에서는 새로이 Gensim 라이브러리를 이용한 실습을 진행한다. 이 라이브러리가 생소한 독자들은 도큐먼트 (https://pypi.org/project/gensim/)를 읽고 미리 접해보는 것도 좋을 것이다.

폴더 내에 새로운 폴더(ex : NLP_with_OUTTA)를 만들고, 다운받은 자료들을 한 번에 저장해두기를 권장한다. 이렇게 하면, 주피터 노트북에서 문서를 찾기 쉬우며, 데이터셋을 불러와 실습을 진행하는 것 또한 쉽게 할 수 있다.

다음 파일들을 모두 다운로드하고, 터미널에서 jupyter notebook 명령어를 통해 주피터 노트북에서 다운받은 스켈레톤 코드 파일들이 잘 열리는지 확인해보길 바란다.

데이터셋

wikipedia2text-extracted.txt[4] (실습 2)
shakespeare_input.txt[5] (실습 3)
stopwords.txt[6](실습 4)
glove.6B.50d.txt.w2v.zip[7] (실습 5)
iris_data.npy[8] (실습 6)
questions-words.txt[9] (실습 7)
wikipedia2text-extracted.txt[10] (실습 7)

스켈레톤 코드

NLP_실습2.ipynb
NLP_실습3.ipynb
NLP_실습4.ipynb
NLP_실습5.ipynb
NLP_실습6.ipynb
NLP_실습7.ipynb
NLP_실습8.ipynb
NLP_실습9.ipynb
NLP_실습10.ipynb
NLP_실습11.ipynb
NLP_실습12.ipynb

---

4) https://www.evanjones.ca/software/wikipedia2text.html
5) https://github.com/karpathy/char-rnn/blob/master/data/tinyshakespeare/input.txt
6) https://dev.mysql.com/doc/refman/8.0/en/fulltext-stopwords.html
7) https://nlp.stanford.edu/projects/glove/ : *GloVe: Global Vectors for Word Representation (stanford.edu)*
8) *Fisher, R.A. (1936). "The Use of Multiple Measurements in Taxonomic Problems", Annals of Eugenics. 7(2): 179-188*
9) https://code.google.com/archive/p/word2vec/source/default/source
10) https://www.evanjones.ca/software/wikipedia2text.html

4 Anaconda Prompt에서 jupyter notebook 실행하기

Step 3에서 다운받은 스켈레톤 코드들은 jupyter notebook을 이용하여 실행하여 프로그래밍해야 한다. jupyter notebook을 실행하기 위해서는 Anaconda Prompt에 다음과 같은 명령어를 입력하면 된다.

conda activate nlp
jupyter notebook

해당 명령어를 입력한 후 jupyter notebook 창이 열리면, 스켈레톤 코드가 다운로드 되어있는 디렉터리를 찾아서 원하는 ipynb 파일을 열면 된다.

2 기본 언어 모델

2.0 학습 목표

첫 번째 주제에서는 자연어 처리의 본질과 관련된 기초 지식을 톺아보고자 한다. 먼저, 텍스트 분석의 개괄적인 원리를 배운 후 '말뭉치', '토큰화', '불용어', '임베딩'과 같은 용어에 친숙해지는 시간을 가질 것이다. 이후에는 기본 언어 모델 중 하나인 'n-gram 모델'을 접하고, 이것을 '단어 가방 모형'과 비교하여 살펴볼 것이다. 둘의 원리와 특징을 비교해가며 자연어 처리에서 언어를 어떻게 다루는지 파악해보자. 복잡한 개념은 아니니 직관적이고 흥미롭게 이해할 수 있기를 바란다.

텍스트 분석과 토큰화				n-gram 모델		단어 가방 모델
텍스트 분석	말뭉치와 토큰화	불용어	인코딩	조건부 확률 개념	n-gram에 적용하기	

2.1 텍스트 분석과 토큰화

2.1.1 텍스트 분석

언어 분석은 어떠한 방식으로 이루어질 수 있을까? 언어의 대표적인 형식에는 아날로그적인 '말(speech)'과, 디지털적인 '텍스트(text)'가 있다. 우리가 이후의 실습에서 주로 다룰 것은 인터넷에서 쉽게 찾아볼 수 있는 텍스트 형식의 문장이다. 우리는 문장을 다양한 수준에서 분석할 수 있는데, 언어의 종류마다 그 기준이 상이하다. "A dog is chasing a boy on the playground."라는 문장을 예로 들어보자. 우리는 영어의 성격을 고려하여 복잡성의 정도에 따라 아래 도식과 같은 방식으로 분석해볼 수 있다. 물론 우리의 실습에서는 보다 간단한 텍스트 분석을 위해 '글자'와 '단어'를 분석의 기준으로 삼을 것이다.

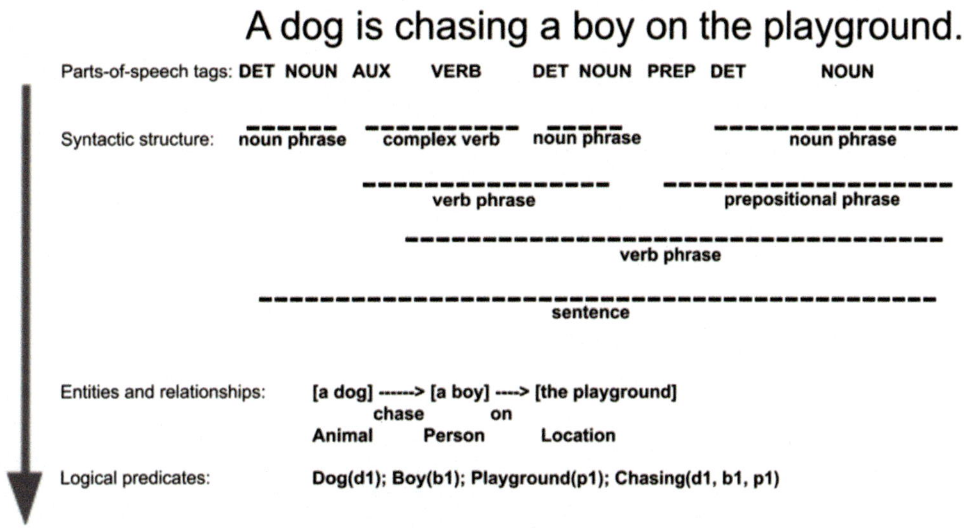

그림 2.1 [11]

복잡성의 정도에 따라 네 가지 기준을 설정하면, 하나의 텍스트를 네 가지의 다른 방식으로 분석할 수 있다: 품사 < 통사구조 < 개체 간 관계 < 술어

위 그림에서 아래쪽에 위치할수록 문장이 함의하고 있는 메시지를 더 잘 설명해주고, 복잡성은 높아진다.

2.1.2 말뭉치(corpus)와 토큰화(tokenization)

자연어 처리 공부를 본격적으로 시작한다면, '말뭉치'와 '토큰화'라는 용어를 자주 마주치게 될 것이다. 말뭉치란, 언어 연구를 위해 텍스트를 컴퓨터가 읽을 수 있는 형태로 모아 놓은 언어 자료[12]이다. 즉, 우리가 처리하고 분석할 자연어 그 자체를 의미한다. 토큰화

11) Ryan Soklaski, 《cogworks》, 〈https://rsokl.github.io/CogWeb/Language/NLP.html#Introduction-to-AI〉, 2022.01.10.
12) 『한국민족문화대백과』

란, 말뭉치를 분석하기 위해 그것을 작은 단위 즉 토큰(token)로 쪼개는 과정이라고 이해할 수 있다. 단위의 기준은 상황별로 달라지며, 한국어의 경우 어절 토큰화, 단어 토큰화, 형태소 토큰화 등 그 단위가 다양하다.

2.1.3 불용어(stop words)

word	rank	freq
the	1	1/200
of	2	1/100
...	3-49	...
cat	50	1/4
...	51-99	...
ravine	100	1/2

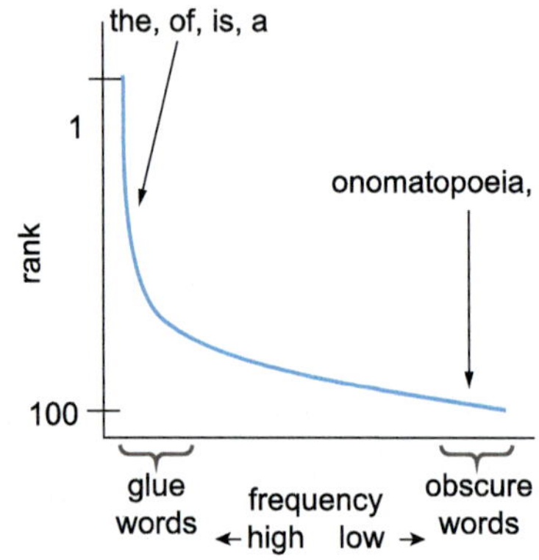

그림 2.2 [13]

우측의 그래프에 주목해보자. 양극단에 위치한 단어들은 단순히 문법적 기능만을 수행하거나('the', 'of', 'is', 'a' …) 지나치게 어려운 단어('onomatopoeia' …)이다. 자연어 처리에서는 특히 전자의 단어들에 주의해야 한다. 문장에 자주 출현하지만 중요한 의미를 지니지 않기 때문이다. 실제로 Zipf's Law에 따르면 사용 빈도가 매우 높은 단어의 경우 주로 문법적 기능을 수행하는 짧은 단어가 된다는 경향성이 존재한다.

자연어 처리에서는 'the'나 'of'와 같이 문장 내에 자주 등장하면서 중요한 문법적 기능을 수행하지만 실질적인 의미를 전달해주지 못하는 단어를 통틀어 '불용어[14]'라 부른다. 우리는 텍스트 분석 시 불용어를 적절히 필터링하여 좋은 단어, 즉 문서의 중요한 의미를 잘 전달하는 단어를 중심으로 분석을 진행해야 한다. 아래는 대표적인 한국어의 불용어의 예시[15]이다.

---

13) Ryan Soklaski, 《cogworks》, 〈https://rsokl.github.io/CogWeb/Language/NLP.html#Introduction-to-AI〉, 2022.01.10.

14) 불용어에 대한 자세한 내용은 https://en.wikipedia.org/wiki/Markov_property를 참조하라.

15) 길호현. 텍스트마이닝을 위한 한국어 불용어 목록 연구. 《우리말글》, 78, 2018, 1-25.

품사 태그	형태소 수	형태소 목록
IC (감탄사)	33	그래, 아니, 아, 뭐, 응, 네, 예, 자, 야, 글쎄, 참, 어디, 그럼 …
NNB (의존 명사)	136	것, 수, 등, 년, 때문, 일, 중, 월, 씨, 데, 번, 명, 원, 개, 거, 가지, 뿐, 듯, 간, 쪽 …
MM (관형사)	64	그, 이, 한, 두, 다른, 그런, 이런, 어떤, 모든, 어느, 몇, 여러, 무슨, 세, 전, 저 …
⋮	⋮	⋮

이러한 불용어 개념과 더불어 이번에 배운 분석 방식들은, 이후 다룰 자연어 처리 활동에서의 중요한 기반이 될 것이다. 그러니 잘 기억해두도록 하자.

2.1.4 인코딩(encodings)

자연어 처리에서 빼놓을 수 없는 것 중 하나가 바로 인코딩이다. 인코딩이란, 간단히 말해 텍스트 문서를 숫자로 표현하는 작업을 말한다. 그렇다면 왜 텍스트를 숫자로 표현해야 할까? 인코딩이 필요한 이유는 컴퓨터가 읽을 수 있는 형식은 텍스트가 아닌 숫자이기 때문이다. 또한, 숫자로 표현한다면 텍스트 문서를 정량적(quantitative)으로 분석한 후 분석에 대한 결론을 정성적(qualitative)으로 내릴 수 있다는 장점이 있다. 인코딩 방식에는 여러 가지가 있고, 어떤 방식을 취하느냐에 따라 자연어 처리 역량이 크게 달라진다.

<table>
<tr><td colspan="4">텍스트 분석과 토큰화</td><td colspan="2">n-gram 모델</td><td rowspan="2">단어 가방 모델</td></tr>
<tr><td>텍스트 분석</td><td>말뭉치와 토큰화</td><td>불용어</td><td>인코딩</td><td>조건부 확률 개념</td><td>n-gram에 적용하기</td></tr>
</table>

2.2 n-gram 모델

2.2.1 조건부 확률 개념 짚고 넘어가기

자연어를 분석할 때 각 단어의 배열 순서를 고려하는 것은 중요하다. n-gram 언어 모델은, 이후 등장할 단어 가방 모형과 달리 단어의 배열 순서를 고려하는 모델이다.

여기서 잠깐! 문장을 여러 단어의 합이라 본다면, 문장 내의 여러 단어가 어떠한 순서로 배열되는지에 따라 문장을 **확률값**으로 표현할 수 있다. 이러한 확률 표현을 통해, 앞선 단어 조합을 바탕으로 '그 다음 단어에 무엇이 올지' 예측할 수 있다. 예를 들어, 'the', 'black', 'cat'이라는 세 단어가 있다고 해보자. 세 단어를 배열하는 순서에 대한 다양한 경우의 수가 있고 각 경우가 발생할 확률값이 존재할 것이다.

> 'the black cat'의 순서로 배열될 확률 =[세 단어 중 the가 첫째로 선택될 확률] × [the 다음 단어로 black이 선택될 확률] × [the와 black 다음 단어로 cat이 선택될 확률]

과 같이 세 개의 확률값의 곱으로 나타낼 수 있다. 이때 "the black cat"이 "the cat black"보다 자연스럽게 느껴지는데, 실제로 확률을 계산해보면 전자가 후자보다 확률값이 높다.

이번에는 위의 내용을 수식으로 표현해보자. 이때 활용되는 개념은 [조건부확률]과 [확률의 곱셈 법칙]이다. 조건부확률이란 특정 조건 하에서 사건이 일어날 확률이다.

① **조건부확률**

$$P(A|B) = \frac{n(A \cap B)}{n(B)} = \frac{P(A \cap B)}{P(B)}$$

사건 B가 일어났을 때 사건 A가 일어날 조건부 확률

*이때 $P(A \cap B)$는 $P(A,B)$로 표현할 수 있다.

② **확률의 곱셈법칙**16)이란, 교집합을 조건부확률의 곱으로 나타낸 것을 말한다.

사건이 두 개일 때, $P(A,B) = P(A)P(B|A) = P(B)P(A|B)$

사건이 세 개일 때, $P(A,B,C) = P(AB)P(C|AB) = P(A)P(B|A)P(C|AB)$

사건이 n개일 때,

$$P(E_1, E_2, E_3, \cdots, E_n) = P(E_1)P(E_2|E_1)P(E_3|E_1, E_2) \cdots P(E_n|E_1, \cdots, E_{n-1})$$

16) Sheldon Ross, 《A First Course in Probability》, (10), Pearson, 2019.

만약 한 문장이 총 T개의 단어로 구성되어 있다고 하면, 문장의 단어 배열 순서를 나타내는 확률은 아래 수식과 같이 표현될 수 있다.

위 수식을 풀어보면,

$$P(w_1, \cdots, w_T) = P(w_1)P(w_2|w_1)P(w_3|w_1, w_2) \cdots P(w_T|w_1, \cdots, w_{T-1})$$

[단어 배열 순서가 w1 → w2 → w3 → …로 나타날 확률] = [w1가 첫째로 나올 확률] × [w1이 발생했을 때 다음 단어로 w2가 나올 확률] × [w1, w2가 발생했을 때 다음 단어로 w3가 나올 확률] X …

2.2.2 n-gram 개념에 적용하기

그렇다면, n-gram 모델에서는 단어의 순서 배열을 어떻게 확률로 표현할까? 우리는 말뭉치를 쪼개는 단위를 '토큰'이라고 부른다. 앞선 예시에서는 단어를 기준으로 문장을 쪼갰다('the', 'black', 'cat'). n-gram 언어 모델에서는 '토큰 기준'으로 문장을 쪼갤 것이며, 하나의 토큰에 몇 개의 글자(or 단어)를 포함시키느냐에 따라 n에 해당되는 숫자가 달라진다. 다시 말해 n-gram이란 **텍스트에서 n개의 글자(or 단어)의 연속된 시퀀스**를 가리키며, 이때 n은 n-gram의 길이가 된다. 하나의 토큰에 1개의 글자(or 단어)만 포함시키면 1-gram(=unigram), 2개면 2-gram(=bigram), 3개면 3-gram(=trigram) 모델이 완성된다. 아래의 예시는 하나의 문장에 세 가지의 n-gram을 적용한 결과이며, 이때 n개의 단어를 기준으로 토큰화시켰음을 확인할 수 있다.[17)]

The black cat eats a muffin.

[unigram] The / black / cat / eats / a / muffin

[bigram] The black / black cat / cat eats / eats a / a muffin

[trigram] The black cat / black cat eats / cat eats a / eats a muffin

위와 같이 n값에 따라 문장을 쪼개는 토큰의 크기가 달라지고, 왼쪽에서 오른쪽의 순차적 방향으로 문장을 쪼갠다. 이를 달리 말하면, 토큰을 생성하는 과정에서 앞선 (n−1)개의 단어 히스토리를 함께 고려하는 것이라 볼 수 있다. 이에 따라 n-gram 모델에서 확률

17) 단, 우리의 이후 실습에서는 단어가 아닌 글자를 기준으로 토큰화시킬 것이니 주의하라.

계산은 아래와 같다.

$$P(w_i|w_1, \cdots, w_{i-1}) = P(w_i|w_{i-(n-1)}, \cdots, w_{i-1})$$

trigram 모델의 경우 토큰 하나 당 3개의 글자/단어가 포함되므로 확률을 사용할 것이다.

n-gram 언어모델의 장점은 단어 혹은 글자 간 순서를 고려하기에, 이후에 배울 단어 가방 모델의 한계를 극복할 수 있다는 것이다. 이에 따라 '다음 단어 예측 알고리즘' 및 '오타 수정 알고리즘'에 활용될 수 있다.

우리는 지금부터 MIT Cogworks에서 개발한 n-gram 언어 모델을 직접 훈련시켜볼 것이다. 우리는 다룰 모델은 글자(character) 기반의 n-gram 언어 모델인데, 이 모델은 이전의 (n−1)번째 글자를 참고하여 다음 글자를 추측하는 것을 목표로 한다. 이는 "**특정 글자를 볼 확률은 그 글자 앞에 존재하는 한정된 개수의 글자에 의해 결정된다**"는 마르코프 가정에 기반한 것이다.

텍스트 분석과 토큰화				n-gram 모델		단어 가방 모델
텍스트 분석	말뭉치와 토큰화	불용어	인코딩	조건부 확률 개념	n-gram에 적용하기	

2.3 단어 가방 모형(Bag of Words, BoW)

이번 절에서 마지막으로 다룰 주제는 단어 가방 모형이다. 개념 이해를 위해, 텍스트로 이루어진 문서 하나가 여러분에게 주어졌다고 가정해보자. 우리는 지금부터 '단어가방'을 하나 만들어 해당 문서에 포함된 모든 단어들을 담아볼 것이다. 이후 단어가방 안에 있는 각 단어가 '몇 번씩' 등장하는지 수치화하여 벡터로 표현해줄 것이다. 이것이 바로 단어 가방 모형, 영어로는 BoW(Bag of Words) 모델이다. 우리는 이 모델을 통해 문서 내 각 단어의 개수를 표현하는 벡터를 만들고, 이를 활용하여 각 문서가 어떤 종류의 문서인지 파악하고 분류할 수 있다.

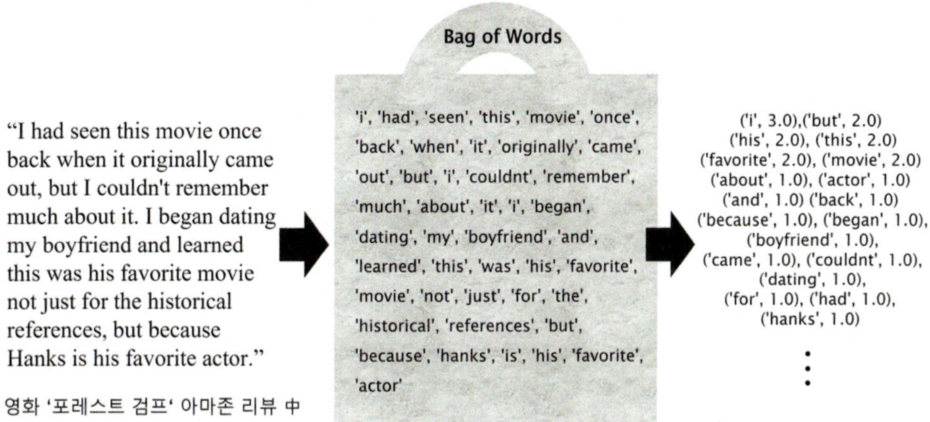

그림 2.3

BoW 모형은 문서 간 정량적 비교를 할 때 유용하다. BoW의 특징을 두 가지로 정리하면 (1) 단어 간 순서와 문법을 무시하고, (2) 오로지 문서 내 단어의 개수만을 고려한다는 것이다.

BoW 모형에서 사용하는 개념에는 TF와 IDF가 있다. BoW 모형은 TF descriptor를 바탕으로 인코딩을 진행하는데, (추후에 다루겠지만) TF에는 뚜렷한 한계가 존재하기 때문에 이러한 한계를 보완해주기 위해 사용하는 것이 바로 IDF이다.

① TF(=Term-frequency, 단어빈도)
특정 단어가 문서에서 몇 번 등장하느냐, 즉 단어 개수를 기준으로 인코딩하는 것.

② IDF(=Inverse term-frequency, 역문서빈도)

지금까지 BoW를 포함하여 자연어처리에서의 주요 개념 및 용어를 간략히 톺아보았다. 지금부터는 이와 관련한 실습을 통해 개념 이해를 심화하고 응용해보도록 하자.

실습 2 간단한 말뭉치 분석으로 영어 텍스트의 특징 파악하기

<table>
<tr><td rowspan="3">실습 세팅 하기</td><td colspan="5">텍스트 분석하기</td></tr>
<tr><td colspan="3">글자 단위</td><td colspan="2">단어 단위</td></tr>
<tr><td>데이터 준비</td><td>글자 수 세기</td><td>히스토그램</td><td>간단한 토큰화</td><td>단어 수 세기</td></tr>
</table>

0 실습 세팅 하기

이번 실습에서는 파이썬을 이용하여 글자와 단어 단위 각각에서 영어 텍스트를 분석하고, 그 결과를 기반으로 영어 텍스트의 특징을 추론해볼 것이다. 본격적인 과제 이행에 앞서 과제에 필요한 세팅을 진행해보자.

잠깐!

본격적인 과제 시작 전, Python 문자열에 대해 간략히 복습해보자.

우선, 문자열은 각 문자의 순서 정보가 중요한 '시퀀스' 객체임을 기억하며 시퀀스의 성질 4가지를 기억하자. 첫째, 튜플처럼 고정되어 있으며, 둘째, 인덱싱/슬라이싱 기능이 지원되고, 셋째, 문자별로 반복(iterate)도 가능하다. 마지막으로, 문자열의 길이는 문자열을 이루는 문자 개수로 결정된다. (줄 바꿈 \n과 같은 특수 문자 역시 단일 문자이다.)

다음은 문자열 작업에 유용한 몇 가지 리소스이다. 본 활동에서는 다양한 파이썬 문자열 메서드를 사용하니, 별도의 윈도우 창에 열어두고 사용하는 것을 추천한다.

- Python 문자열에 대한 기초 튜토리얼
  : https://docs.python.org/3/tutorial/introduction.html#strings
- 문자열 메서드 리스트
  : https://docs.python.org/3/library/stdtypes.html#string-methods

활동에 필요한 모듈인 time과 numpy, matplotlib 등을 import 해보자.

```
import time
import numpy as np
%matplotlib notebook
import matplotlib.pyplot as plt
```

우리는 'unzip' 함수를 사용할 것인데, unzip은 여러 아이템 모음을 별개의 튜플로 "풀어주는(unzip)" 함수이다. 예컨대, `pairs = [("a", 1), ("b", 2), ...]`에 unzip을 실행하면 `(("a", "b", ...), (1, 2, ...))`와 같이 여러 pair들이 풀어져 새로운 튜플을 구성하게 된다. 해당 함수를 각자 컴퓨터에서 다양하게 실행해보며 함수에 대한 직관적 이해를 높여보자.

```
def unzip(pairs):
    """
    매개변수(Parameters)
    ----------
    pairs : Iterable[Tuple[Any, ...]]
        (a0, b0, c0, ...), (a1, b1, c1, ...)) 형태의 이터러블

    반환 값(Returns)
    -------
    Tuple[Tuples[Any, ...], ...]
       '여러 쌍들(pairs)'이 '풀어진(unzipped)' 내용물로 구성된 하나의 튜플; i.e.
       ((a0, a1, ...), (b0, b1, ...), (c0, c1), ...)
    """
    return tuple(zip(*pairs))
```

실습 세팅 하기	텍스트 분석하기				
	글자 단위			단어 단위	
	데이터 준비	글자 수 세기	히스토그램	간단한 토큰화	단어 수 세기

1 영어에서 가장 자주 사용되는 글자는 무엇일까?

게임 Wheel of Fortune[18]의 보너스 라운드에서 참가자들은 3개의 자음과 1개의 모음을 추가로 선택하게 된다. 선택 전 기본적으로 제공되는 알파벳에는 항상 R, S, T, L, N, E가 있다. 여러 알파벳 가운데 왜 하필 R, S, T, L, N, E가 힌트로 제공되는 것일까? 위키피디아 내 영어 텍스트의 특정 말뭉치를 분석해보면, 자연스럽게 질문에 대한 답을

18) [위키백과] Wheel of Fortune: 참가자들이 단어 퍼즐을 풀고 거대한 카니발 바퀴를 돌리면서 상금을 쟁취하는 게임

찾을 수 있게 된다. 지금부터 영어 텍스트 말뭉치를 분석하여, 알파벳 사용의 특징을 알아내보자!

그림 2.4 19)

Step 0. 데이터 준비하기

각자의 컴퓨터에 Evan Jones의 "wikipedia2text-extracted.txt" 전체 내용을 단일 문자열로 로드하라. 이 문서 중 일부는 ASCII가 아닌 것(ex. 몇몇 중국어 글자)을 포함하기에, 파일을 이진 읽기 모드 <mode='rb'>로 열어야 한다. 이를 통해, 일반적인 문자열 형태가 아닌, 문자에 대한 컴퓨터의 메모리 인코딩인 〈bytes〉형태로 읽을 수 있게 된다. 만약 〈bytes〉 형태를 친숙한 문자열의 형태로 디코딩하려면, 이 bytes 인스턴스에서 메서드 〈decode〉를 호출하면 된다.

```
with open(path_to_wikipedia, "rb") as f:
    # bytes를 string으로 디코딩
    wikipedia = f.read().decode()
```

더불어 중요한 것은, 바이트에서 문자열로 디코딩한 후에는 문자열의 **모든 문자를 소문**

19) 《Wheel of Fortune 공식 웹사이트》, 〈https://www.wheeloffortune.com/〉, 2022.02.01.

자로 만들어야 하는데, 이때 〈lower〉 메서드를 활용할 수 있다.

위 조건과 힌트를 모두 반영하여 데이터를 출력하는 코드를 작성해보자. 이를 통해 문자열에 총 6,300만 자 이상이 있다는 것을 직접 확인해보자.

```
path_to_wikipedia = "파일 경로"
# 여기에 코드 작성
```

인덱스 기능을 활용하여, 문자열 가운데 앞부분에 위치한 500개 글자를 출력해보자.

```
# 여기에 코드 작성
```

Step 1. 텍스트의 글자 수 세기

데이터가 준비되었음을 확인하였으니, 본격적으로 wikipedia 말뭉치를 이루는 모든 letter[20]의 개수를 빠짐 없이 세어 보자. 먼저, 구두점 및 〈 \n〉과 같은 특수 문자를 포함하여 모든 character의 발생 횟수를 계산해보자.

▸ HINT

여러분은 파일의 모든 character 개수(count)를 한 줄로 생성할 줄 알아야 한다. Python의 collection 모듈에 있는 Counter 클래스는 각 원소별 개수를 딕셔너리 형태로 저장해주는 기능을 수행한다. Counter 클래스를 활용하면 이를 활용하면 약 5초 만에 작업을 완료할 수 있으며, 같은 일에 for 반복문을 사용한다면 약 10배 더 오래 걸릴 것이다. Counter 클래스는 추후 실습에서도 자주 등장하니 꼭 기억해두도록 하자.

```
# 여기에 코드 작성
```

20) 단어 character와 letter의 경우 별도의 번역 없이 영어 그대로 표현하겠다. 한국어로는 character과 letter을 모두 '문자' 혹은 '글자'라고 번역하는데, 영어에서는 character를 letter의 상위 개념으로 보며 둘을 엄밀하게 구분한다. (character는 알파벳과 같은 문자뿐 아니라 숫자나 부호까지 포함한다.) 이 지점에서 한국어 번역에 어려움이 생겼기에 영어 원 단어를 있는 그대로 사용하기로 하였다.

이제 우리는 내림차순으로 정렬된 letter-count 튜플 목록을 만들어야 한다. 이때 ① letter-count에는 불필요한 특수문자가 제외된 순수한 letter만 있어야 하며, ② count 값을 기준으로 내림차순으로 정렬해야 한다. 여러분이 두 가지 조건을 충족시키는 코드를 작성할 수 있도록 힌트를 드리겠다.

① 현재 소문자화가 이루어진 상태이므로, 특수문자를 제외한 letter만 취하기 위해서 string 모듈의 string.ascii_lowercase을 활용할 수 있다.

```
>>> import string
>>> string.ascii_lowercase
'abcdefghijklmnopqrstuvwxyz'
```

② Counter 클래스에 있는 〈most_common〉메서드를 사용하면, 우리의 character-count 튜플을 내림차순으로 정렬해줄 수 있다.

두 가지 조건을 반영한 결과물은 총 길이 26의 list 형태여야 한다.

```
[('e', 6091134),
 ('t', 4456786),
 ('a', 4365050),
 ('i', 3866921),
 ('n', 3740382),
 ('o', 3676394),
 ...
```

직접 코드를 작성해보자.

```
# 여기에 코드 작성
```

이번에는 **〈freqs〉**라는 변수를 만들어보자. 변수 〈freqs〉는 튜플로 구성된 리스트이며, 이번에는 letter-count 쌍이 아닌 letter-**frequency(빈도)** 쌍을 취하는 것이다. 이때 '빈도'는 특정 letter의 개수를 말뭉치 내 전체 letter의 개수로 나눈 값으로, 일종의 비율(ratio)이다. letter-frequency는 아래와 같은 형태로 나타나게 된다.

```
[('e', 0.12081350306248849),
 ('t', 0.088397321263964282),
 ('a', 0.0865778000521603),
 ...
 ('q', 0.0010429083984244488)]
```

주의! 전체 letter의 개수를 계산할 때 앞서 계산한 letter-count 튜플을 그대로 합해서는 안 되며, 튜플 내 숫자 부분끼리의 합을 계산해야 한다.

```
# 여기에 코드 작성
```

각 letter에 대한 빈도(frequency) 값이 모두 합해졌을 때 '1'이 나오는지 확인해보아라.

```
# 여기에 코드 작성
```

Step 2. letter frequency 히스토그램 그리기

지금부터는 letter의 빈도를 히스토그램으로 시각화해보도록 하겠다. 여러분이 직접 코드를 작성해볼텐데, 이를 위한 가이드라인을 제시해주겠다.

① 기본 세팅 코드

```
fig, ax = plt.subplots()
labels, values = unzip(freqs)
```

② 〈ax.bar〉를 활용하여(주피터 노트북의 Shift 탭 사용할 것) letter와 각 letter에 대한 빈도를 나타내는 막대 그래프를 그려보아라. 이때 x축은 letter-frequency에 대한 내림차순으로 각 letter를 정렬해야 한다.

③ 눈금 표시도 해야 한다. 우리는 그래프의 축에 간격을 구분하기 위해 표시하는 눈금을 '틱(Tick)'이라고 부른다. 우선, 〈ax.set_xticks〉를 사용하여 그래프에 사용할 x-tick 값의 범위를 지정해야 하는데, labels의 길이로 범위를 정하는 것이 좋을 것이다. 이후, 〈ax.set_xticklabels〉를 사용하여 x축을 따라 눈금에 대한 labels(예: `'e'`, `'t'`, `'a'...`)을 나타내어라.

④ y축의 제목과 레이블 역시 지정해야 한다. 이를 위해 〈set_ylabel〉과 〈set_title〉을 사용할 수 있다.

위의 네 가지 조건과 힌트를 반영하여 직접 코드를 작성해보자.

```
# 여기에 코드 작성
```

실습 세팅 하기	텍스트 분석하기				
	글자 단위			단어 단위	
	데이터 준비	글자 수 세기	히스토그램	간단한 토큰화	단어 수 세기

2 영어에서 가장 자주 사용되는 단어는 무엇일까?

지금까지는 글자 수준에서 영어 사용 분포를 파악해보았고, 이제부터는 한 수준 올라가 단어 수준에서의 분포를 살펴볼 것이다. 이를 위해 우리가 이전에 소문자로 바꿔두었던 위키백과 말뭉치로 다시 돌아가야 한다. 이번 활동에서의 핵심은 토큰화 작업이다.

Step 0. 간단한 토큰화(Tokenization)

우선, 문자열을 여백 글자(ex. 공백, 탭, 줄 바꿈 등)을 기준으로 분할하는 간단한 토큰화 방식을 실행해보자. 말뭉치를 분할하여 'tokens' list를 만든 후, 토큰 총개수와 처음 10개의 토큰을 출력하는 코드를 작성해보자. 이때 for-반복문을 사용하지 말고 split 함수를 활용하자.

```
# 여기에 코드 작성
```

Step 1. 텍스트의 단어 수 세기

1-Step 1의 활동과 동일한 방식(collections 모듈의 Counter를 활용)을 활용하여, 이번에는 단어(words)의 개수를 출력해보아라.

```
# 여기에 코드 작성
```

마지막으로, 인덱스를 활용하여 가장 자주 발생한 상위 20개 단어를 출력하라.

```
# 여기에 코드 작성
```

출력 결과를 살펴보자. 상위 20개 단어 list의 특징은 무엇인가? 이 list의 최상단에 사람이나 장소에 대한 고유명사나 독특한 단어를 찾을 수 있는가? 당신은 상위 20개의 단어들로부터 글의 내용에 대한 중요한 정보를 얻어낼 수 있는가? 아마 그렇지 않을 것이다. 이와 같이 자주 등장하지만 핵심 의미를 지니지 않은 채 문법적 기능을 수행하는 단어를 자연어 처리에서 '불용어'라고 일컫는다.

배운 내용 되돌아보기

실습 세팅 하기	텍스트 분석하기				
	글자 단위			단어 단위	
	데이터 준비	글자 수 세기	히스토그램	간단한 토큰화	단어 수 세기

- ☑ 위키피디아 말뭉치에 대한 간단한 분석에 앞서, 이론 파트를 통해 '말뭉치', '토큰화', '불용어', '인코딩' 개념을 확실히 이해하였다.
- ☐ 위키피디아 말뭉치 데이터를 가져온 후, Counter 클래스를 활용하여 텍스트의 글자 수를 나타내는 letter-count 튜플 목록을 만들었다. 이후 letter-count 대신 letter-frequency를 만들어 히스토그램으로 표현하였으며, 이를 바탕으로 영어에서 가장 자주 사용되는 글자가 무엇인지 추론해보았다.
- ☐ 두 번째 활동에서는 말뭉치를 여백 글자를 기준으로 간단히 토큰화시켜보았다. 단어를 기준으로 영어 텍스트를 분석해봄으로써 가장 자주 등장하는 상위 20개의 단어가 무엇인지 파악하고 이를 불용어 개념과 관련지어 이해해보았다.

실습 3 n-gram 모델을 바탕으로 새로운 텍스트 생성해보기

<table>
<tr><td rowspan="2">과제 이해하기</td><td colspan="2">n-gram 언어 모델 만들기</td><td rowspan="2">텍스트
생성</td><td rowspan="2">셰익스피어 스타일의
텍스트 생성</td></tr>
<tr><td>[글자-빈도]
형태로 변환</td><td>n-gram
분석 모델 생성</td></tr>
</table>

0 과제 이해하기

실습 2에서는 파이썬을 활용하여 영어 텍스트를 글자와 단어 단위에서 분석하는 방법 및 토큰화의 방법을 배웠다. 이번 실습에서는 기본 언어 모델 중 하나인 n-gram 모델을 사용하여 주어진 본문을 분석하는 작업으로 확장해볼 것이다. 나아가, 본문을 분석함으로써 특정 텍스트 스타일을 파악해내고 모델을 훈련하는 실습을 진행하고자 한다. 우리의 최종 과제는 셰익스피어 스타일을 분석하고 이를 모델에 훈련시켜, 셰익스피어 스타일의 텍스트를 새롭게 창작해보는 활동으로, 꽤나 흥미로울 것이니 즐겁게 따라올 수 있기를 기대한다.

<table>
<tr><td rowspan="2">과제 이해하기</td><td colspan="2">n-gram 언어 모델 만들기</td><td rowspan="2">텍스트
생성</td><td rowspan="2">셰익스피어 스타일의
텍스트 생성</td></tr>
<tr><td>[글자-빈도]
형태로 변환</td><td>n-gram
분석 모델 생성</td></tr>
</table>

1 n-gram 언어 모델 만들기

Step 1. [글자-빈도] 형태로 변환하는 함수 만들기

본격적으로 n-gram 언어 모델을 생성하기에 앞서, [letter → count 쌍]에 대한 counter를 [letter → frequency 쌍]으로 변환해주는 함수를 작성하고자 한다. 실습 2에서 작성했던 코드를 참조하여 〈normalize〉 함수를 만들되, 이번에는 character 내의 특수 문자를 제거하지 않도록 하라. 이번 실습 역시 collections 모듈의 Counter 클래스를 활용할 것이다.

```
def normalize(counter):
    """ 'letter -> count' counter를 (letter, frequency) 쌍의 list로 변환하라.
      이때 frequency의 내림차순 기준으로 정렬해야 한다.

    매개변수(Parameters)
    -----------
    counter : collections.Counter
        letter -> count

    반환 값(Returns)
    -------
    List[Tuple[str, float]]
      A list of tuples - (letter, frequency) pairs in order
      of descending-frequency

    예시
    --------
    >>> from collections import Counter
    >>> letter_count = Counter({"a": 1, "b": 3})
    >>> letter_count
    Counter({'a': 1, 'b': 3})

    >>> normalize(letter_count)
    [('b', 0.75), ('a', 0.25)]
    """
    # 여기에 코드 작성
```

Step 2. n-gram 분석 모델 생성하기

이제부터는 파이썬의 collections 모듈을 본격적으로 사용할 것인데, 이때 Counter 클래스뿐 아니라 defaultdict 클래스도 사용할 것이다. 이를 기반으로 직접 함수를 만들어서, 텍스트에서 발생하는 n-gram을 실제로 분석해보도록 하자. 이때 토큰의 단위를 'n개 글자[21]로 구성된 글자 시퀀스'로 설정하여 분석을 진행하면 된다.

$$\text{model: } \{(n-1) \text{ character history} \rightarrow \{\text{nth-letter} \rightarrow \text{count}\}\}$$

21) 위에서 언급했듯, 우리의 실습에서는 n개의 단어가 아닌 n개의 글자를 기준으로 토큰화할 것이다.

예시1: 텍스트 "cacao"를 3그램 단위로 분석하는 과정

```
history is "~~", next char is "c", increment model["~~"]["c"]
history is "~c", next char is "a", increment model["~c"]["a"]
history is "ca", next char is "c", increment model["ca"]["c"]
history is "ac", next char is "a", increment model["ac"]["a"]
history is "ca", next char is "o", increment model["ca"]["o"]
history is "ao", next char does not exists. End process
```

예시2: 텍스트 "cacao"를 4그램 단위로 분석하는 과정

```
history is "~~~", next char is "c", increment model["~~~"]["c"]
history is "~~c", next char is "a", increment model["~~c"]["a"]
history is "~ca", next char is "c", increment model["~ca"]["c"]
history is "cac", next char is "a", increment model["cac"]["a"]
history is "aca", next char is "o", increment model["aca"]["o"]
history is "cao", next char does not exists. End process
```

우리가 학습시킬 'n-gram 분석 모델'의 작동 원리를 살펴보자면,

① n−1개의 characters로 이루어진 시퀀스가 주어지고, 해당 시퀀스 뒤에 따라오는 character 히스토리에 대한 기록을 가지고 있다. (ex. "ca" 시퀀스 뒤에 "c"가 오더라)

② ①의 [시퀀스-character] 히스토리가 몇 번씩 발생했는지 count하고, 〈normalize〉 함수를 통해 각 히스토리 count값을 '빈도 값'으로 변환하여 확률 형태로 표현한다.

③ 문서의 시작 부분에 더미 글자(dummy character) "~"를 활용하여 여백(padding)을 줄 것인데, 텍스트 도입 부분에 n−1개의 "~"를 미리 채워두도록 한다.

요약하자면, 우리가 학습시킬 모델은

- 주어진 텍스트에서 (n−1) 길이의 모든 히스토리와
- 각 히스토리를 따르는 여러 character에 대한 기록들 모두 다룬다고 정리할 수 있으며,

이에 따라 우리 모델을 일종의 '두 개의 중첩된 딕셔너리'로 생각해볼 수 있다.

위의 조건을 충족시키기 위해, 우리의 모델은 defaultdict 클래스를 활용하여 default 딕

셔너리(=기본 값으로서 '비어있는 Counter 인스턴스'를 취하는 딕셔너리) 형태로 만들어야 한다. 이를 통해 모델이 새로운 히스토리를 만날 때마다 그 히스토리에 대한 비어있는 counter 인스턴스를 생성하게 될 것이다. 이후 모델은 학습을 거치면서 비어있던 counter들을 '주어진 텍스트의 모든 히스토리'로 채워 넣게 될 것이다.

```
model = defaultdict(Counter)
model[history] # 해당 히스토리에 대한 counter를 반환
model[history][char] += 1 # 히스토리 뒤에 오는 글자를 바탕으로 counter를 업데이트
```

위 사항들을 모두 고려하여 〈train_lm〉 함수를 완성시켜 보아라.

```
from collections import defaultdict

def train_lm(text, n):
    """ 글자 기반의 n-gram 언어 모델 훈련시키기.

    이것은 n-1개의 글자 시퀀스가 주어졌을 때, 시퀀스 내 n번째 글자에 대한 확률분포가 무엇인
    지 학습하게 될 것이다.
    예를 들어, text = "cacao" 라는 텍스트를 훈련한다면,
    n 크기가 3이라고 할 때 그에 대한 딕셔너리가 반환될 것이다.
    우리가 주어진 히스토리에 대한 각 카운트를 정규화하는지 확인하라.

        {'ac': [('a', 1.0)],
         'ca': [('c', 0.5), ('o', 0.5)],
         '~c': [('a', 1.0)],
         '~~': [('c', 1.0)]}
    여기서 "~"는, 어떠한 히스토리에 대해 (n-1)개의 글자가 앞에 존재하지 않더라도, 특정 글
    자가 나타날 확률값을 측정하기 위하여 히스토리를 임의로 채워넣기(패딩) 위해 사용된다.
    우리가 훈련한 이 텍스트에 따르면 'ac'라는 수열을 볼 때 이 모델은 다음 글자가 100% 경우
    에 'a'여야 한다고 예측한다.

패딩을 만들기 위해서, 파이썬을 호출하여 반복된 시퀀스를 쉽게 만들어내도록 하자:
        '"p" * 4' returns '"pppp"'

    매개변수(Parameters)
    -----------
    text: str
        하나의 문자열 (이 문자열은 소문자화하지 않아도 된다).
```

```
    n: int
        분석할 n-gram의 길이

    반환 값(Returns)
    -------
    Dict[str, List[Tuple[str, float]]]
      {n-1 history -> [(letter, normalized count), ...]}

히스토리(n-1 길이의 문자열 형태)를 (char, prob) 쌍의 list에 매핑하는 딕셔너리.
여기서 prob은 글자(char)가 특정 히스토리 뒤에 나타날 의 확률, 즉 빈도를 가리킨다

    예시
    --------
    >>> train_lm("cacao", 3)
    {'ac': [('a', 1.0)],
     'ca': [('c', 0.5), ('o', 0.5)],
     '~c': [('a', 1.0)],
     '~~': [('c', 1.0)]}
    """
    # 여기에 코드 작성
```

- "cacao"에 대하여 train_lm( )을 테스트해보아라. (이때 n은 3으로 지정한다.)

```
# 여기에 코드 작성
```

- 이번에는 다른 예시를 가지고 테스트해보자.

이하 텍스트는 Dr.Seuss의 "The Cat in the Hat"로부터 발췌한 것이다.

```
text = """The sun did not shine, it was too wet to play,
so we sat in the house all that cold, cold wet day.
I sat there with Sally. We sat here we two
and we said 'How we wish we had something to do.'"""
```

```
# 여기에 코드 작성
```

- 다음은 글자 "T"에 대해 1.0의 확률을 나타내야 하는데, 이는 'T'가 이 모델이 접한 유일한 시작 글자이기 때문이다. (i.e., with no history, indicated by "~~")

```
lm3["~~"]
```

- 마찬가지로, 다음은 "h"에 대해 1.0의 확률을 보여야 하는데, 'h'가 이 모델이 "~T"의 히스토리 이후에 본 유일한 글자이기 때문이다.

```
lm3["~T"]
```

- 마지막 예시는 글자 "e", "a", " ", "i"의 확률 분포를 나타내야 하는데, 텍스트에서 이 네 개의 글자 모두 "th" 뒤에 따라오는 것으로 관찰되었기 때문이다.

```
lm3["th"]
```

과제 이해하기	n-gram 언어 모델 만들기		텍스트 생성	셰익스피어 스타일의 텍스트 생성
	[글자-빈도] 형태로 변환	n-gram 분석 모델 생성		

2 텍스트 생성하기

언어 모델에서 재미있는 것은 학습된 확률 분포를 사용하여 글자를 새롭게 생성할 수 있다는 것이다. 다시 말해, 학습시킨 모델의 스타일대로 랜덤 텍스트를 만들어낼 수 있다.

먼저, 〈generate_letter〉 함수를 만들어보자. 이 함수는 ① 특정 히스토리가 주어졌을 때 ② 언어 모델에 저장된 확률을 바탕으로 ③ 하나의 랜덤 글자를 가져오는 함수이다. 아래 두 개의 힌트 두 개를 활용하여 직접 함수의 코드를 완성해보자.

▸ HINT 1 unzip 함수를 사용하라.

예: [(char0, prob0), (char1, prob1), ...]

→ ((char0, char1, ...), (prob0, prob1, ...))

▸ HINT 2

여러 원소로 구성된 choices가 있다고 할 때, 우리는 〈np.random.choice(choices, p=probabilities)〉를 통해 각 원소의 발생 확률을 probabilities로 지정시킬 수 있다. 이후, 해당 확률에 따라 choices로부터 하나의 원소를 반환할 수 있다.

예: <np.random.choice(["a", "b"], [0.25, 0.75])>는 25%의 확률로 "a"를, 75%의 확률로 "b"를 반환해줄 것이다.

```
def generate_letter(lm, history):
    """ 언어 모델에 저장된 지정된 히스토리와 관련된 확률 분포에 따라, 글자를 랜덤하게 선택합
        니다.
    주의: 모델 내에서 히스토리가 존재하지 않으면 더미 글자 "~"를 반환

    매개변수(Parameters)
    ----------
    lm: Dict[str, List[Tuple[str, float]]]
        n-gram 언어모델
        (= 딕셔너리: history -> [(char, freq), ...])

    history: str
       다음 글자를 생성하기 위한 문맥/히스토리로 사용할 길이(n-1) 문자열

    반환 값(Returns)
    -------
    str
        예측된 글자.
        '~': 언어 모델에 히스토리가 없는 경우
    """
    # 여기에 코드 작성
```

- 다음은 "e", "a", " " 또는 "i"를 생성해야 하는데, 이들 글자는 "th" 뒤에 오는 유일한 네 글자이기 때문이다.

```
# 'generate_letter'를 100번 실행한 후 반환된 결과를 중복 없이 저장해두어라
set(generate_letter(lm3, "th") for i in range(100))
```

- 다음 코드는 예측되는 여러 개의 다음 글자를 생성해주는데, 이는 분포에 대한 감각을 얻기 위한 것이다. "e"는 "th"를 따를 확률이 높기 때문에, 평균적으로 다른 글자보다 더 자주 나타나야 한다.

```
[generate_letter(lm3, "th") for i in range(10)]
```

- 마지막으로, 언어 모델에 따라 전체 텍스트 시퀀스를 생성한다. 시작 부분은 히스토리

가 없는 상태, 즉 n-1개의 '~'로 시작할 것이며, 랜덤 글자를 생성하고, 히스토리를 업데이트하고, 반복할 것이다. 이때 'nletters' 변수를 새로 만들어 랜덤 글자의 생성 개수를 입력해보자.

우리의 예시는,

```
history "~~" will generate 'T' (since only one possibility)
history "~T" will generate 'h' (since only one possibility)
history "Th" will generate 'e' (since only one possibility)
history "he" could generate 'r' (out of multiple possibilities)
history "er" will generate 'e' (since only one possibility)
```

등이 있다. 지금까지 생성된 텍스트는 "There"이 될 것이다.

```
def generate_text(lm, n, nletters=100):
    """ n-gram 언어 모델 'lm'에 저장된 확률 분포로부터 추출하여, 텍스트의 'nletters'
         를 무작위로 생성한다.

    매개변수(Parameters)
    ----------
    lm: Dict[str, List[Tuple[str, float]]]
         n-gram 언어모델
        (= 딕셔너리: history -> [(char, freq), ...])

    n: int
        n-gram 모델을 구성하는 토큰 한 개의 길이(글자 n개)

    nletters: int
        무작위로 생성할 글자의 개수

    반환 값(Returns)
    -------
    str
        모델 생성 텍스트.
       생성된 글자 수 'nletters'를 포함해야 하며, 미리 표시한 '~'들은 포함하지 않음.
    """
    # 여기에 코드 작성
```

- 다음 코드를 통해 "The Cat in the Hat"의 시작 부분에서 훈련한 3-gram 언어 모델에 따라, 40개의 글자를 생성할 수 있다. 물론, 히스토리 길이도 짧고 훈련 데이터의 양도 적기 때문에, 생성한 결과가 깔끔하지는 않을 것이다.

```
print(generate_text(lm3, 3, 40))
```

<table>
<tr><td rowspan="2">과제 이해하기</td><td colspan="2">n-gram 언어 모델 만들기</td><td rowspan="2">텍스트
생성</td><td rowspan="2">셰익스피어 스타일의
텍스트 생성</td></tr>
<tr><td>[글자-빈도]
형태로 변환</td><td>n-gram
분석 모델 생성</td></tr>
</table>

3 셰익스피어 스타일의 텍스트 생성해보기

지금까지, 텍스트 분석을 통해 특정 텍스트 스타일을 학습하고 해당 스타일이 적용된 언어를 생성하는 방법을 배웠다. 여러분은 마지막으로 셰익스피어 스타일의 새로운 텍스트를 직접 만들어보는 활동을 할 것이다. 다음 셀을 통해 Andrej Karpathy의 shakespeare_input.txt 파일을 로드할 수 있다.

```
path_to_shakespeare = "./dat/shakespeare_input.txt"
with open(path_to_shakespeare, "r") as f:
    shakespeare = f.read()
print(str(len(shakespeare)) + " character(s)")
chars = set(shakespeare)
print(f"'~' is a good pad character: {'~' not in chars}")
```

이제 다양한 n값(ex. 3, 5, 11)에 대한 훈련 모델을 실험하고, 약 500자 정도의 텍스트를 생성해볼 것이다. 이때 사용하는 n-gram 모델은 11-gram이 적합할 것이다.

```
# 여기에 코드 작성
```

```
print(generate_text(lm3, 3, 500))
```

```
# 여기에 코드 작성
```

```
print(generate_text(lm5, 5, 500))
```

```
# 여기에 코드 작성
```

```
print(generate_text(lm11, 11, 500))
```

* **보너스 아이디어**: 인터넷에서 모델을 훈련시킬 다른 텍스트(ex. 노래 가사, 특정 작가의 책 등)도 함께 찾아보고 적용해보면, 색다른 경험이 될 것이다.

배운 내용 되돌아보기

<table>
<tr><td rowspan="2">과제 이해하기</td><td colspan="2">n–gram 언어 모델 만들기</td><td rowspan="2">텍스트
생성</td><td rowspan="2">셰익스피어 스타일의
텍스트 생성</td></tr>
<tr><td>[글자–빈도]
형태로 변환</td><td>n–gram
분석 모델 생성</td></tr>
</table>

☑ 이론 파트에서 n-gram 개념을 간단하게 다루었다면, 이번 실습을 통해서는 n-gram의 원리 이해를 심화하고 해당 모델을 직접 구현해보았다. 우선, letter-frequency counter를 입력 받으면 n-gram 분석 모델을 생성하는 train_lm 함수를 만들었다. 이 함수는 n−1개의 글자 시퀀스가 주어졌을 때 시퀀스의 n번째 글자에 대한 확률분포를 반환하게 된다. 함수 생성을 위해 주로 활용한 것은 defaultdict 클래스였다.

☐ train_lm 함수를 통해 확률 분포를 학습하면, 특정 텍스트 스타일을 갖춘 새로운 텍스트를 생성할 수 있다. 우리는 unzip 함수와 넘파이의 random.choice를 유용하게 활용하여 텍스트를 생성하는 generate_letter 함수를 만들어보았다.

☐ generate_letter 함수에 셰익스피어 텍스트를 입력받아, 셰익스피어 스타일을 분석하고 이에 부합하는 새로운 텍스트를 직접 생성해보았다.

실습 4 BoW 모형 직접 구현해보기

구두점 삭제	TF 계산	여러 문서의 TF 계산	BoW 개선	TF 다시 계산	IDF 계산	TF-IDF 계산	유사도 계산

1 말뭉치(corpus)내의 모든 구두점 삭제하기

이번 실습에서는 이론 문서에서 간략히 만났던 BoW를 파이썬을 통해 구현해볼 것이다. 본격적인 시작 전, 문자열 내 구두점[22] 제거 작업이 우선되어야 한다. 과연 효율적인 방법은 없을까? 이하 두 가지의 힌트를 활용한 두 가지의 방법을 제시하겠다.

▸ HINT 1 파이썬 string 모듈 사용하기

string 모듈 내의 'punctuation' 메서드를 사용하면, 간단하게 모든 구두점을 꺼내쓸 수 있다.

```
import string
>>> string.punctuation
'!"#$%&\'()*+,-./:;<=>?@[\\]^_`{|}~'
```

▸ HINT 2 반복문 활용 〈 파이썬 정규 표현식 사용하기

파이썬 정규표현식(regular expressions)은 'regex'나 're'로 생략하여 호출할 수 있다. 정규표현식의 규칙은 구글링을 통해 익히도록 하자.

방법1 string모듈 & 반복문 활용

```
import string
for p in string.punctuation:
    corpus = corpus.replace(p, "")
```

22) 구두점을 영어로 'punctuation'이라고 한다. 앞으로 코드에서도 자주 등장하는 단어이니 기억해두자.

방법2 (추천) string모듈 & 파이썬 정규표현식 활용

```
import re, string
punc_regex = re.compile('[{}]'.format(re.escape(string.punctuation)))

def strip_punc(corpus):
    """ 문자열 내 포함된 모든 구두점을 제거.
    매개변수
    ----------
    corpus : str

    반환 값
    -------
    str
        모든 구두점이 제거된 말뭉치"""
    return punc_regex.sub('', corpus)
>>> strip_punc("moo. meow! cat? cow~")
'moo meow cat cow'
```

구두점 삭제	TF 계산	여러 문서의 TF 계산	BoW 개선	TF 다시 계산	IDF 계산	TF-IDF 계산	유사도 계산

2 TF descriptor 계산하기

'용어-빈도 설명자(Term-Frequency descriptor)'란 문서 내의 단어의 빈도를 설명해주는 값이다. 편의를 위해 한글 표현 대신 TF descriptor라 통일하여 부르겠다. 지금부터는 문서 당 TF descriptor를 계산해볼 것인데, 하나의 문서에 대한 TF-descriptor를 계산하는 방법은 이하 네 단계로 요약될 수 있다.

① 구두점 제거 → ② 소문자화 → ③ 토큰화 → ④ 개수 세기

여기서 '토큰화(Tokenization)'란, 말뭉치를 토큰(token), 즉 의미 있는 분석 단위로 쪼개어 나타내는 작업을 의미한다. 토큰화의 결과물은 각 단어가 포함된 리스트 혹은 튜플의 형태가 되어야 한다. 이제 간단한 예시를 통해 TF descriptor를 계산하는 과정을 구체적으로 이해해보자. 아래 input 문장에서 각 단어의 구두점과 소문자를 제거한 후 토큰 단위로 쪼개면 이하의 결과를 얻을 수 있다.

```
Input document:
"Apples rule. Apples are the best. Truly, they are. Truly... Truly"

Document -> remove punctuation and lowercase -> tokenize:
['apples',
 'rule',
 'apples',
 'are',
 'the',
 'best',
 'truly',
 'they',
 'are',
 'truly',
 'truly']
```

이번에는 문서에 대한 TF descriptor를 만들어보겠다. TF descriptor는 문서를 구성하는 토큰이 발생하는 횟수를 알파벳 순서대로[23] 나타내어 준다. 예를 들면, "Bad apple seed. Bad apple."의 문서에 대한 TF-descriptor 결과물은 아래와 같은 3차원 배열 array([2., 2., 1.])이 될 것이다. 이때 실수가 아닌 정수(ints)로 구성되도록 한다.

```
index proceeds in alphabetical order
   ------------------------------------
   tf[0] -> count of "apple" = 2
   tf[1] -> count of "bad" = 2
   tf[2] -> count of "seed" = 1
"Bad apple seed. Bad apple." -> array([2., 2., 1.])
```

유의할 것은, BoW 모형에서는 단순히 'apple이 한 번이라도 발생하였다'는 사실을 넘어서 'apple이 2번 나타났다'라는 횟수 정보가 중요하다는 점이다. 따라서 단어들 간 중복이 허용되므로, 예시의 BoW는 {'apple', 'apple', 'bad', 'bad', 'seed'}로 표현될 것이다.

23) 토큰의 첫 알파벳을 기준으로 정렬이 이루어진다.

이번에는 여러분이 이하 문서에 대한 TF-descriptor를 직접 구해보도록 하자.

```
doc = "Apples rule. Apples are the best. Truly, they are. Truly...
Truly"
```

- input으로 문자열 형식과 같은 document를 받음.
- 딕셔너리를 행렬로 변환할 것.
- 이때 각 단어는 알파벳순으로 정렬되어야 함. (sorted 사용하면 '정렬'된 '행렬'이 됨.)
- descriptor는 따로 np.array를 사용해야 함.
- counter 값은 정수(ints)가 아닌(floats)형태 (dytpe 지정)

▸ HINT 1 코드 작성의 순서는 이하와 같다.

문서 내 구두점 제거 → 소문자화 → 토큰화 → collections 모듈의 Counter 클래스를 활용하여 각 토큰에 대한 counter 생성 → numpy의 array를 활용하여 각 토큰의 개수를 나타내는 descriptor 배열 생성

▸ HINT 2

Counter 클래스는 딕셔너리를 반환하므로 인덱스를 활용하면 descriptor 산출에 유용할 것이며, 이때 sorted 함수를 활용하여 각 토큰을 알파벳 순으로 정렬한 후 descriptor 값을 산출해야 한다.

위의 힌트를 바탕으로 코드를 정확히 작성하였다면 아래와 같은 결과가 나올 것이다.

```
print(sorted(counter))
>>> ['apples', 'are', 'best', 'rule', 'the', 'they', 'truly']
print(descriptor)
>>> [2. 2. 1. 1. 1. 1. 3.]
```

```
# 여기에 코드 작성
```

3 BoW 활용하여 여러 문서의 TF 계산하기

지금까지는 하나의 문서에 대해 TF를 계산하였다. 지금부터는 여러 문서에 대해 BoW 모형을 적용해볼 것이다. 이하 두 개의 문서가 있다고 해보자:

```
doc_1 = "I am a dog."
doc_2 = "I am a cat!"
```

만약 우리가 이 두 문서에 대한 TF descriptor를 만들기 위해 이전의 섹션에서 활용한 코드를 쓴다면, 아마 이하와 같은 결과를 얻을 것이다.

```
"I am a dog." -> array([1., 1., 1., 1.])
"I am a cat!" -> array([1., 1., 1., 1.])
```

그런데 무언가 어색하지 않은가? 결과를 보면, 두 문장의 의미는 서로 다름에도 불구하고 동일한 TF descriptor를 공유하고 있다. 두 문장이 각자의 BoW를 바탕으로 TF descriptor을 계산했기 때문에, 문장 간 비교가 불가능해진 것이다. 비교를 위해서는 하나의 통일된 비교 기준이 필요하다. 이에 따라, 우리는 하나로 통일된 단어 사전을 별도로 만들어 이를 바탕으로 doc_1과 doc_2의 TF descriptor를 계산해볼 것이다. 지금부터는 이 통합된 단어 사전 리스트를 'vocabulary'라고 지칭하겠다.

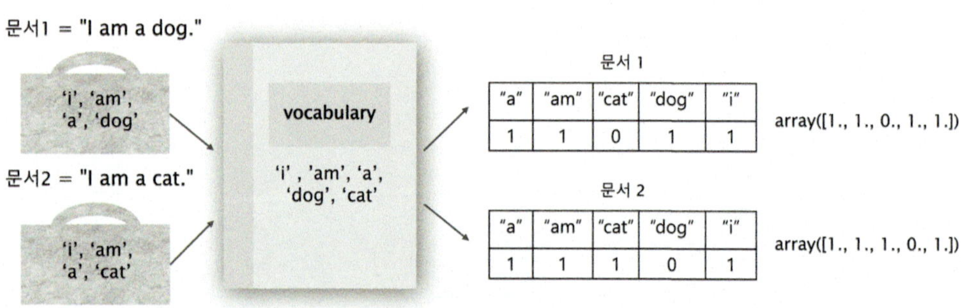

그림 2.5

```
index proceeds in alphabetical order
    ------------------------------------
    tf[0] -> count of "a"
    tf[1] -> count of "am"
    tf[2] -> count of "cat"
    tf[3] -> count of "dog"
    tf[4] -> count of "I"

"I am a dog." -> array([1., 1., 0., 1., 1.])
"I am a cat!" -> array([1., 1., 1., 0., 1.])
```

지금까지 여러 문서에 대한 TF-descriptor 산출 방식까지 이해해보았다. 지금부터는 본격적으로 여러 문서에 대한 TF-descriptor을 산출하는 코드를 직접 짜볼 것이다.

우선적으로 세 개의 함수를 만들어야 한다.

① to_counter: 문서 내 각 단어의 개수(word count)를 구하는 함수
② to_vocab: 여러 문서에 대한 통합된 vocabulary를 만드는 함수
③ to_tf: 단어별 빈도를 계산하는 함수

첫째, 'to_counter' 함수를 만들어보자. 함수 내 코드 순서 및 조건은 이하와 같다.

1. 문서에서 모든 구두점을 제거
2. 소문자로 변환
3. 문서를 토큰화
4. 문서에 대한 〈word → count〉 매핑을 반환 (〈collections.Counter〉을 사용할 것)

```
def to_counter(doc):
    """
    각 문서의 word-count를 만드는 함수
    구두점 제거 이후 모든 글자를 소문자로 만들어야 함

    매개변수(Parameters)
    ----------
    doc : str
```

```
    반환 값(Returns)
    -------
    collections.Counter
        lower-cased word -> count

    예시
    --------
    >>> to_counter("I am a dog.")
    Counter({'a': 1, 'am': 1, 'dog': 1, 'i': 1})
    """
# 여기에 코드 작성
```

이하의 결과가 나타나는지 직접 확인하라:

```
>>> to_counter("I am a dog.")
Counter({'a': 1, 'am': 1, 'dog': 1, 'i': 1})
```

```
# 여기에 코드 작성
```

둘째, **'to_vocab'** 함수를 만들어보자. 우리는 to_counter을 통해 우리는 문서 각각에 대한 word-counter를 만들 수 있게 되었고, 이제는 to_vocab을 통해 전체 말뭉치에 대한 하나의 vocabulary를 리스트 형태로 만들 것이다. to_vocab은 여러 word-counter에 대한 이터러블(ex. 각 문서에 대한 단어 수의 리스트)을 입력받으면, 전체 단어를 알파벳 순으로 정렬한 후 그것을 리스트 형식으로 반환해줄 것이다.

> **TIP** 파이썬에 내장된 '집합(set)' 객체를 사용하면, 시퀀스를 구성하는 각 요소를 중복 없이 가지고 올 수 있다.

```
def to_vocab(counters):
    """
    입력: 여러 counter에 대한 이터러블
    반환: 모든 counter들에 걸쳐 축적된 단어를 중복 없이 정렬한 리스트

    [word_counter0, word_counter1, ...] -> sorted list of unique words
```

```
    매개변수(Parameters)
    ----------
    counters : Iterable[collections.Counter]
        각 문서의 {word -> count} 카운터들을 포함하는 하나의 이터러블

    반환 값(Returns)
    -------
    List[str]
        'counters'에 포함된 단어를 중복 없이 알파벳 순으로 정렬한 하나의 리스트
    """
# 여기에 코드 작성
```

이하의 결과가 나타나는지 확인하라:

```
>>> count1 = to_counter("I am a dog.")
>>> count2 = to_counter("I am a cat!")
>>> to_vocab([count1, count2])
['a', 'am', 'cat', 'dog', 'i']
```

```
# 여기에 코드 작성
```

이제 우리가 갖게 된 것은 (1) 여러 문서의 word-counts, (2) 문서 전체에 대해 알파벳 순으로 정렬된 vocabulary 리스트이다. 이 둘을 활용하면 TF descriptors를 만들 수 있다!

셋째, 'to_tf' 함수를 만들어보자. 이 함수의 입력값은 앞선 두 함수를 통해 얻은 (1) 한 문서의 word-counts(Counter 인스턴스 형태) 및 (2) 문서 전체에 대한 vocabulary이다. 반환값은 해당 문서의 TF descriptor를 나타내는, 실수로 구성된 한 개의 행렬이다.

```
# 여기에 코드 작성
```

최종적으로, 만든 함수 세 개를 모두 활용하여 여러 문서에 대한 descriptor들을 만들어보자.

```
doc_1 = "I am a dog."
doc_2 = "I am a cat!"
doc_3 = "I am not a dog"
doc_4 = "I am not a cat, am I!?!"
```

이 문서에 사용된 단어를 중복 없이 세어보면 총 6개이다(단어의 종류가 6가지라는 뜻이다). 따라서 여러분이 만든 vocabulary가 6의 길이를 가져야 하고, 이에 따라 각 문서의 TF descriptor 역시 길이가 6이어야 한다. 〈numpy.vstack〉를 사용하여 이 네 개의 문서의 descriptor들에 대한 (4, 6)크기의 행렬을 생성하라.

```
doc_1 = "I am a dog."
doc_2 = "I am a cat!"
doc_3 = "I am not a dog"
doc_4 = "I am not a cat, am I!?!"

# 여기에 코드 작성
```

구두점 삭제	TF 계산	여러 문서의 TF 계산	BoW 개선	TF 다시 계산	IDF 계산	TF-IDF 계산	유사도 계산

4 BoW 모형 개선하기: 함수 to_vocab 업데이트하기

TF descriptor 벡터의 길이, 즉 차원 수는 vocabulary의 단어 개수에 따라 결정된다. 여기서 잠깐. 현재의 방식대로라면 vocabulary와 TF-descriptors의 크기가 불필요하게 커질 수 있다. 예컨대, 만약 어떠한 글이 'The rumor spread as fast as lightning.'와 같은 간단한 비유를 사용할 때, vocabulary에는 'as'와 'lightning'와 같이 크게 중요하지 않은 의미의 단어가 두 개나 추가될 것이다.

이러한 문제를 해결하기 위해 vocabulary 생성 과정에 적절히 제한을 두는 건 어떨까? 지금부터는 to_vocab 함수를 변형하여, 전체 문서에서 가장 자주 사용되는 k개의 용어(term)만을 취할 수 있도록 조건을 추가해볼 것이다. 함수 내부에 optional argument을 만들어서, 사용자가 k값을 별도로 지정하는 경우 위의 조건이 반영되도록 하고, default 상태에서는 기존의 방식을 유지하도록 만들어보자.

* 만약 입력한 k값이 vocabulary의 총 단어 개수보다 크더라도 함수가 구현될 수 있도록 코드를 구성해야 한다.

```
def to_vocab(counters, k=None):
    """
    입력: counters 모음
    출력: 최대 빈출 k개의 단어로 구성된, 정렬된 리스트


    매개변수(Parameters)
    ----------
    counters : Sequence[collections.Counter]
        counters로 구성된 리스트; 한 문서에 대한 단어 계산표

    k : Optional[int]
        특정 k값이 지정되면, 오직 최대 k개 단어만 반환됨.

    반환 값(Returns)
    -------
    List[str]
        중복되지 않은 문자열에 대한 정렬된 리스트."""
# 여기에 코드 작성
```

업데이트된 to_vocab을 확인하기 위해 마지막 예시의 네 개 문서를 사용해보자. k를 2로 지정하여 새로운 vocabulary를 생성하라. vocabulary에 있는 단어는 무엇인가? k=6일 때와 k=〈None〉일 때 동일한 결과를 도출하는지 직접 확인해보아라.

```
doc_1 = "I am a dog."
doc_2 = "I am a cat!"
doc_3 = "I am not a dog"
doc_4 = "I am not a cat, am I!?!"

# 여기에 코드 작성
```

지금까지 to_vocab 함수를 변형하는 과정을 통해, k값을 설정했을 때 '가장 자주 나타난 단어'를 추출할 수 있게 되었다. 그러나 여전히 한계가 존재한다. 저번 노트에서 언급했던 Zipf's law를 떠올려보면, 오히려 가장 자주 출현하는 단어들(아래 사진에서의 'the'나

'and' 등)은 대개 중요한 의미를 전달하지 못하고 중요한 단어는 문서 내에서 드물게 나타난다는 경향성이 있었다.

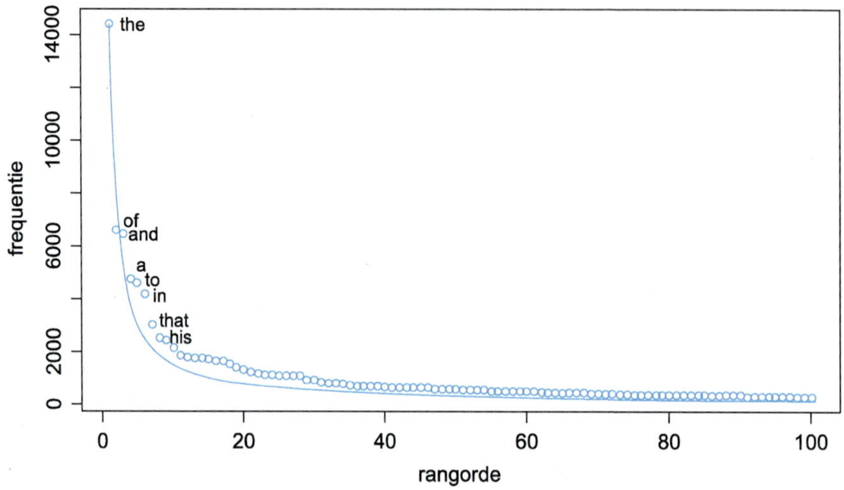

그림 2.6 Zip's law를 따르는 모비딕 내 단어 분포[24)]

생각해보기

잠시 시간을 내어, 문서에서 '가장 자주 나타나는 단어'는 실제로 어떠한 특징을 가지고 있는지 직접 확인해보도록 하자. 우리가 이용할 문서는 wikipedia 텍스트 파일이다. 아래 코드와 같이 path_to_wikipedia에 파일을 저장한 경로를 입력해주어야 하며, wiki라는 변수를 생성한 후 해당 파일의 텍스트를 변수 wiki에 저장할 수 있다.

```
path_to_wikipedia = "파일 경로"
with open(path_to_wikipedia, "rb") as f:
    wiki = f.read().decode()
```

wiki에서 텍스트의 상위 50개의 빈출 단어를 출력하라. 출력을 위해 사용되는 함수는 to_counter 함수(wikipedia 텍스트를 처리하고 단어 개수를 반환)와 방금 업데이트한 to_vocab

24) Zipfian distribution of the frequency (vertical axes) and the rank in the frequency table of the first hundred words of Melvilles Moby Dick. 《Radboud University》, 〈https://www.wheeloffortune.com/〉, 2022.02.01.

함수(vocabulary를 형성)이다. 이때, to_vocab 함수의 경우 입력 값으로 반드시 이터러블 객체(ex. 리스트, 단어 개수 등)의 형태만을 받을 수 있음을 명심하라.

```
wiki_count = to_counter(wiki)
wik = to_vocab([wiki_count], k=50)
print(wik)
```

출력된 결과로부터 무엇을 알 수 있는가? 빈출 단어는 중요한 의미를 전달하는 단어인가, 혹은 형식적인 의미만을 가지는가?

위 활동의 결과에서 추측할 수 있듯, 최대 빈출 상위 50개의 단어는 대부분 단순히 내용을 '연결해주는', 이른바 불용어(stop words)라 알려진 것이다. 이대로라면 우리의 TF descriptor는 다소 중요하지 않은 불용어를 중심으로 설명될 것이다. 따라서, 이번에는 to_vocab 함수를 업데이트하여 이러한 문제를 해결하도록 하자. 이번에는 input에 불용어 시퀀스까지 입력받을 수 있도록 할 것이다. 해당 시퀀스는 전체 vocabulary를 만들 때 제외되고, 이를 통해 최대 빈출 top k 단어에 불용어가 포함되지 않도록 만들 수 있다.

```
def to_vocab(counters, k=None, stop_words=tuple()):
    """
    [word, word, ...] -> 최대 빈출 상위 k개의 겹치지 않는 단어 리스트
    단 불용어에 해당되는 것은 제외

    매개 변수(Parameters)
    ----------
    counters : Iterable[Iterable[str]]

    k : Integer
        특정 값을 입력하는 경우, 최대 빈출 상위 k개의 단어만 반환된다.


    stop_words : collection[str]
        어휘(vocabulary)를 구성하는 과정에서 무시될 단어의 모음
    """
# 여기에 코드 작성
```

아래 코드를 통해 MySQL에서 제공하는 불용어 데이터베이스 "stopwords.txt"를 list 또

는 set에 저장해줄 수 있다. 코드를 직접 실행시켜보아라. 총 몇 개의 불용어가 존재하는가?

```
with open("파일 경로", 'r') as r:
    stops = []
    for line in r:
        stops += [i.strip() for i in line.split('\t')]

print(stops[:5], stops[-5:])
```

이제 wikipedia에 대한 vocabulary을 다시 조립해보자. 최다 빈출 50개 단어를 유지하되, 불용어 목록에 해당되는 것이 있다면 제외시키도록 하자.

```
#현재는 wik vocabulary
#wik 에서 stops에 해당되는 것을 제외시킨 후 상위 50개 단어 추출

# 여기에 코드 작성
```

구두점 삭제	TF 계산	여러 문서의 TF 계산	BoW 개선	TF 다시 계산	IDF 계산	TF-IDF 계산	유사도 계산

5 개선한 BoW 단어장을 활용하여 TF 다시 계산하기

우리는 지금까지 함수 'to_counter', 'to_vocab', 'to_tf'를 만들었고, to_vocab 함수의 업데이트를 통해 vocabulary에 특정 불용어가 제외된, 가장 인기 있는 단어만을 고려할 수 있게 되었다. 이를 통해 우리의 TF descriptor는 보다 간결하고 분별력이 높아졌을 것이다. 그렇다면 지금까지 만든 함수가 완벽한 상태라 볼 수 있을까? 이번에는 이하 네 개의 문서에 대한 TF descriptor를 계산해보며 직접 그 성능을 확인해보자. 이때 MySQL에 등록된 불용어 리스트를 활용해야 한다.

```
doc_1 = "I am a dog."
doc_2 = "I am a cat!"
doc_3 = "I am not a dog"
doc_4 = "I am not a cat, am I!?!
```

```
doc_1 = "I am a dog"
doc_2 = "I am a cat!"
doc_3 = "I am not a dog?"
doc_4 = "I am not a cat, am I!?!"

# 여기에 코드 작성
```

출력된 결과를 살펴보면, 우리의 함수는 불용어를 단순화시키는 데에는 성공하였지만 여전히 문제가 존재한다. 우선, 더 이상 '부정어'를 식별할 수 없게 되었다. doc_1과 doc_3는 분명 서로 다른 의미를 지니고 있지만 동일한 descriptor을 갖고 있다. 이 지점에서 우리는 BoW 모형이 단어 간 순서를 완전히 무시한다는 사실을 떠올려야 한다. 이러한 성질때문에, BoW는 부정되는 대상이 무엇인지 구별할 수 없으며 "Ryan is taller than Megan"와 "Megan is taller than Ryan"를 같은 문장으로 인식할 것이다. 이처럼 BoW 모형은 굉장히 단순한 만큼 문장을 다소 거칠게 분석한다는 단점이 있다.

BoW의 또 다른 문제는, '어떻게 descriptor 크기를 일관되게 조정할 것이냐'이다. 비교하는 문서 간 길이가 다르면, descriptor의 크기만을 가지고 가중치를 비교할 수 없다. 대개 긴 문서가 짧은 문서보다 더 많은 단어를 가지기에 훨씬 더 큰 크기의 descriptor 벡터를 가질 것이기 때문이다. 단순히 문서가 길다는 이유만으로 더 높은 가중치가 매겨져서는 안 된다. 따라서 TF를 계산하는 방법에 변화가 필요한데, 기존의 토큰 '개수' 대신 토큰의 발생 '빈도'를 기준으로 계산해보는 방법은 어떨까? 실제로도 TF에서 F는 '빈도'를 의미하는 frequency이며, 문서 당 단어의 개수가 아닌 빈도를 기준으로 중요도를 판단하는 방법을 의미한다. 우리의 함수 'to_tf' 역시 이제부터 개수가 아닌 빈도를 고려하도록 개선해야 한다.

$$\text{TF}= c_{t,d} \rightarrow f_{t,d} = \frac{c_{t,d}}{\sum_{t' \in vocab} c_{t',d}},\ t \in vocab$$

$c_{t,d}$: 문서 d 속 단어 t의 '개수'(count)

t' : 우리의 어휘(vocabulary)에 포함되어 있는 단어

d : 문서 d

$f_{t,d}$: 문서 d 내에 단어 t가 출현하는 '빈도'(frequency)

$\sum_{t' \in vocab} c_{t',d}$: 문서 d내에 존재하고 vocab에 포함되는 모든 단어 t' 총 개수

count를 frequency로 변환하는 과정을 포함하여 to_tf 함수 코드를 업데이트하라.

```
def to_tf(counter, vocab):
    """
    매개변수(Parameters)
    ----------
    counter : collections.Counter
        한 문서에 대한 The word -> count 매핑.

    vocab : Sequence[str]
        우리가 다루는 여러 단어를 정렬한 리스트.

    반환 값(Returns)
    -------
    numpy.ndarray
        문서에 대한 TF descriptor.
        이 TF descriptor는, 주어진 문서 내 vocab에 발생하는 각 용어(term)의 빈도값
        으로 구성됨."""

 # 여기에 코드 작성
```

이번에는 counts 대신, 문서 당 frequencies 값을 사용하여 이하 네 개의 문서에 대한 TF descriptors를 다시 생성하라.

```
doc_1 = "I am a dog"
doc_2 = "I am a cat!"
doc_3 = "I am not a dog?"
doc_4 = "I am not a cat, am I!?!"

# 여기에 코드 작성
```

구두점 삭제	TF 계산	여러 문서의 TF 계산	BoW 개선	TF 다시 계산	IDF 계산	TF-IDF 계산	유사도 계산

6 IDF 계산하기

만약 어떤 용어가 모든 문서에서 거의 같은 비율로 나타난다면, 해당 용어는 서로 다른

문서를 구별해주는 힘이 없게 된다고 볼 수 있다. 이를 달리 표현하자면, 문서 전반적으로는 자주 나타나지 않지만 특정 문서에서 자주 나타나는 용어야말로, 해당 문서를 설명해주는 의미 있는 지표가 되고, 해당 용어를 인코딩 과정에서 중요하게 고려하여야 한다.

우리가 만든 현재의 TF-descriptor에 'IDF'를 곱해주면 위 기능을 구현할 수 있다. IDF는 한글로 역문서빈도라 일컬으며, Inverse Document Frequency의 줄임말이다. 아래 수식과 예시를 통해 IDF의 개념을 이해해볼 수 있다.

$$\text{IDF} = \log_{10}\frac{N}{n_t}$$

N : 전체 문서 총 개수

n_t : 용어 t가 등장하는 문서의 총 개수

* 이때 용어 t는 반드시 우리의 vocabulary에 포함되어 있는 것

예시로 두 개의 문서 "apple strawberry", "apple blueberry"가 있다고 해보자. 이때 우리의 vocabulary는 순서대로 'apple, blueberry, strawberry'가 될 것이다. 그리고 각 단어에 대한 IDF 값의 배열은 $\left[\log_{10}\frac{2}{2},\ \log_{10}\frac{2}{1},\ \log_{10}\frac{2}{1}\right]$로 표현할 수 있다.

이번에는 IDF를 계산하는 함수 'to_idf'를 직접 작성해보자. 해당 함수는 input값으로 ① 순서대로 정렬된 vocabulary와 ②각 문서의 단어 수(Counter 인스턴스 형태)를 포함하는 list를 취한다. output으로는 모든 용어에 대한 IDF 값 배열을 생성해야 한다.

```
def to_idf(vocab, counters):
    """
    위 함수는 주어진 vocab과 각 counters(문장의 단어 수)는
    우리의 vocabulary에 포함된 각 용어(term)에 대한 IDF값을 계산해준다.

    매개변수(Parameters)
    ----------
    vocab : Sequence[str]
        우리가 관심을 두는 단어에 대한 정렬된 리스트

    counters : Iterable[collections.Counter]
        문서 당 단어 개수를 매핑시킨 것
```

```
    반환값(Returns)
    -------
    numpy.ndarray
        'vocab'의 항목과 일치하는 배열로, 각 용어 't'에 대한 IDF를 저장함
                        log10(N / nt)
        'N' : 문서의 개수
        'nt': 용어 t가 존재하는 문서의 개수
    """

# 여기에 코드 작성
```

위 함수를 활용하여 아래 두 문서에 대한 IDF 값을 구해보자.

```
doc-1: "apple strawberry"
doc-2: "apple blueberry"
```

```
doc-1: "apple strawberry"
doc-2: "apple blueberry"

# 여기에 코드 작성
```

구두점 삭제	TF 계산	여러 문서의 TF 계산	BoW 개선	TF 다시 계산	IDF 계산	TF-IDF 계산	유사도 계산

7 TF-IDF 계산하기

앞서 TF에 IDF를 곱함으로써 6번에서 언급한 문제가 해결될 수 있다고 하였다. 이때 TF가 행렬의 형태를 띄기 때문에 둘을 곱하기 위해서는 행렬곱의 조건을 만족해야 하는데, IDF 배열의 모양이 descriptor$(N_t,)$ 각각의 **모양과 동일**하기 때문에 조건이 충족된다고 볼 수 있다. (이때 N_t은 우리의 vocabulary 내의 용어 개수를 나타낸다.) 즉 IDF 배열과 TF descriptor 간에 행렬곱이 수행될 수 있다!

이와 같이 IDF 벡터와 TF descriptor를 행렬곱하는 가중치 산정법을 'TF-IDF'이라 부른다. 우리는 TF-IDF를 통해 기존의 TF descriptor가 갖고 있던 문제를 상쇄시켜주어, 각 문서에서 실질적으로 중요한 용어를 강조할 수 있게 된다.[25] 아래 TF, $IDF_{t,d}$는 문서 d에

있는 용어 t에 대한 TF-IDF 값을 의미한다.

$$\text{TF, IDF}_{\text{t,d}} = f_{t,d} \log_{10} \frac{N}{n_t}$$

아래 네 개의 문서에 대한 TF-IDF descriptors을 계산해보자. 이번에도 마찬가지로 vocabulary를 만들 때 불용어는 제외시켜야 한다.

```
doc_1 = "Apple cider is delicious."
doc_2 = "A recipe for apple cider, using apple."
doc_3 = "Donuts are delicious"
doc_4 = "Apple cider donuts, anyone? Donuts?"
```

결과는 아래와 같아야 한다.

```
>>> vocab
['apple', 'cider', 'delicious', 'donuts', 'recipe']

>>> tfs
array([[ 0.33333333, 0.33333333, 0.33333333, 0.        , 0.        ],
       [ 0.5       , 0.25      , 0.        , 0.        , 0.25      ],
       [ 0.        , 0.        , 0.5       , 0.5       , 0.        ],
       [ 0.25      , 0.25      , 0.        , 0.5       , 0.        ]])

>>> idf
array([ 0.12493874,  0.12493874, 0.30103   , 0.30103   , 0.60205999])

>>> tf_idf
array([[ 0.04164625, 0.04164625, 0.10034333, 0.        , 0.      ],
       [ 0.06246937, 0.03123468, 0.        , 0.        , 0.150515 ],
       [ 0.        , 0.        , 0.150515  , 0.150515  , 0.      ],
       [ 0.03123468, 0.03123468, 0.        , 0.150515  , 0.      ]])
```

25) 실제로 'TF-IDF'는 문서에 대한 숫자 인코딩 과정에서 매우 인기 있는 가중치 산정법이다.

```
doc_1 = "Apple cider is delicious."
doc_2 = "A recipe for apple cider, using apple."
doc_3 = "Donuts are delicious"
doc_4 = "Apple cider donuts, anyone? Donuts?"

# 여기에 코드 작성
```

구두점 삭제	TF 계산	여러 문서의 TF 계산	BoW 개선	TF 다시 계산	IDF 계산	TF-IDF 계산	유사도 계산

8 유사도 계산하고 TF-IDF 성능 확인하기

지금까지, TF-IDF 가중치가 적용된 BoW 모형을 기반으로 여러 문서를 동일한 길이의 descriptor 벡터 세트로 조정하는 방법을 배웠다. 이 방법을 통해 우리에게 친숙했던 분석 방식과 머신러닝 기술을 NLP 문제를 해결하는 데 적용해볼 수 있었다.

이번에는 문서 유사도를 평가해주는 간단한 거리 측정을 진행해볼 것이다. 이때 유클리드 거리를 사용하는 대신, '코사인 유사도'을 사용하여 descriptor 벡터 간의 '중첩' 정도를 측정해볼 것이다.

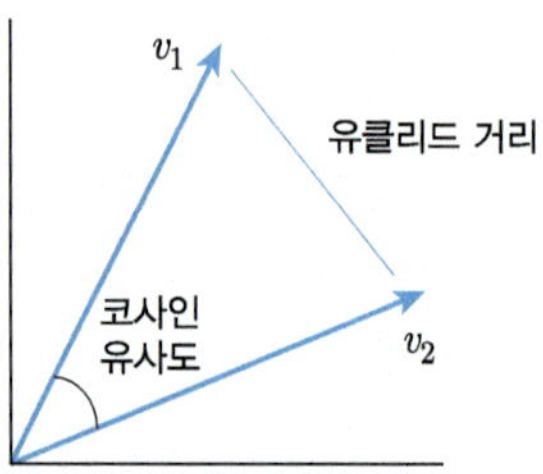

그림 2.7

$$\text{코사인 유사도} = \cos\theta = \frac{\mathbf{x} \cdot \mathbf{y}}{\|\mathbf{x}\| \ \|\mathbf{y}\|}$$

$\|\mathbf{x}\|$: $\mathbf{x}$의 크기 ($\|\mathbf{x}\| = \sqrt{x_0^2 + x_1^2 + \cdots}$ 라는 식이 성립함.)

$\mathbf{x} \cdot \mathbf{y}$: x, y 두 벡터의 점 곱(Dot product)

이것은 문서의 특징 공간에서 두 개의 descriptor 벡터 (x, y) 사이에 형성된 각도 θ를 측정하는 수식이다. 만약 문서들이 서로 유사하다면 descriptor 벡터들 역시 가깝게 정렬되어 있을 것이다. 이번에는 코사인 유사도를 직접 계산해보도록 하자. 아래는 이차원 배열의 모든 행 사이의 코사인 유사도를 계산하는 코드이다.

```
from sklearn.metrics.pairwise import cosine_similarity

cos_sim = cosine_similarity(tf_idfs)

# set diagonal of `cos_sim` to 0
np.einsum("ii->i", cos_sim)[...] = 0
```

- tf_idfs: TF-IDF 벡터들의 배열(크기: (N_doc, N_vocab))
- cos_sim: 문서 간 코사인 유사도(크기: (N_doc, N_doc))
- cos_sim[i, j]: 문서 i와 문서 j 간 코사인 유사도
- 대각 행렬의 경우 각 문서 자기 자신과의 유사도를 나타내기 때문에, 모두 1이 될 것이다. 이에 따라 대각행렬 값을 0으로 설정하면 이러한 사소한 문제를 해결할 수 있다.

아래는 우리가 분석해볼 일곱 개의 문서이다.

```
doc_1 = "Cogworks students learn about artificial intelligence in
        the form of audio processing, face recognition, and
        natural language processing."
doc_2 = "Some people think CogWorks is a intense, but these
        students are simply passionate about artificial
        intelligence."
doc_3 = "Racecar students are learning about autonomous racing."
doc_4 = "UAV kids are learning about autonomous aerial vehicles!"
doc_5 = "DC and Marvel Universes have longed challenged each other
        in the realm of superheroes."
doc_6 = "Super Heroes produced by DC include Batman, Flash, the
        Green Lantern and Superman."
doc_7 = "Super Heroes produced by Marvel include Hulk, Thor,
        Spiderman, and Wolverine."
```

불용어를 제거한 vocabulary를 사용하여 7개의 문서에 대한 TF-IDF descriptor를 계산해본 후, 이 문서들의 모든 쌍들 사이의 코사인 유사도를 계산하라. 어떤 문서쌍이 서로 가장 유사한가?

- np.round(cos_sim, 3)를 사용하여, 이차원 배열의 결과를 소수점 세 자리까지 나타내라.
- matplotlib, ax.imshow( ) 함수를 사용하면, 행렬 형태의 계산 결과를 시각화할 수 있다.

```
import matplotlib.pyplot as plt
%matplotlib notebook

from sklearn.metrics.pairwise import cosine_similarity

doc_1 = "Cogworks students learn about artificial intelligence in the
        form of audio processing, face recognition, and natural
        language processing."
doc_2 = "Some people think CogWorks is a intense, but these students
        are simply passionate about artificial intelligence."
doc_3 = "Racecar students are learning about autonomous racing."
doc_4 = "UAV kids are learning about autonomous aerial vehicles!"
doc_5 = "DC and Marvel Universes have long challenged each other in
        the realm of superheroes."
doc_6 = "Super Heroes produced by DC include Batman, Flash, the Green
        Lantern and Superman."
doc_7 = "Super Heroes produced by Marvel include Hulk, Thor,
        Spiderman, and Wolverine."

# 1. 각 문서에 대한 tf-idf 벡터를 계산하기
# 2. np.vstack을 사용하여 (N_doc, N_vocab)의 배열 만들기
# 3. (N_doc, N_doc)의 코사인 유사도 행렬 계산하기

# 여기에 코드 작성
```

```
# 1. 코사인 유사도의 대각행렬을 0으로 바꾸기
# 2. 코사인 유사도 행렬을 출력하기 (소수점 세 자리까지 나타낼 것)
# 3. matplotlib을 활용하여 도표와 축으로 시각화하기
```

```
#    - 'ax.imshow(cos_sim)'을 통해 문서 간 코사인 유사도를 히트맵26)으로 표현
#    - 'ax.set_title(...)'을 통해 도표 제목 생성

# 여기에 코드 작성
```

배운 내용 되돌아보기

구두점 삭제	TF 계산	여러 문서의 TF 계산	BoW 개선	TF 다시 계산	IDF 계산	TF-IDF 계산	유사도 계산

☑ 우리는 단어 가방 모형의 핵심인 TF descriptor를 ① 구두점 제거 → ② 소문자화 → ③ 토큰화 → ④ 개수 세기의 순서에 맞게 직접 산출해보았다. 이를 통해 텍스트 문서에 숫자 배열 형태의 descriptor를 부여함으로써 문서를 정량적으로 요약하고 비교하는 방법을 배웠다.

☐ 먼저, 여러 문서에 대한 TF를 계산하기 위해 여러 문서에서 등장하는 모든 단어를 요약한 'vocabulary' 요소를 도입하였다. 이후, 한 문서 내 단어의 개수를 구하는 to_counter 함수, 여러 문서에 대한 vocabulary를 만드는 to_vocab 함수, 단어별 출현 빈도를 계산하는 to_tf 함수를 차례대로 만들어보았다. 이때 각 함수에서 구두점 제거나 알파벳순 정렬, 중복 허용 여부와 같은 조건을 꼼꼼하게 반영해야 하였다.

☐ 우리의 두 차례의 업데이트를 거쳐 vocabulary를 개선하였는데, ① 불용어('a'와 'the'와 같이 중요한 의미를 전달하지 않지만 개수가 많은 단어)가 있다면 이를 제거하고, ② 문서 내에 가장 자주 출현한 단어만을 포함시켰다. 이는 향후 만들 descriptor가 지나치게 길어지지 않도록 도와준다. 우리는 개선된 vocabulary를 기반으로 각 문서(d)마다 하나씩 대응되는 TF(Term-frequency) descriptor 값을 생성하였다.

☐ TF descriptor의 한계를 보완하기 위해, TF에 IDF를 곱한 TF-IDF descriptor를 계산하였다. IDF는 vocabulary의 각 용어(term)에 대한 IDF를 계산함으로써, 문서를

26) 히트맵(heat map) : 열분포도, 2차원 수치 데이터를 색으로 표시한 것
출처: https://wikidocs.net/45481

구별하는 데 도움이 되는 용어들에 더 큰 가중치를 매길 수 있다.

① TF descriptor

$$c_{t,d} \rightarrow f_{t,d} = \frac{c_{t,d}}{\sum_{t' \in vocab} c_{t',d}}, \ t \in vocab$$

알파벳 순으로 정렬된 vocabulary에 포함된 각 용어(term)에 대하여,

$c_{t,d}$는 문서 d속 단어 t의 개수

이것은 문서의 단어 내용에 대한 수치적 설명을 제공한다.

② IDF

$$\text{IDF} = \log_{10}\frac{N}{n_t}$$

(N은 전체 문서의 총 개수, n_t는 용어 t가 등장하는 문서의 총 개수)

③ TF-IDF

문서 d에 대한 TF-IDF descriptor는 $f_{t,d} \times \log_{10}\frac{N}{n_t}$를 저장하는 배열을 통해 주어진다.

2절. 기본 언어 모델을 마무리하며

지금까지 텍스트 분석 및 토큰화, n-gram 모델과 단어 가방 모형에 대한 원리를 익힌 후 파이썬을 통해 직접 구현해보았다. 우리가 다룬 언어 모델은 기본적인 내용인 만큼 자연어 처리의 본질을 이해하는 데 도움을 주며, 비록 단순하지만 꽤 많은 분야에 유용하게 활용되는 모델이므로 꼭 기억해두도록 하자. 다음 3절에서는 본격적으로 자연어 처리의 임베딩 과정에 진입해볼 것이다. '각 단어는 어떻게 컴퓨터상에 표현되며 다른 단어와의 관계를 드러낼 수 있는지', '자연어 처리에서 비지도학습은 어떻게 이루어지는지'에 대한 질문을 이어나가며 3절의 워드임베딩 및 오토인코더에 대한 개념과 원리를 익힐 수 있기를 바란다.

3 워드 임베딩(Word embeddings)

3.0 학습 목표

이번 3절에서 우리가 배우게 될 내용은 워드 임베딩이란 개념이다. 워드 임베딩에서는 라벨이 매겨지지 않은 데이터셋을 사용할 것이다.[27] 그 말은, 모델이 학습하는 데 사용하는 데이터셋에는 정답이 따로 부여되지 않았으며 이에 따라 모델은 정답을 학습하는 것이 아니란 이야기이다. 3절에서는 데이터가 들어오면 비슷한 데이터끼리 묶는 작업(클러스터링)을 하거나 데이터에서 자체적으로 타겟 라벨을 추출하고 이를 학습하는 모델을 배울 것이다. 지금은 이 의미가 추상적으로 다가올 수 있지만 이어서 나올 개념을 차근차근 따라가다 보면 충분히 해결될 것이다.

워드 임베딩이란 새로운 개념 아래에 우리는 수많은 데이터를 그 유사성에 따라 모으고, 데이터셋 내에 존재하는 유사한 단어를 파악하고, 여러 단어가 주어졌을 때 그 뒤에 나올, 혹은 그사이에 나올 단어가 무엇인지 예측해보는 등 신기한 경험을 할 수 있을 것이다.

3.1 워드 임베딩의 기본적 개념

NLP(Natural Language Processing)에서 유용하다고 알려진 Word2Vec을 들어본 적이 있는지 모르겠다. 'Word2Vec' 단어에 그 의미가 그대로 담겨 있는데, 말 그대로 특정 단

27) 《인공지능 교육단체 OUTTA와 함께 하는! 머신러닝 첫 단추 끼우기》를 읽어본 독자들은 라벨이 매겨진 데이터셋을 이용한 학습을 해보았을 것이다. 워드 임베딩에서의 학습과 어떻게 다른지 비교하며 공부해보자.

어를 어떤 차원에서 벡터로 나타내는 것과 관련이 있다. 이 'Word2Vec'은 단순히 하나의 알고리즘을 의미하는 것이 아니라, 워드 임베딩(word embedding)을 학습할 때 쓰이는 특정 모델 아키텍쳐나 최적화 등을 통칭하는 말이다.[28] 우리는 이번 절에서 이 Word2Vec을 가능하게 해준 임베딩 학습이 어떻게 가능한지에 대해 배울 것이다. 임베딩이란 개념이 생소할 수 있으므로 실습 문제를 통해 임베딩이 되어있는 데이터셋이 어떤 형태인지 간단히 짚고 넘어갈 것이며 이 임베딩 데이터셋을 학습하는 모델까지 구현해볼 것이다. 먼저 워드 임베딩은 BOW(Bag Of Words)와 구별되는 몇 가지 특징을 지닌다. 앞에서 배운 BOW를 떠올려보면 여러 문제점이 존재했다. 먼저 단어들이 주어졌을 때 그 순서를 알 수 없다는 점이다. 순서를 알지 못해도 잘 조합하면 되지 않을까 하는 생각이 들 수도 있겠으나 다음과 같은 문장이 주어진다면 BOW는 큰 문제가 될 수 있다.

doc 1: 가은이는 주은이를 따라 같은 학원에 다니고자 한다.
doc 2: 주은이는 가은이를 따라 같은 학원에 다니고자 한다.

위 두 문장을 이루는 단어들은 이제 한 가방에 뒤엉킨 채로 존재할 것이다. 두 문장을 구별하는 것은 '가은'와 '주은'의 어순이다. BOW에선 그 순서를 알 수 없기 때문에 doc 1과 doc 2가 완전히 같은 문장이 되어 버린다.

또 다른 문제점은 유사어를 판별하지 못한다는 점이다. 예를 들어 'The teacher was angry'와 'The tutor was mad'란 문장이 있다고 해보자. 이 두 문장은 거의 의미적으로 유사한 문장이다. 하지만 BOW는 유사어를 판별하지 못하여 'teacher'와 'tutor', 그리고 'angry'와 'mad'를 다른 단어로 취급해버리며, 결국 두 문장이 다른 문장을 갖는다고 판단할 것이다. 이런 문제점을 해결하기 위한 방식으로 워드 임베딩을 이해해봐도 좋다. 이 점 외에도 아래 워드 임베딩만의 특징들을 짚어보며 임베딩에 대한 감을 잡길 바란다.

① 임베딩되어 있는 데이터셋에서 유사성을 갖는 데이터끼리는 가까이에 존재한다. 만약 단어 'sad'와 'gloomy'을 2차원 공간에 임베딩한다고 생각해보자. 만약 'sad'가 [0.02, −0.02]로 2차원 공간에 나타내졌다고 하면, 'gloomy'는 이의 유사어에 해당하므로 비슷한 위치인 [0.01, −0.01] 정도로 2차원 공간에 존재할 것이다.(그림 3-

28) 〈word2vec〉, 《TensorFlow 공식 사이트》, 〈https://www.tensorflow.org/tutorials/text/word2vec〉

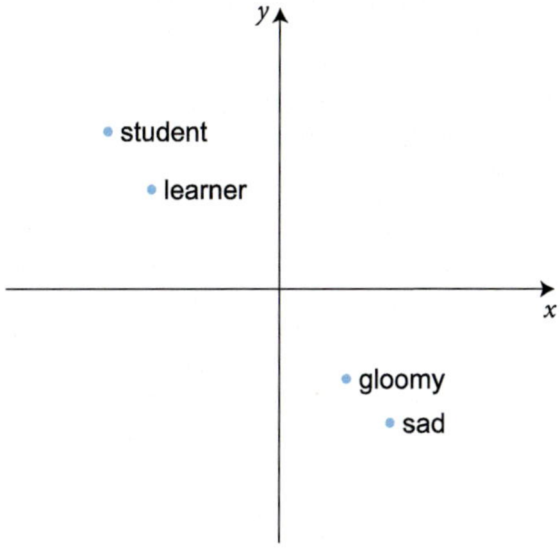

그림 3.1 2차원 공간에 임베딩 된 단어

1[29]을 참고) 이처럼 워드 임베딩을 통해 우리는 역으로 특정 단어의 유사어도 얻을 수 있게 된다.

② 임베딩을 사용하면 더 적은 파라미터로 모델을 학습시킬 수 있다. 연속하는 두 단어에 이어 나타날 단어를 예상하는 모델이 있다고 생각해보자. 먼저 입력값으로는 연속하는 두 단어에 대한 정보가 될 것이고, 출력은 그다음에 이어서 등장할 단어와 관련한 정보일 것이다. 여러 방식 중 단어를 one-hot 인코딩 방식으로 표현하여 입력으로 넣는 대표적인 방법이 있다. 만약 우리가 처리하고 있는 데이터셋에 포함된 단어의 개수가 n개라고 한다면, n차원의 공간에 각 단어를 one-hot 인코딩을 할 수 있고 총 2n 길이의 벡터가 입력으로 들어가 그 다음에 이어서 나올 단어를 예측할 것이다. One-hot 인코딩을 처음 접했다면 3.3 부분에 나오는 설명을 읽고 다시 돌아와도 좋다. 지금까지 한 얘기를 정리하자면 입력의 크기가 2n인 것처럼 입력의 크기는 각 단어의 길이와는 무관하게 단어가 몇 차원에 임베딩 되었는지만 중요한 것을 알 수 있다. 만약 50차원의 단어 임베딩을 사용한다면 이때 입력값의 크기는 항상 100이 된다. 이 원리에 따라 더 적은 파라미터로 워드 임베딩을 보다 빠르게 학습시킬 수 있다.

29) 다음을 참고하여 직접 그림.
Ryan Soklaski, 〈Word Embeddings and Autoencoders〉, 《CogWorks》, 〈https://rsokl.github.io/CogWeb/Language/WordEmbeddings.html〉, 2021.01.03. 방문

3.2 오토인코더(Autoencoder)

입력 데이터를 압축된 형태로 학습시킬 수 있도록 하는 신경망의 한 부분으로 오토인코더가 존재한다. 오토인코더는 데이터가 들어오면 이를 인코딩하여 압축된 형태(데이터의 차원을 축소하는 등)로 나타내고 다시 디코더를 통해 데이터를 복원한다. 따라서 그 내부 구조는 인코더와 디코더로 이루어져 있다. 만약 4차원의 입력 데이터를 2차원으로 축소하고자 한다면 오토인코더는 원래의 4차원 데이터를 2차원 공간에 정사영하는 과정을 거친다고 이해하면 좋다. 이렇게 차원을 축소하는 과정을 거치는 이유는 데이터가 갖고 있는 특징 중 더 중요한 것을 골라내고 나머지를 지워내는 데에 있다. 이것이 성공한다면 자동으로 데이터 용량도 감소할 것이다.

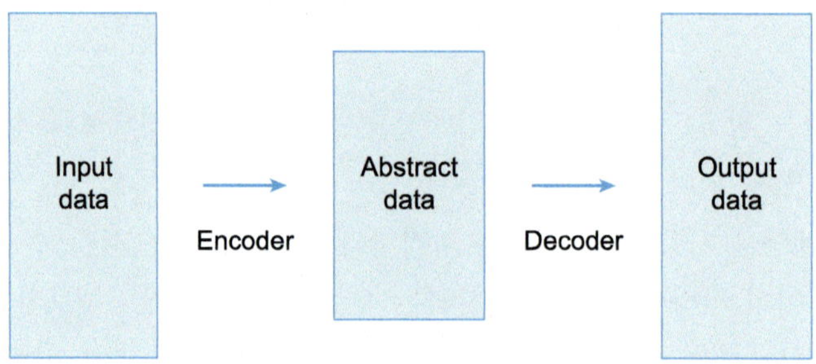

그림 3.2 오토인코더의 구조

우리는 인코더와 디코더가 동시에 작동하도록 하고 이 인코더가 데이터를 압축할 때 발생하는 손실을 최적화할 수 있는 방안을 찾아야 한다. 평균 제곱 오차(MSE)를 통해 손실을 계산했다면, 그 값을 최소화하는 방법에는 앞에서 배웠을 경사하강법, 옵티마이저 사용 등이 있는데 이 방법을 모델을 정의하고 학습할 때 함께 이용하면 될 것이다. 이는 실습 부분에서 자주 등장하니 기억하도록 하자.

$$MSE = \frac{1}{n}\sum_{i=1}^{n}(y_{true} - y_{pred})^2$$

위 식에서 y_{true}는 원래 입력한 데이터를 y_{pred}는 오토인코더를 거친 데이터를 의미한다. 이 MSE를 손실함수로 하여 모델을 학습시킴으로써 오토인코더를 거친 데이터의 정확도를 높일 수 있다. 더 자세한 내용은 뒤이어 나올 실습에서 모델 학습 과정에 손실함수를 적용하고 경사하강법을 적용하기 위해 MyGrad 라이브러리의 .backward() 코드를 사용해보는 내용으로 확인하면 좋을 것이다.

3.3 비지도학습 방식을 이용한 워드 임베딩

3.3.1 비지도학습(Unsupervised learning)이란?

지도학습은 이름(label)이 매겨진 데이터를 학습하는 것으로 MNIST 데이터셋과 같이 답이 주어져 있는, 즉 입력값과 출력값이 함께 주어진 데이터를 학습하는 것이다. 그렇기에 모델이 내놓은 출력이 정답인지 아닌지에 따라 모델 학습이 잘 이루어졌는지 평가하면 된다. 반면 비지도학습은 정답이 없는 상황에서 모델을 학습시키는 것을 통칭한다.

우리가 지금 배우고 있는 많은 워드 임베딩 기술은 비지도학습에 기반을 둔 방식으로, 정답이 주어지지 않은 상황에서 연속적인 공간에 데이터셋의 데이터를 클러스터링 한다. 클러스터링이란 다수의 데이터가 특정 기준(e.g. 단어들이 모여 이루는 문맥 등)에 따라 임베딩이 이루어지면서 여러 집단으로 나뉘는 현상이라 이해하면 쉬울 것이다. 이러한 비지도학습에서 사용되는 데이터셋은 데이터에 정답 여부를 표기하지 않아도 되기 때문에 값이 싸고, 단어가 갖는 유사성을 벡터로 나타내는 임베딩 작업에 유용하게 쓰일 수 있다.

추가로, 3.2에서 배운 오토인코더는 자기 지도학습(self-supervised learning)의 예시에 해당한다. 먼저 오토인코더는 입력된 데이터의 차원을 축소하는 작업을 행한다. 주어진 정답을 학습하는 것이 아니라 주어진 데이터를 학습에 용이하게 하기 위해 축소한 다음 다시 원래 데이터에 가깝게 복원하고자 한다. 결국 출력이 처음 입력된 데이터에 가까운 값일수록 좋은 모델이고, 이는 오토인코더가 정답으로 입력 데이터를 사용한다는 뜻이다. 우리는 이러한 모델을 자기 지도학습을 하는 모델이라고 말한다.

워드 임베딩으로 모델을 학습시키는 방법

(1) One-hot 인코딩

하나의 데이터를 인코딩할 때, 만약 총 n개의 데이터가 존재한다면 n-bit로 이루어진 수로 표현하는 것으로 하나의 비트만 1이 되고 나머지 bit는 모두 0으로 인코딩 하는 암호화 방식이다. 이때 1의 위치는 일반적으로 각 데이터가 데이터셋에 위치한 순서, 즉 인덱스[30]로 정하며 단어가 임베딩 된 형태를 보고 이 단어가 전체 단어 집합에서 몇 번째에 위치하는 정보인지 알 수 있다. 예를 들어, vocabulary에 6개의 단어가 있고 'people'이란 단어가 가지는 인덱스가 3이라고 한다면 'people'의 one-hot 인코딩은 다음과 같이 행해진다.

$$[0,\ 0,\ 0,\ 1,\ 0,\ 0]$$

이렇게 one-hot 인코딩을 마치면 어떤 단어 조합이 주어졌을 때 그 문맥에 맞는 단어를 예측할 수 있게 된다. 여러 단어가 주어졌을 때 그 다음에 올 것을 예측하거나, 두 단어가 주어졌을 때 그 사이에 올 수 있는 단어를 예측하거나, 반대로 중심에 올 단어가 주어졌을 때 그 주위 문맥에 나올 수 있는 단어를 예측하는 것이 가능해진다. 이처럼 우리에게 주어진 단어로부터 타겟 단어를 예측하고자 할 때 우리가 사용할 수 있는 여러 모델이 존재하는데 그 중 오토인코더, skip-gram, CBOW에 대해 간단하게 알아볼 것이다.

■ 오토인코더

만약 'cup'과 'of'란 단어가 주어졌고 이들 다음에 나올 단어, 즉 y_{pred} ='coffee'을 얻고자 한다고 생각해보자. 총 1000개의 단어가 있는 데이터셋이 있고 각 단어는 (1, 1000) 크기의 one-hot 형태로 임베딩 되어 있는 상황이다.

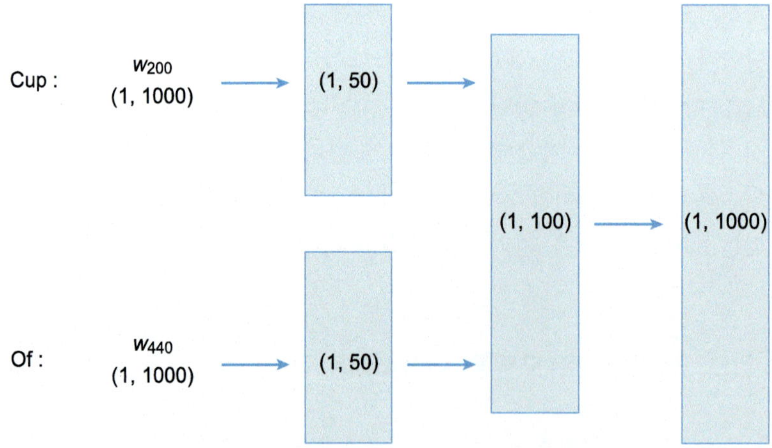

그림 3.3 오토인코더를 통한 단어 예측

30) 인덱스는 0부터 시작한다.

그림 3-3[31]에서처럼 오토인코더는 입력된 one-hot으로 인코딩된 단어의 차원을 축소시키고, 이를 합쳐 (1,100) 크기의 형태로 만든 후 다시 원래 크기의 (1, 1000)의 데이터로 복원시킨다. 이 (1, 1000)의 데이터는 각 수를 0에서 1 사이의 확률값으로 정규화시켜주는 활성화 함수인 softmax 함수를 거쳐야 한다. 이 모델이 제대로 학습되었다면 출력으로 나온 벡터는 'coffee'에 대응하는 단어 벡터여야 한다. 만약 모델이 일정 수준 이상의 정확도를 가지고 학습을 마쳤고, 최종적으로 softmax를 거쳐 얻은 값인 $y_{pred}=[0.01, 0.02, ..., 0.9,..., 0.03, ...]$을 출력으로 내었다고 하자. 그렇다면 이 벡터에서 1에 근접한 0.9라는 값을 갖는 자리의 index에 대응하는 단어가 바로 'coffee' 가 될 것이다.

■ Skip-gram

이번엔 one-hot 인코딩 기반의 skip-gram을 이용해 중심 단어(입력)가 주어지면 그 주위의 문맥어(출력)를 추측해낼 수 있도록 하는 비지도학습을 알아보자. 만약 'apple'이란 단어가 주어지면 그 주위 문맥에 올 수 있는 단어는 제한적이다. 데이터셋에 포함된 'juice', 'glass', 'of'의 단어가 문맥상 올 수 있는 데이터셋이 있다고 해보자. 그렇다면 이 들 단어가 'apple'과 함께 등장할 확률은 높을 것이다. 다시 말해 $P(glass|apple)$, $P(juice|apple)$, $P(of|apple)$은 큰 값을 가지지만 $P(dolphin|apple)$와 같은 확률은 작은 값을 가질 것이다. 이처럼 중심 단어의 one-hot 벡터를 기준으로 하여 그 주위에 올 수 있는 문맥 단어가 갖는 one-hot 벡터를 얻어내는 과정이 skip-gram이라고 이해하면 충분하다.

■ CBOW(Common Bag of Words)

방금 전의 skip-gram 기법은 CBOW와는 반대의 개념이다. CBOW는 문맥어(입력)가 주어지면 그 중간에 들어갈 단어인 target word(출력)를 벡터 형태로 얻을 수 있는 학습 방식에 속한다. 만약 'juice', 'glass', 'of'가 주어진다면 그 사이에 올 수 있는 가장 가능성이 높은 단어는 'apple'이 되는 데이터셋이 있다고 해보자.

31) 다음을 참고하여 직접 그림.
Ryan Soklaski, 〈Word Embeddings and Autoencoders〉, 《CogWorks》, 〈https://rsokl.github.io/CogWeb/Language/WordEmbeddings.html〉, 2021.01.03. 방문

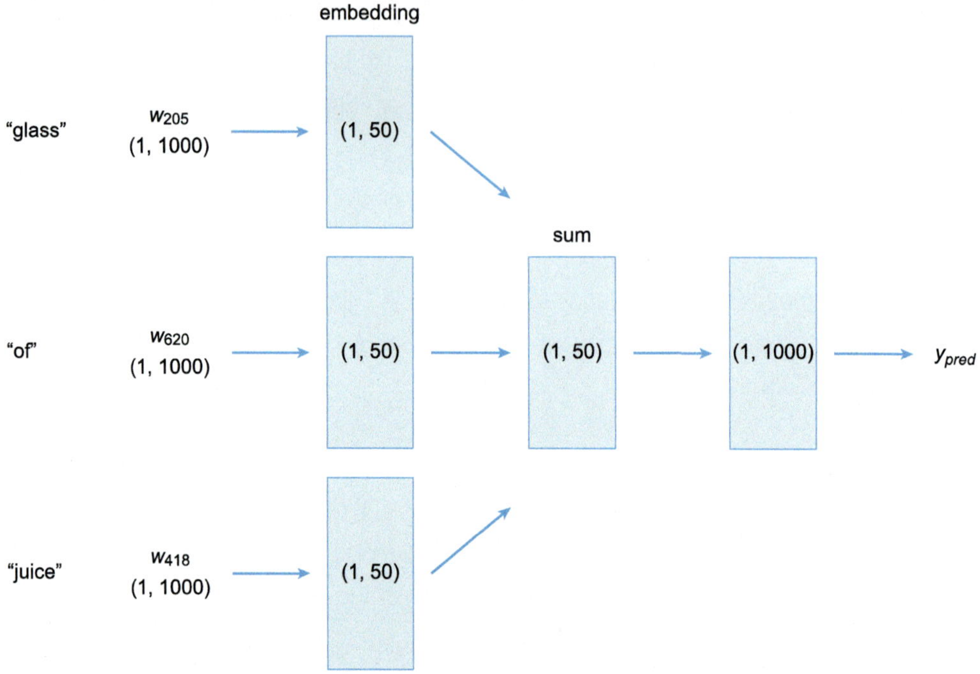

그림 3.4 CBOW를 통한 단어 예측

그림 3-4[32]와 같이 원래 1000차원으로 one-hot 인코딩 된 각 단어 벡터는 오토인코더를 통과하며 그 차원이 50으로 줄어들었다. 이들을 합쳐 하나의 50차원 벡터를 얻고 여기에 모양이 (50, 1000)인 가중치 행렬을 곱해주어 원래의 차원인 1000으로 데이터를 복원한다. 마지막으로 softmax를 적용하여 각 벡터 성분을 확률로 바꾸면 출력된 1000차원의 단어 벡터가 가리키는 단어는 이들 사이에 들어갈 "apple"이라는 단어가 될 것이다.

(2) 의미론적(Semantic) 유사성 기반 인코딩

의미론적 유사성에 따라 임베딩을 통해 모델을 학습시키는 방법도 있다. 이는 단어 i가 등장할 때 그 주위 문맥어(context word)로 j가 등장한 횟수를 표현한 개념을 통해 임베딩을 만드는 방식을 바탕으로 한다. 아래에 그려진 행렬을 보통 '문맥 행렬(context ma-

32) 다음을 참고하여 직접 그림.
Ryan Soklaski, 〈Word Embeddings and Autoencoders〉, 《CogWorks》, 〈https://rsokl.github.io/CogWeb/Language/WordEmbeddings.html〉, 2021.01.03. 방문

trix)'이라고 부르며 행에 오는 단어는 중심어(center word), 열에 대응하는 단어는 문맥어(context word)에 해당한다.

	...cute	...little	...scary
... dragon	0	1	8
... kitten	28	42	4
... puppy	30	39	0

그림 3.5 의미론적 유사성 기반 인코딩 예시

예를 들어 'kitten'이라는 단어가 중심어일 때 그 주위의 문맥어로 함께 'little'이 등장한 횟수가 42회라면 42이란 수를 그림 3-5[33]에 나와 있는 행렬에 채워 넣을 수 있다. 다시 말하자면 단어 i의 문맥에 단어 j가 등장한 횟수인 X_{ij}을 성분으로 갖는 행렬을 만들어 각 단어의 의미론적 유사성을 나타냄으로써 임베딩을 행한다.

이때의 손실함수는 다음과 같이 표현한다. (단어 i의 임베딩은 w_i, 문맥어 j의 임베딩은 $\widetilde{w}_j$로 표시한다. 또, 각 단어에 대한 bias는 모델이 더 잘 학습할 수 있도록 정규분포로 초기화한 벡터를 사용한다.[34])

$$L = \sum_{ij} f(X_{ij})(\overrightarrow{w}_i \cdot \overrightarrow{\widetilde{w}}_j + b_i + \tilde{b}_j - \log(X_{ij}))^2$$

$$f(x) = \begin{cases} x/x_{\max} & x < x_{\max} \\ 1 & x \geq x_{\max} \end{cases}$$

여기서 $x_{\max}$이란 임의로 우리가 설정할 수 있는 값이다. 가중치 개념으로 함수 $f(x)$을

33) 다음을 참고하여 직접 그림.
Ryan Soklaski, 〈Word Embeddings and Autoencoders〉, 《CogWorks》, 〈https://rsokl.github.io/CogWeb/Language/WordEmbeddings.html〉, 2021.01.03. 방문

34) Alexandru Tifrea, et al., 〈POINCARE GlOVE: HYPERBOLIC WORD EMBEDDINGS〉, 《ICLR》(2019)

이해해보면 된다. 이 $x_{\max}$ 보다 적은 횟수에 해당하는 X_{ij}에는 적은 가중치가 부과되도록 하는 역할을 하고 X_{ij}가 너무 큰 값일 때를 대비해 그 한계를 $x_{\max}$로 지정해서 $f(x)=1$의 일정한 가중치를 부여하도록 한다.

이제까지 정리한 워드 임베딩 개념을 토대로 세 가지 실습을 진행해보려 한다. 먼저 워드 임베딩이 되어있는 데이터셋을 통해 임베딩이 어떻게 이루어져 있는지 눈으로 확인하면서 감을 익혀 나가자. 그다음으로 오토인코더를 적용해 데이터의 차원 축소를 진행하면서 임베딩을 간결하게 만들어나가는 것을 볼 수 있을 것이다.

실습 5 워드 임베딩

인트로	GloVe 임베딩 불러오기	유사한 단어 찾아보기	고차원의 데이터를 차원 축소를 통해 시각화하기	plot_pairs 함수로 임베딩 시각화해보기	유추 문제에 임베딩 적용하기

0 인트로

이번 실습에서는 지금까지 배운 임베딩 개념을 활용해보는 시간을 가질 것이다. 다만 주어진 GloVe라는 데이터셋은 이미 모두 임베딩이 되어있는 데이터 집합이다. 이번 실습에서 우리가 직접 임베딩을 하는 것은 아니고 임베딩이 되어있는 상태에서 유사성을 가진 단어들이 어떤 클러스터링(Clustering; 집합, 뭉치기)을 이루면서 존재하고 있는지 파악해보는 시간을 가질 것이다.

사전에 실습 1의 셋업 단계에서 설치하였던 라이브러리에 해당하는 gensim이 chapter3 환경에 설치되어 있어야 한다. 만약 제대로 설치되지 않은 것 같다면 아래 코드에 따라 재설치해주자.

```
pip install gensim
```

인트로	GloVe 임베딩 불러오기	유사한 단어 찾아보기	고차원의 데이터를 차원 축소를 통해 시각화하기	plot_pairs 함수로 임베딩 시각화해보기	유추 문제에 임베딩 적용하기

1 GloVe 임베딩 불러오기

GloVe는 이미 알고리즘을 통해 학습된 워드 임베딩 데이터다. 실습은 이 GloVe라는 데이터셋을 바탕으로 행해질 것이고 50차원에 임베딩된 버전을 사용할 것이다.

먼저, 'glove.6B.50d.txt.w2v.zip' 파일을 다운받자. 다운로드가 완료되면 압축 해제 후 경로(아래 코드의 'path'에 해당)를 'glove.6B.50d.txt.w2v' 파일을 저장한 위치로 재설정한다. 반드시 압축 해제해야 하는 것을 잊지 말고 아래 코드에 나온 path에 입력된 경로 양식을 참고하길 바란다. (참고로 이 파일들은 50차원 공간에서 임베딩된 단어 벡터가 포함되어 있다. 여기서 단어 벡터란 개념이 잘 와닿지 않는다면 워드 임베딩 이론 부분에서 배운 내용을 떠올려보자. 'happy'라는 단어가 있었다면 이를 2차원 공간에 임베딩하여 [0.02, −0.01]과 같은 벡터로 나타낼 수 있었다.)

```
from collections import defaultdict
import numpy as np
import time
import gensim
from gensim.models.keyedvectors import KeyedVectors
from sklearn.decomposition import TruncatedSVD
import matplotlib.pyplot as plt
%matplotlib inline

path = r"./dat/glove.6B.50d.txt.w2v"
# 경로 앞에 'r' 또는 'R'이 같이 오면 이 문자열을 'raw string'이라고 한다. 이는 슬래쉬
(/)를 문자로 해석하는 역할을 한다.35) 만약 파일 로드 과정에 오류가 생긴다면 path = r"C:
\Temp\glove.6B.50d.txt.w2v"와 같이 백슬래쉬(\) 형태로 구분자를 바꿔서 시도해보자.

t0 = time.time()
glove = KeyedVectors.load_word2vec_format(path, binary=False)
t1 = time.time()
print("elapsed %ss" % (t1 - t0))
```

위 코드에서 'glove'에 주목해보자. GloVe를 정의한 우변을 보면 'path'가 명시되어 있는데 path는 우리가 데이터셋을 저장한 경로로 설정해두었으므로 glove는 임베딩된 데이터를 나타낼 것이다. 다만 우리가 gensim에서 사용하는 KeyedVectors란 함수로 불러왔기 때문에 단어가 key로, 단어 벡터가 value로 존재하는 형태로 나타난다. 따라서 우리가 glove["apple"]이란 코드를 실행시킨다면 apple에 대응하는 임베딩 벡터가 출력된다. 그럼 다음 사항을 생각해보자.

35) 〈2. Lexical analysis〉, 《Python 공식 사이트》, 〈https://docs.python.org/3/reference/lexical_analysis.html#string-and-bytes-literals〉

```
# Numpy array나 tuple처럼 단어 벡터의 유형(type)과 그 shape을 얻어보는 방법을 생각
  해보자.
# 단어는 glove에 포함되어있는 "rose"로
# shape은 말 그대로 단어가 어떤 shape을 이루며 임베딩 되어 있는지 알려준다.
# 예를 들어, 5 X 6 행렬의 경우 (5, 6)의 shape 값을 갖는다.

# 여기에 코드 작성
```

인트로	GloVe 임베딩 불러오기	유사한 단어 찾아보기	고차원의 데이터를 차원 축소를 통해 시각화하기	plot_pairs 함수로 임베딩 시각화해보기	유추 문제에 임베딩 적용하기

2 유사한 단어 찾아보기

임베딩이 되어 있는 단어들은 임베딩 된 공간에서 유사성을 갖는 단어들끼리 클러스터링을 이루는 것을 알고 있다. 그렇기에 우리는 임베딩 데이터를 기반으로, most_similar 함수를 이용해서 특정 단어와 유사한 단어들을 추출해낼 수 있다. (물론 출력으로 나온 유사한 단어도 당연히 데이터셋 안에 있는 단어이다.) 이번 실습에서는 glove.most_similar ("word")라는 코드를 사용하면 된다. 그 결과를 출력해보면 우리가 입력해 준 "word"와 유사어들과 함께 그에 대응하는 단어 벡터도 함께 출력되는 것을 확인할 수 있을 것이다.

이 함수는 단어 벡터 간 코사인 유사성(cosine similarity)을 기반으로 유사한 단어를 찾는다. 여기서 코사인 유사성이란 각 단어가 갖는 단어 벡터끼리 이루는 각도에 대응하는 코사인값을 이용해 단어 간 유사도를 평가하는 방식이다. 두 단어 벡터의 방향이 유사할수록 비슷한 단어이고, $\cos 0^\circ = 1$이므로 코사인값이 1에 가까울수록 유사한 단어라고 생각할 수 있다.

```
# 코사인 유사성에 따라 어떤 단어가 주어졌을 때 그 단어와 가장 유사한 단어를 모델이 골라내는 것
  이 다음 코드로 가능하다.
# Hint: glove.most_similar("word")
# 'Funny'와 'pencil'이란 단어에 대해 이 작업을 시행해보자.

# 여기에 코드 작성
```

3 고차원의 데이터를 차원 축소를 통해 시각화하기

우리가 사용하고 있는 glove에는 50차원과 같이 매우 높은 차원에서의 임베딩이 존재하고 있어서 단어들이 서로 어떤 위치 관계를 이루며 50차원의 공간에 존재하는지 알기 쉽지 않다. 이를 가시적으로 한 번에 보기 위해선 50차원을 2차원이나 3차원처럼 좀 더 작은 차원으로 축소할 필요가 있다. 이를 위해 Scikit-learn의 TruncatedSVD을 이용하여 차원을 줄일 것이다. 본격적으로 실습을 수행하기 전에 중요하게 사용될 코드를 짚고 넘어가자.

첫째로, 차원 축소 모델을 svd = TruncatedSVD(n_components=2) 코드로 생성한다.

둘째로, 새로 생성한 모델 svd를 'X_train'이란 이름을 갖는 데이터로 학습시켜주기 위해 fit( ) 함수를 이용한다.

```
=> svd.fit(X_train)
```

마지막으로, 50차원의 행렬 혹은 벡터 X에 대해 그 차원을 2차원으로 축소하려면 함수 transform( )을 사용하면 된다.

```
=> X_reduced = svd.transfrom(X)
```

모든 임베딩 데이터에 대하여 차원 축소를 해야 하다 보니 방대한 데이터를 하나로 옮겨 놓는 작업이 필요하다. 이를 위해 워드 임베딩을 하나의 행렬로 옮겨 합쳐놓는 작업을 거칠 것이다. 아래의 코드에서는 행렬 shape을 지정하여 영행렬[36]을 먼저 생성한 후 그곳에 glove[word], 즉 'word'에 대응하는 임베딩 벡터를 각 행에 추가하여 행렬을 형성하고 있다.

36) 모든 요소가 0인 행렬

```
n = len(glove.key_to_index)
d = glove.vector_size
X_glove = np.zeros((n, d))
for i, word in enumerate(glove.key_to_index.keys()):
    X_glove[i,:] = glove[word]
print(X_glove.nbytes)
```

이 코드로 우린 X_glove에 각 단어들의 임베딩된 데이터를 행 벡터로 가지는 행렬을 생성하는 작업까지 마무리했다. 위에서 배운 코드를 토대로 svd 모델을 생성한 후, X_glove란 행렬로 svd 모델을 학습시키는 코드 작성을 마무리해보자.

```
# 여기에 코드 작성
```

이제 2차원 임베딩 공간에 단어 쌍들이 존재하므로 이 쌍들이 어떤 분포를 이루고 있는지, 한마디로 어떻게 'mapping(매핑, 대응)'되어있는지를 시각화해보는 것이 이번 실습의 마지막 단계이다. 지금부터는 주어진 코드를 이해하는 것을 목표로 하자. 아래의 plot_pairs란 함수는 단어를 시각적으로 표현해주고자 하는 코드이다. 주석을 따라가다보면 우리가 방금 배웠던 행렬 생성과 더불어 데이터를 시각화하는 여러 방식을 공부할 수 있을 것이다.

```
def plot_pairs(words, word_vectors, svd):
    """ 2차원에서 단어쌍을 도식화.

    매개변수(Parameters)
    ----------
    words: list[str]
        짝수 개의 단어들이 들어있는 목록으로 공통적인 관계를 바탕으로 단어들이 쌍을 이루고 있다.
        (예를 들면 직업과 그 직업이 사용하는 도구와 같은 관계)
         e.g, ["목수", "도끼", "배관공", "렌치"].

    word_vectors: KeyedVectors의 인스턴스
        gensim의 KeyedVectors wrapper에 있는 워드 임베딩 모델


    svd: TruncatedSVD의 인스턴스
        이미 데이터로 학습된 truncated SVD의 인스턴스 (n_components=2로).
```

```
"""

# 2차원에 단어를 매핑하기
d = word_vectors.vector_size
words_temp = np.zeros((len(words), d))
for i, word in enumerate(words):
    words_temp[i,:] = word_vectors[word]
words_2D = svd.transform(words_temp)

# 점 나타내기
plt.scatter(words_2D[:,0], words_2D[:,1])

# 라벨 나타내기
for i, txt in enumerate(words):
    plt.annotate(txt, (words_2D[i, 0], words_2D[i, 1]))

# 선 나타내기
for i in range(int(len(words)/2)):
    plt.plot(words_2D[i*2:i*2+2,0], words_2D[i*2:i*2+2,1],
             linestyle='dashed', color='k')
```

인트로	GloVe 임베딩 불러오기	유사한 단어 찾아보기	고차원의 데이터를 차원 축소를 통해 시각화하기	plot_pairs 함수로 임베딩 시각화해보기	유추 문제에 임베딩 적용하기

4 plot_pairs 함수로 임베딩 시각화해보기

이제 plot_pairs 함수를 이용해 2차원 공간에 비슷한 단어들끼리 클러스터링을 형성하고 있는지 확인해서 임베딩이란 개념을 확실히 이해하고 넘어가보자. (여자, 남자)나 (형용사, 비교급) 등 공통적인 기준에 따라 묶을 수 있는 단어들을 plot_pairs 함수로 시각화하면 임베딩이 어떻게 됐는지 알 수 있을 것이다.

```
words = ["man", "woman", "king", "queen", "uncle", "aunt", "nephew",
"niece", "brother", "sister", "sir", "madam"] # 여성 그리고 남성에 따라

# glove에 포함된 단어들 중 위와 같은 'words'란 단어 조합이 어떻게 2차원 임베딩 공간에 존
  재하는지 알고 싶다면 plot_pairs 함수를 활용하면 된다.
```

```
plot_pairs(words, glove, svd)
# 그림 3-6, 3-7, 3-8³⁷⁾과 같은 그래프가 출력될 것이다.
```

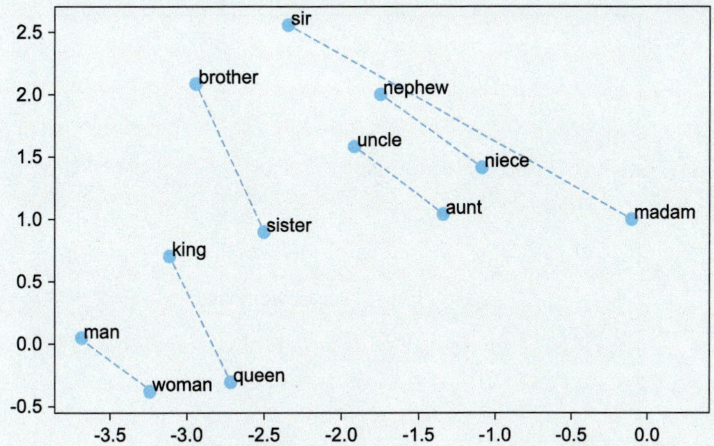

그림 3.6 plot_pairs 실행 예시(1)

```
# 시각적으로 어떻게 나타나는지 더 알고 싶다면 아래의 코드도 실행해보면 좋다.
words_2 =["short","shorter","strong","stronger","good","better"] #
형용사와 비교급
plot_pairs (words_2, glove, svd)
```

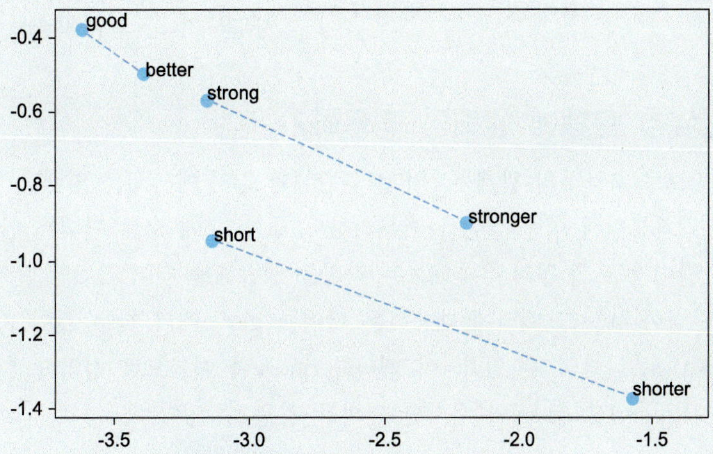

그림 3.7 plot_pairs 실행 예시(2)

37) 코드 실행 결과

```
words_3 =["mitochondria","cell","powerhouse","town"]
plot_pairs (words_3, glove, svd)
```

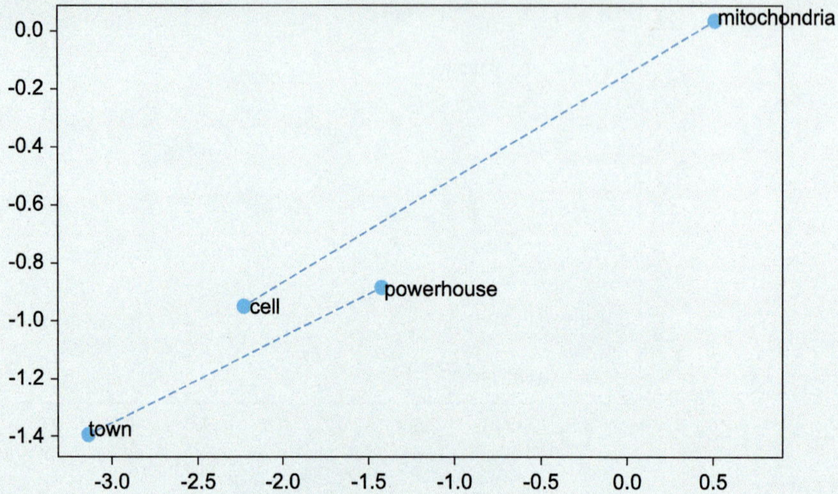

그림 3.8 plot_pairs 실행 예시(3)

인트로	GloVe 임베딩 불러오기	유사한 단어 찾아보기	고차원의 데이터를 차원 축소를 통해 시각화하기	plot_pairs 함수로 임베딩 시각화해보기	유추 문제에 임베딩 적용하기

5 유추 문제에 임베딩 적용하기

마지막으로 'a와 b의 관계는 c와 d의 관계와 같다'에서 d를 임베딩 행렬로 구하는 방법을 생각해보면서 이번 실습을 마무리하자. a, b, c에 오는 단어를 안다는 가정하에 d에 어떤 단어가 오게 될지 유추해보는 과정을 실습해볼 것이다. d의 단어 벡터(임베딩된 벡터)를 알아내면 그 벡터에 대응하는 단어를 glove에서 찾는 것이 가능하다. 그 벡터는 'c+(b-a)'로 나타낼 수 있다. 이 벡터를 query란 이름으로 정의한 후 glove.similar_by_vector(query)로 query와 유사한 단어를 얻을 수 있다.

```
query = glove["kitten"] - glove["puppy"] + glove["dog"]
glove.similar_by_vector(query)
```

위 코드를 참고해 "france" is to "paris" as "germany" is to "?"라는 예문에서 물음표에 들어갈 단어를 출력할 수 있는 코드를 작성해보자.

```
# 여기에 코드 작성
```

gensim 라이브러리에는 위처럼 벡터를 지정해서 단어를 찾는 방법 말고 더 간편한 방법도 있다. 바로 'most_similar_cosmul( )'를 활용한 것이다. 차이점은 벡터를 계산할 때 앞에 (+) 부호가 붙었던 단어를 positive, (−) 부호가 붙었던 단어를 'negative'라 생각하고 코드에 입력해야 한다. 정리하자면, 만약 'positive'와 'negative'한 관계가 같이 존재하는 문장이라면 여기서 더 나아간 'most_similar_cosmul( )' 함수를 사용할 수 있다.

예를 들어 기존에는 `glove["kitten"] - glove["puppy"] + glove["dog"]`란 벡터를 생성한 후 물음표에 올 단어를 구했다면, 방금 배운 함수를 이용해 코드 한 줄로 쉽게 물음표 안에 들어갈 말을 구할 수 있다.

```
=> glove.most_similar_cosmul(positive=['kitten', 'dog'],
   negative=['puppy'])
```

배운 내용 되돌아보기

인트로	GloVe 임베딩 불러오기	유사한 단어 찾아보기	고차원의 데이터를 차원 축소를 통해 시각화하기	plot_pairs 함수로 임베딩 시각화해보기	유추 문제에 임베딩 적용하기

☑ 임베딩이 되어있는 데이터셋 GloVe 내의 데이터가 클러스터링을 잘 형성하고 있는지 확인하기 위해 .most_similar( ) 함수로 유사한 단어를 찾아보았다.

☐ 특정 기준에 따라(e.g. 형용사와 비교급) 단어들이 어떤 위치 관계를 가지며 매핑되어 있는지 확인하기 위해 plot_pairs란 함수를 만들고 이를 시각화에 이용했다.

☐ plot_pairs 함수로 특정 기준에 따라 나눈 단어가 어떻게 2차원 공간에 매핑되어 있는지 눈으로 확인했다.

☐ 마지막으로 문장을 이루고 있는 단어가 갖는 단어 벡터로 빈칸에 들어갈 단어를 유추할 수 있음을 확인하였다.

실습 6 오토인코더

인트로	선형 오토인코더 모델 작성하기	데이터를 오토인코더에 넣어 학습시키기			차원이 축소된 데이터를 시각화해보기
		iris 데이터셋 불러오기	손실을 나타내기 위한 코드 작성	선형 오토인코더 모델을 이용해 데이터셋을 학습하는 코드 작성하기	

0 인트로

오토인코더 모델을 생성하고 이를 학습시키기 위해 다음의 것들을 먼저 불러온다. 아래에서 불러온 것들을 보면 이번 실습에서 밀집층(dense layer, 입력과 출력을 모두 연결해주는 층)을 사용하고 손실함수로 평균제곱오차를, 옵티마이저로 Adam을 이용하는 것을 어느 정도 짐작할 수 있다.

```
import mygrad as mg
import mynn
import numpy as np

from mygrad.nnet.initializers import he_normal
from mynn.layers.dense import dense
from mynn.losses.mean_squared_loss import mean_squared_loss
from mynn.optimizers.sgd import SGD
from mynn.optimizers.adam import Adam

import matplotlib.pyplot as plt

%matplotlib notebook
```

이 실습에서는 선형 오토인코더 모델을 정의하는 연습을 할 것이다. 개념 파트에서 잠깐 언급했듯이 오토인코더의 내부 구조는 인코더와 디코더로 이루어져 있다. 인코더에 데이터를 보내면 보다 중요하고 집약적인 특징을 출력하고 이를 다시 디코더로 보내 원래의 데이터를 복구하고자 하는 것이 오토인코더였다. 이를 기억하면서 오토인코더 모델을 만들고 iris 데이터셋으로 모델을 학습시켜 모델이 잘 정의되었는지 확인하면 된다. 이 iris 데이터셋은 4차원 행백터가 총 150개 존재하는, 3종의 꽃 'satosa', 'versicolor', 'virginica'

에 대한 데이터셋이다.

이 꽃들이 가진 특징에 따라 iris 데이터셋 안의 데이터들은 여러 클러스터링을 이루며 존재한다.(이미 임베딩 되어 있는 데이터이기 때문이다.) 이 데이터셋으로 오토인코더를 학습시킬 것이며, 이때 손실함수로는 평균 제곱 오차를 사용하여 모델의 정확도를 높여 나갈 것이다. 또한, 경사하강법으로 인코더의 정확도가 올라갈 수 있도록 하는 적절한 모델 파라미터를 찾을 것이다.

이런 오토인코더가 필요한 이유는 무엇일까? 바로 데이터가 갖는 노이즈를 최대한 없애는 데에 있다. 이 오토인코더를 통해 신경망을 학습하는 과정에서, 인코더와 디코더를 거치기 때문에 두 개의 밀집층(dense layer)이 필요하며 '선형' 오토인코더를 제작하는 것이어서 활성화 함수 없이 신경망을 학습시켜야 한다.

인트로	선형 오토인코더 모델 작성하기	데이터를 오토인코더에 넣어 학습시키기			차원이 축소된 데이터를 시각화해보기
		iris 데이터셋 불러오기	손실을 나타내기 위한 코드 작성	선형 오토인코더 모델을 이용해 데이터셋을 학습하는 코드 작성하기	

1 선형 오토인코더 모델 작성하기

```
class LinearAutoencoder:
    def __init__(self, D_full, D_hidden):
        """ 모델의 모든 층(layer)을 초기화하는 함수.

        매개변수(Parameters)
        ----------
        D_full : int
            처음 입력값의 크기(e.g. 4차원 데이터가 입력값이라면 D_full = 4).

        D_hidden : int
            인코더를 지난 데이터가 도달하는 은닉층의 크기 (i.e., 축소된 차원).
        """
        # weight initializer로 `He Normal` 초기화를 사용해서 인코더와 디코더가 갖
          는 밀집층을 초기화하자.
```

```
        # 입력과 출력이 가지는 차원이 어떠할지 생각해 보면서 인코더와 디코더가 갖는 밀집층을
          생성하라.
        # 여기에 코드 작성

def __call__(self, x):
        """순전파를 수행하여 데이터를 모델 입력으로 보내기.

        이는 모델 'm'을 간편하게 초기화할 수 있도록 해주고 'm(x)'을 불러와서 분류하고자
        하는 데이터를 보낸다.

        매개변수(Parameters)
        ----------
        x : Union[numpy.ndarray, mygrad.Tensor], shape=(M, D_full)
            각 데이터가 D_full 차원을 가지면서 M 조각으로 이루어진 데이터 묶음.

        반환 값(Returns)
        -------
        mygrad.Tensor, shape=(M, D_full)
            M 조각의 데이터에 대해 모델이 예측한 값.
        """
        # 지금 생성하는 모델이 선형 모델임을 유의하라. - "활성화 함수"가 존재하지 않는다."
        # 여기에 코드 작성

    @property
    def parameters(self):
        """ 모델이 가지는 모든 매개변수를 얻을 수 있는 편리한 함수.

        'model.parameters'을 통해 모델이 갖는 속성에 접근 가능

        반환 값(Returns)
        -------
        Tuple[Tensor, ...]
            모델이 학습 가능한 모든 매개변수를 포함한 튜플 """

        # 여기에 코드 작성
```

인트로	선형 오토인코더 모델 작성하기	데이터를 오토인코더에 넣어 학습시키기			차원이 축소된 데이터를 시각화해보기
		iris 데이터셋 불러오기	손실을 나타내기 위한 코드 작성	선형 오토인코더 모델을 이용해 데이터셋을 학습하는 코드 작성하기	

2 데이터를 오토인코더에 넣어 학습시키기

Step 1. iris 데이터셋 불러오기

우리는 iris라는 데이터셋을 이용하여 오토인코더를 학습시킬 것이다. 앞에서 얘기했듯이 이 iris에 포함된 데이터는 이미 임베딩이 되어 있는 상태이다. 따라서 비슷한 종끼리 임베딩이 된 차원(여기서는 4차원이다.)에서 클러스터를 형성할 것이다. 먼저 다음 코드로 iris 데이터셋을 불러오도록 하자.

```
iris = np.load("./dat/iris_data.npy") # 경로는 본인이 저장한 경로로 설정하기 바란다.
```

```
# 아래 코드를 출력해보면 4차원의 행벡터가 출력된다. 그 벡터는 [sepal length, sepal
  width, petal length, petal width]로 표현되어 있다.

print(iris[1])
# 결과: [-1.14301691 -0.1249576  -1.3412724  -1.31297673]

# print(iris)를 하면 shape이 (150, 4)인 행렬을 얻을 수 있다.
```

생각해보기

데이터셋을 정규화하는 코드를 작성해 보고 불러온 iris 데이터의 shape을 확인하여 몇 차원으로 임베딩되어 있는지도 알아보자. 정규화할 때 평균과 표준편차가 이용되었다는 사실을 기억하면서 해보면 어렵지 않다.

```
# 여기에 코드 작성
```

인트로	선형 오토인코더 모델 작성하기	데이터를 오토인코더에 넣어 학습시키기			차원이 축소된 데이터를 시각화해보기
		iris 데이터셋 불러오기	손실을 나타내기 위한 코드 작성	선형 오토인코더 모델을 이용해 데이터셋을 학습하는 코드 작성하기	

Step 2. 손실을 나타내기 위한 코드 작성

noggin plotter를 'max_fraction_spent_plotting=.75'로 설정하는 코드도 작성한다. (이는 그래프를 통해 손실 정도를 보여주기 위함이다.)

```
from noggin import create_plot
plotter, fig, ax = create_plot(metrics=["loss"], max_fraction_spent
_plotting=.75)
```

인트로	선형 오토인코더 모델 작성하기	데이터를 오토인코더에 넣어 학습시키기			차원이 축소된 데이터를 시각화해보기
		iris 데이터셋 불러오기	손실을 나타내기 위한 코드 작성	선형 오토인코더 모델을 이용해 데이터셋을 학습하는 코드 작성하기	

Step 3. 선형 오토인코더 모델을 이용해 데이터셋을 학습하는 코드 작성하기

마지막으로 D_hidden=2(은닉층이 갖는 차원을 의미하며 데이터를 2차원에 정사영)로 설정하고 신경망을 평균 제곱 오차를 통해 학습시키는 것이 최종 목표이다. 현재 iris 내 데이터는 모두 4차원이므로 이를 2차원으로 축소하고 다시 4차원으로 복원하는 과정을 거칠 것이다. 이때 알아두어야 할 것은 batch, epoch의 개념이다. 하나의 데이터를 통째로 학습하면 모델이 한 번 학습하는 시간이 길어진다. 따라서 우리가 사용하는 iris 데이터셋 내의 데이터를 여러 소그룹으로 나누어야 효율적인 학습이 이루어질 수 있다. 이때 이 소그룹에 들어가는 데이터의 개수를 batch size라고 정의한다.

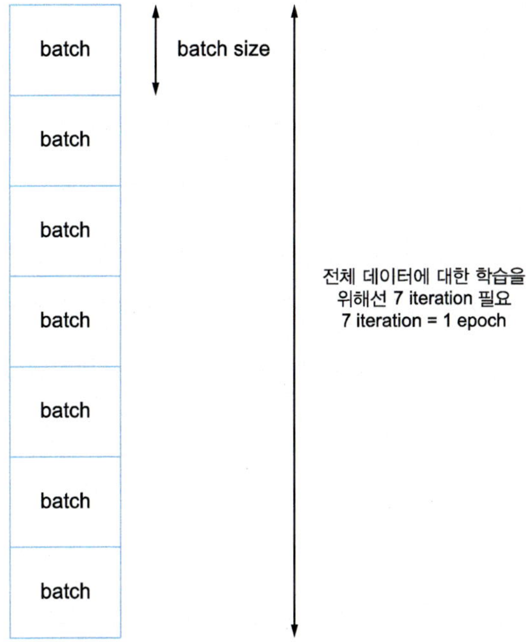

그림 3.9 batch, epoch, iteration 개념

이때 epoch는 batch라는 소그룹으로 이루어진 데이터셋의 데이터들이 모두 신경망을 통과했을 때 epoch += 1이 될 수 있다. iteration은 모든 데이터가 신경망을 통과하기까지, 즉 1 epoch가 될 때까지 학습을 반복해야 하는 횟수를 의미한다. 만약 데이터셋에 들어간 데이터 수가 500이고 batch size가 25라면 iteration은 20이 될 것이다.

```
# ① 4차원을 2차원으로 축소하는 오토인코더란 선형 모델을 정의
# 앞에서 정의했던 'LinearAutoencoder' 모델 이용하여 정의하면 된다.
# 여기에 코드 작성

# ② batch size는 25로 하고 신경망을 학습시키는 횟수(epochs)는 500으로 충분하다. 이
  때 최적화 방법은 모델의 기본 파라미터를 불러오고 SGD optimizer을 사용하며 learning
  rate = 0.1로 한다. (손실이 너무 커서 예측값과 실제값의 차이가 많이 난다면, 학습률
  (learning rate)을 조정하여 학습의 정확도를 높혀볼 수 있다.)
# 여기에 코드 작성

# ③ 여기서부터는 표시되어있는 #에 정답을 채워나가보자.
for epoch_cnt in # 여기에 코드 작성 :
```

```
    idxs = # 여기에 코드 작성
    np.random.shuffle(idxs)
    for batch_cnt in # 여기에 코드 작성:
        batch_indices = # 여기에 코드 작성
        batch = # 여기에 코드 작성

        prediction = # 여기에 코드 작성
        truth = # 여기에 코드 작성 # 우리가 원하는 것은 모델이 최대한 원래 입력값에 가까운
                값을 도출하도록 하는 것이므로 정답(truth value)을 정의해줄 필요가 있다.
        loss = # 여기에 코드 작성
        # loss를 구했으면 이제 loss로 모델 최적화를 해주면 된다.
        # 여기에 코드 작성
        # 여기에 코드 작성

        plotter.set_train_batch({"loss" : loss.item()}, batch_size=batch_size)


# ④ 각 epoch 별 손실을 구하고 이를 그래프로 나타내는 코드
# 총 500 epoch이므로 100회마다 손실을 그래프에 나타내보자.
# 여기에 코드 작성
```

그래프를 확인해보면 100번의 epoch가 실행될 때마다 그 손실 값은 점점 작아져 특정 값으로 수렴할 것이다. 손실을 더 줄이고 싶다면 batch size나 epoch 수를 조정하면서 최적점을 찾도록 하자.

생각해보기

1. 인코더만 적용해서 축소된 형태의 데이터(reduced라는 이름으로 저장하기)를 얻고 싶다면 데이터를 오토인코더에서 완전한 순전파를 하지 않고 앞에서 LinearAutoencoder 모델을 정의할 때 같이 정의했던 'dense1'만을 이용해서 전송하면 된다.

```
# 인코더만 적용한 형태로 reduced는 2차원 열벡터가 총 150개 존재하므로 (150, 2)
  tensor가 될 것이다. 이를 참고하여 reduced를 정의해보자.

with mg.no_autodiff:
# 여기에 코드 작성
```

참고 축소된, 인코딩 된 iris 데이터셋의 데이터는 은닉층이 2차원이므로 2차원의 평면에 정사영[38] 되었을 것이다.

인트로	선형 오토인코더 모델 작성하기	데이터를 오토인코더에 넣어 학습시키기			차원이 축소된 데이터를 시각화해보기
		iris 데이터셋 불러오기	손실을 나타내기 위한 코드 작성	선형 오토인코더 모델을 이용해 데이터셋을 학습하는 코드 작성하기	

3 차원이 축소된 데이터를 시각화해보기

reduced라고 저장한, 즉 축소된 차원에서의 데이터를 시각화하는 작업을 거쳐보자. 서로 다른 세 종의 데이터를 다른 색깔로 표기해 그래프에 나타내면 각 층이 어떤 클러스터링을 이루고 있는지 볼 수 있다. 같은 종의 꽃들이 비슷한 위치 관계를 이루며 클러스터링을 이루고 있다면 성공적으로 오토인코더가 기존 데이터가 가진 특징을 살려 차원을 잘 축소했다는 것이다! 지금까지 모델 학습을 잘 거치고 reduced를 잘 정의했다면 아래와 같은 그래프가 나올 것이니 직접 확인해보도록 하자.

```
names = ['iris_satosa', 'iris_versicolor', 'iris_virginica']
colors = ['red', 'green', 'blue']

fig, ax = plt.subplots()
for i in range (3):
   x = reduced[i*50 : (i + 1)*50, 0]
   y = reduced[i*50 :(i + 1)*50, 1]
   ax.scatter(x, y, c = colors[i], label = names[i])
ax.grid()
ax.legend()
```

38) 어떤 직선이나 평면을 a라는 평면에 정사영한 것은 a평면 위에 나타난 어떤 직선이나 평면의 그림자를 말한다.

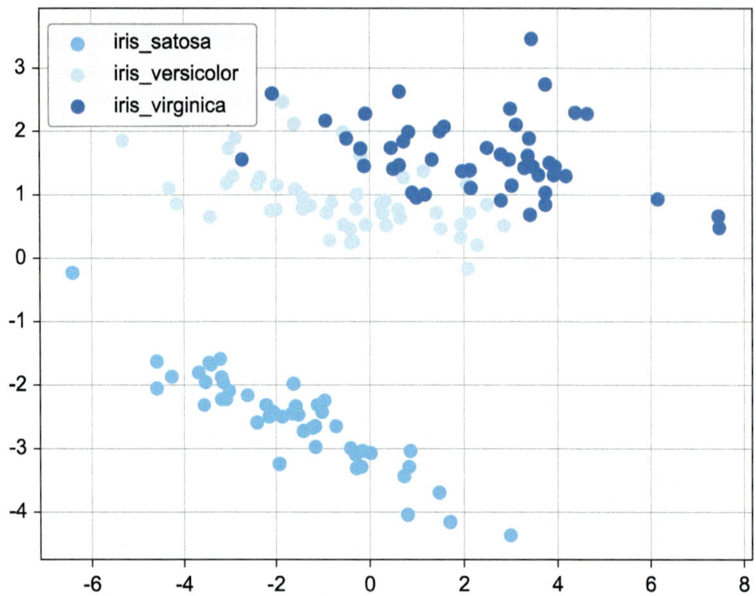

그림 3.10 2차원 공간에서 iris 데이터셋의 시각화[39]

위 그래프는 reduced에 대한 정보이므로 2차원 평면에 나타난 축소된 데이터다. 다시 말해 은닉층이 현재 2차원이고 원래의 iris 데이터는 4차원이므로 4차원의 데이터가 2차원 평면에 정사영 될 것이고 그 형태가 바로 위의 그래프인 것이다.

실습 6 오토인코더도 이렇게 마무리되었다. 잘 정의된 오토인코더의 인코더에 데이터를 통과시켰을 때 원래의 데이터(raw data)가 가진 특징을 잘 추출하면서 차원이 축소될수록 오토인코더의 학습이 잘 이루어진 것이다. 위 결과 그래프가 예상한 것보다 이상적인 클러스터링을 이루고 있지 않은 것 같다면, 앞서 모델 학습 과정에서 설정한 batch 등의 파라미터를 조정하면서 최적점을 찾아가는 것도 의미있을 것이다. 이번 실습에서 가장 중요한 것은 오토인코더 내의 인코더와 디코더가 각각 내놓는 출력물이 어떤 것인지 이해하고 이를 임베딩 개념과 잘 엮는 것이다.

지금까지 오토인코더의 역할을 공부했으니 마지막 실습 7에서는 앞에서 배운 임베딩 개념을 오토인코더와 함께 종합적으로 이해해보는 시간을 가질 것이다. 지금까지는 이미

39) 코드 실행 결과

임베딩 되어있는 파일을 사용했다면, 바로 이어질 실습에서는 아직 임베딩 되지 않은 텍스트 파일을 이용한다. 앞서 개념 파트에서 잠시 짚고 넘어갔던 의미론적 유사성을 기반으로 모델이 학습하는 방법 중 '문맥 행렬(context matrix)' 개념을 도입하여 워드 임베딩을 학습시켜보는 시간을 가질 것이다.

배운 내용 되돌아보기

인트로	선형 오토인코더 모델 작성하기	데이터를 오토인코더에 넣어 학습시키기			차원이 축소된 데이터를 시각화해보기
		iris 데이터셋 불러오기	손실을 나타내기 위한 코드 작성	선형 오토인코더 모델을 이용해 데이터셋을 학습하는 코드 작성하기	

☑ 인코더와 디코더가 갖는 밀집층을 정의하고 데이터셋을 보낼 수 있는 선형 오토인코더 모델을 작성하였다.

☐ iris 데이터셋을 불러오고 이를 앞서 정의한 선형 오토인코더 모델이 학습하도록 하는 코드를 작성하였다. 이 과정에서 우리는 batch, epoch, iteration의 개념을 복습하였고, 이를 통해 모델이 학습하면서 손실을 줄여나갈 수 있는 방법을 고안하였다.

☐ 오토인코더의 인코더만을 지난 차원이 축소된 데이터를 얻고, 이 데이터를 시각화해봄으로써 iris 데이터셋의 데이터가 오토인코더를 지나면서 그 차원이 제대로 축소되었는지 눈으로 확인해보았다.

실습 7 오토인코더를 통한 워드 임베딩 학습

인트로	문맥 행렬의 이해	문맥 행렬 만들기			오토인코더 학습시키기	학습을 완료한 오토인코더 모델 평가
		문맥 행렬 형성을 위한 사전 작업	문맥 행렬 생성을 위한 코드 작성	문맥 행렬 생성해보기		

0 인트로

```
import numpy as np
from noggin import create_plot
from gensim.models.keyedvectors import KeyedVectors
import codecs
from nltk.tokenize import word_tokenize

%matplotlib notebook
```

이번 실습에서는 실습 5와 6에서 배웠던 오토인코더와 워드 임베딩이란 두 중요 개념을 확인하는 시간을 가질 것이다. 먼저 새로운 개념인 'context matrix'란 문맥 행렬을 배우고 이를 생성하는 코드를 작성해볼 것이다. 문맥 행렬은 한 번에 생성되는 것도 아니고, 내장 함수가 존재하는 것도 아니라서 우리가 직접 만들어야 한다. 그러기 위해서는 주어진 단어나 토큰에 코드를 부여하고, 특정 기준으로 정렬하는 작업을 거쳐야 한다. 이렇게 생성한 문맥 행렬은 그럼 어디에 쓰이는 걸까? 바로 오토인코더의 학습 과정 전반에 이용된다. 우리는 앞선 신경망 학습에서 'batch'란 개념을 배웠다. 효율을 높이고자 데이터를 여러 batch로 나누어 학습을 진행해왔는데, 이와 같은 맥락으로 실습 7에서는 문맥 행렬을 여러 batch로 쪼갠 후에 오토인코더의 학습을 진행할 것이다. 이렇게 잘 학습한 오토인코더를 통해 워드 임베딩이 된 데이터를 새로 얻을 수 있을 것이다. 이 임베딩이 이제 어떻게 이루어져 있는지까지 확인하는 것이 이번 실습에서 우리가 할 일이다.

1 문맥 행렬의 이해

단어들을 수적 표현, 즉 코드로 표현해야 문맥 행렬을 형성할 수 있다. 문맥 행렬이 어떤 형태를 띠는지는 나중에 더 자세히 보기로 하고, 지금 우리가 할 것은 단어나 토큰에 코드를 부여하는 것이다. 무작위로 코드를 부여할 순 없고 어떤 기준을 갖고 코드를 생성할 것인데 여기에서 중요하게 작용하는 요소가 바로 'context', 문맥이다. 어떤 단어가 등장했을 때 주변에 등장하는 여러 단어를 고려하여 문장의 해석을 해내는 것이 문맥을 파악하는 일이다. 예를 들어 "dogs are loud pets"와 "cats are quiet pets"의 예문에서 'dogs'와 'cats'이 가진 특징을 비교하는 것도 중요하지만, 이 예문에서 공통으로 등장하는 'pet'의 알맞은 의미를 전달하는 것도 필요하다. 'pet'이란 단어와 자주 등장했던 단어들을 찾다 보면 "cat", "dog", "owner", "care" 등의 단어들이 모두 'pet'과 자주 등장한 단어임을 알 수 있게 되고, 이를 'pet'이 갖는 코드에 반영할 수 있는 알맞은 수적인 표현을 생각해내야 한다.

이 과정을 시행하기 위해 우리는 문맥이란 개념을 인공지능에서 새롭게 정의하고, 문장을 스캔하여 그 문맥을 파악할 때 사용할 문맥 창(context window)의 크기를 설정해야 한다. 이렇게 설정한 문맥 창 내에서 어떤 단어와 다른 단어들이 함께 나타나는 정도를 계산하여 반영한 'context matrix', 즉 문맥 행렬이란 새로운 개념을 도입한다.

문맥 행렬의 각 행들은 문맥 창에서 그 중심에 오는 '중심어(center word)'에 대한 정보를 담고 있다. 만약 "I am into watching movies."란 문장이 있다면 이 문맥 창에서 중심어는 "into", 문맥어(context word)는 중심어 기준 양쪽으로 2개씩 있다.(이때 문맥 창의 크기는 2라고 생각하면 된다. 중심어를 기준으로 양쪽에 몇 개의 단어가 오는지가 창 크기의 개념이다.)

4개의 문맥어가 단어 "into"와 함께 등장한 횟수는 문맥 행렬을 이루는 각 열에 추가된다. 만약 "into"란 중심어가 문맥 행렬에서 1행에 존재한다면 1행에서 각 문맥어에 해당하는 열에 문맥어가 등장한 횟수를 기록하면 된다. 다시 말하면, 주어진 문맥 창의 중심에 i라는 단어가 등장하고, 문맥어로 j가 i와 함께 등장하는 횟수를 X_{ij}라고 할 수 있다. 이것이 바로 문맥 행렬의 개념이다. 아래의 문맥 행렬은 앞서 '워드 임베딩'에서 배운, 의미론적 유사성을 기반으로 워드 임베딩을 행했을 때 나온 예시이므로 다시 한번 이해하고 넘어가자.

	...cute	...little	...scary
... dragon	0	1	8
... kitten	28	42	4
... puppy	30	39	0

그림 3.11 문맥 행렬 예시[40]

문맥 행렬을 만들 때 또 한가지 고려해야 할 점은 행렬의 크기이다. 한 글에 포함된 단어 수가 너무 많아지면 중심어와 문맥어 수도 같이 많아지는데 이 경우 모든 단어를 반영하다 보면 행렬의 크기가 무한히 커지는 불편함이 있다. 이를 어느 정도 해결하기 위해 중심어와 문맥어 수를 제한한 'max_vocab_words'와 'max_context_words' 개념을 도입한다. 가장 빈번하게 등장한 'max_vocab_words'을 기준으로 중심어 수를 제한하고 'max_context_words'로 우리가 고려하는 문맥어 수도 제한한다. 문맥 행렬을 이루는 행과 열은 각각 중심어와 문맥어이므로 문맥 행렬에서 행의 개수는 'max_vocab_words', 열의 개수는 'max_context_words'을 따라가 그 shape이 (max_vocab_words, max_context_words)임을 추측할 수 있다.

40) 다음을 참고하여 직접 그림.
Ryan Soklaski, 〈Word Embeddings and Autoencoders〉, 《CogWorks》, 〈https://rsokl.github.io/CogWeb/Language/WordEmbeddings.html〉, 2021.01.03. 방문

인트로	문맥 행렬의 이해	문맥 행렬 만들기			오토인코더 학습시키기	학습을 완료한 오토인코더 모델 평가
		문맥 행렬 형성을 위한 사전 작업	문맥 행렬 생성을 위한 코드 작성	문맥 행렬 생성해보기		

2 문맥 행렬 만들기

Step 1. 문맥 행렬 형성을 위한 사전 작업

기본적인 개념들을 숙지했으니 이제 문맥 행렬을 만들기 위한 과정을 거칠 것이다. 리마인드하자면, 문맥 행렬을 만드는 이유는 오토인코더의 학습을 위해서다. 먼저 주어진 문장을 여러 단어로 나누는 작업, 즉 데이터를 토큰화하기 위해서 'nltk(natural language toolkit tutorial)'을 사용한다. 토큰화 한 단어들을 문맥 행렬에 반영하기 위해선 각 토큰에 숫자 코드를 부여하는 작업이 요구된다. 그냥 단어를 넣으면 컴퓨터가 처리할 수 없으므로 컴퓨터가 이해할 수 있는 코드로 행렬을 구성할 것이다.

이 작업을 위해 'generate_sorted_words', 'generate_word2code', 'convert_tokens_to_codes'의 3가지 함수를 만들어야 한다. 첫 번째로 'generate_sorted_words'은 각 문장을 이루는 토큰을 정렬하는데 사용되며 그 기준은 단어가 등장한 횟수이다. 그 횟수를 기준으로 내림차순으로 정렬하기 때문에 이 함수를 통해 가장 자주 등장한 'max_vocab_words'을 결정하는 단어를 찾는 작업이 쉬워질 것이다. 방금 'generate_sorted_words'에서 생성한 정렬된 리스트를 'generate_word2code' 함수에 넘겨주면 이 함수는 내림차순으로 정렬된 각 단어에 정수 코드를 부여한다. 따라서 가장 많이 등장한 단어는 코드 0을 가져가고 그 다음은 1, 2의 식으로 더 높은 인덱스를 가질 것이다. 만약 'max_vocab_words' = 8이었다면 'generate_word2code'에서 부여받은 코드가 7인 단어까지만 문맥 행렬에 반영한다.

마지막으로 'convert_tokens_to_codes'에서는 무작위로 정렬된 리스트를 입력으로 받으면 우리가 'generate_word2code'에서 부여한 단어별 코드를 이용해 이 리스트를 코드 형태로 된 리스트로 다시 내보낸다. 이를 충분히 숙지하고 아래 코드를 작성해보자. 혹시 잘 모르겠다면 코드에 달린 주석을 유심히 보길 바란다.

```python
def generate_sorted_words(tokens):
    """ 특정 단어들로 이루어진 리스트를 생성하고 이들을 등장한 빈도수를 기준으로 내림차순으로 정렬

    매개변수(Parameters)
    ----------
    tokens: List[str]
        여러 토큰으로 이루어진 리스트. (혹은 단어들), e.g., ["the", "cat", "in",
        "the", "in", "the"]

    반환 값(Returns)
    -------
    List[str]
        등장한 순서를 기준으로 내림차순으로 정렬한 토큰으로 이루어진 리스트, e.g.,
        ["the", "in", cat"]
    """
    # 여기에 코드 작성
```

```python
def generate_word2code(sorted_words):
    """ 등장한 횟수 순으로 정렬된 단어 리스트에서 각 단어의 위치로 단어를 매핑하는 사전을 생
        성하는 함수

    매개변수(Parameters)
    ---------
    sorted_words: List[str]
        등장 횟수 순으로 정렬된 단어 리스트, e.g., ["bat", "apple", "cat"]

    반환 값(Returns)
    -------
    Dict[str, int]
        단어를 정수 코드로 매핑하는 사전 e.g., {"bat": 0, "apple": 1, "cat": 2}
    """
    # 여기에 코드 작성
```

```python
def convert_tokens_to_codes(tokens, word2code):
    """ 토큰을 코드로 전환하는 함수

    매개변수(Parameters)
    ---------
    tokens: List[str]
```

```
    N개의 단어로 이루어진 리스트, e.g., ["bat", "cat", "apple"]

word2code: Dict[str ,int]
    정수 코드로 각 단어를 매핑하는 사전, e.g., {"apple": 0, "bat": 1, "cat": 2}

반환 값(Returns)
-------
np.ndarray, shape-(N, )
    입력된 단어들에 해당하는 정수 코드로 이루어진 배열, e.g., [1, 2, 0].
"""
# 여기에 코드 작성
```

위 코드가 와닿지 않는다면 다음 예시로 다시 이해해보자. 가령 example = ["the", "cat", "in", "the", "in", "the"]의 리스트가 주어졌다고 해보자. 먼저 위 함수를 활용해 'example'에 등장한 토큰을 등장한 횟수대로 정렬해보고, 코드를 부여해보자. 'generate_sorted_words'를 이용한다면, 가장 많이 등장한 단어는 "the"이고 가장 적게 등장한 단어는 "cat"이므로 example은 ["the", "in", "cat"]으로 정리될 것이다. 이 리스트를 'generate_word2code'에 넣으면 {"the": 0, "in": 1, "cat": 2}와 같은 형태로 코드가 부여된다. 마지막으로 'convert_tokens_to_codes'에 이 example을 넣게 되면 우리는 [0, 2, 1, 0, 1, 0]의 리스트를 얻을 것이라 예상할 수 있다. 이를 바탕으로 ["a", "a", "b", "c", "c", "c", "c", "a", "b", "c"]라는 데이터가 주어졌을 때 앞의 세 함수가 각각 어떤 결과를 도출할지 예상해보고 그 예상과 코드 실행 결과가 일치 하는지 비교해보자.

```
tokens =["a","a","b","c","c","c","c","a","b","c"]
# 여기에 코드 작성
```

인트로	문맥 행렬의 이해	문맥 행렬 만들기			오토인코더 학습시키기	학습을 완료한 오토인코더 모델 평가
		문맥 행렬 형성을 위한 사전 작업	문맥 행렬 생성을 위한 코드 작성	문맥 행렬 생성해보기		

Step 2. 문맥 행렬 형성을 위한 코드 작성

이제 문맥 행렬을 생성하고 오토인코더를 학습시키는 과정이 남았다. 문맥 행렬을 생성하는데 쓰일 함수는 'generate_word_by_context'이다. 물론 내장된 함수가 아니고 우리가 직접 써내려가야한다. 먼저 shape이 (max_vocab_words, max_context_words)인 영행렬(모든 요소가 0인 행렬)을 만들고 거기에 중심어와 문맥어의 관계를 추가한다고 생각하면 쉽다. 일단 주어진 문장을 앞에서부터 순서대로 함수가 스캔할 것인데, 스캔을 하는 시작점은 맨 앞에 오는 단어가 아니라 첫 번째 중심어가 등장하는 곳이다. 중심어를 기준으로 문맥 창 안에서 문맥어는 어떤 것이 등장하는지 확인할 것이다. 따라서 문맥 창의 크기가 달라지면 문맥어 수도 달라질 것이다. 이를 지정하는 변수가 바로 'context_size'이고 이를 함수에서 정의한 다음 사용할 것이다. 문맥 창 크기가 결정하는 것은 문맥어 수뿐 아니라 첫 번째 중심어도 있다. 만약 context_size = 2라면 첫 번째 중심어는 문장의 맨 처음에서부터 3번째 단어에 해당한다.

```
"a" "a" "b" "c" "c" "c" "c" "a" "b" "cL  # 단어 시퀀스 (이 예시에서는 문자를 사용했다.)
 1   1   2   0   0   0   0   1   2   0   # 대응하는 코드 시퀀스
 0   1   2   3   4   5   6   7   8   9   # 시퀀스에서의 위치
                                         # 첫 번째 창: 2번 위치를 중심으로 함;
 [       ^       ]                         중심어 코드는 2
                                         # 두 번째 창: 3번 위치를 중심으로 함;
     [       ^       ]                     중심어 코드는 0
             .   .   .
                                         # 마지막 창: 7번 위치를 중심으로 함;
                     [       ^       ]     중심어 코드는 1
```

이렇게 문장을 스캔하다가 만약 중심어가 부여받은 코드가 'max_vocab_words'보다 커진다면 함수는 그 중심어를 건너뛰고 'max_vocab_words'보다 코드가 작거나 같은 중심어에 대해서만 분석을 진행할 것이다. 물론 'max_context_words'보다 큰 코드를 갖는 문맥어에 대해서도 문맥 행렬을 구성할 때에는 배제해야 한다. 따라서 이 두 가지 조건을 만족하는 문맥어와 중심어를 가지고 문맥 행렬을 내놓을 것이다. 제대로 된 'generate_by_context' 함수를 소개하기 이전에 이 함수를 간략하게 설명한 다음의 의사(pseudo) 코드를 이해해보면 좋을 것 같다.

```
2차원 배열을 모두 0으로 초기화하며 이때의 shape은 (max_vocab_words, max_con-
text_words)에 해당한다.
```

```
첫 번째 중심어를 시작으로 시퀀스를 따라 창을 옆으로 이동시키고 그 문맥창 내에서 단어끼리 동시에
등장한 횟수를 세어 나갈 것이다.

if code of center word is >= max_vocab_words:
    skip  # 중심어의 코드가 임의로 설정한 max_vocab_words 보다 큰 경우 문맥 행렬에 반
            영하지 않는다.

for each word in context (on left and right sides)
    if code of context word < max_context_words # 문맥어의 코드가 max_con-
        text_words 보다 작은 경우 문맥 행렬에 반영한다.
        add 1.0 to matrix element in row-(center word) and col-
umn-(context word)
            or (if weighting by distance)
        add 1.0 / (distance from center to context) # 중심어와 문맥어 간 거리
            를 고려할 경우 그 거리로 나눠주는데, 이 부분은 바로 다음 함수 'generate_
            word_by_context'의 weight_by_distance와 관련된 부분이다.
```

위 for-loop 문을 기반으로 문맥 행렬에 반영될 중심어와 문맥어를 선택하고 행렬을 만들어나갈 것이다. 행렬을 생성한 후 주어진 테스트 케이스를 함수에 통과시켜 함수가 제대로 구동하는지 확인하는 것까지 해볼 것이다. 사실 문맥 행렬이 도대체 어떤 형태를 띠는지 감을 잡지 못했을 수도 있다. 일단 코드를 전체적으로 이해해보고 테스트 케이스를 이 함수에 통과시켜 얻은 행렬을 보면서 문맥 행렬이 생성되는 과정을 이해해봐도 좋을 것 같다. 'generate_by_context' 함수는 numba 라이브러리의 njit라는 데코레이터를 도입하여 함수의 최적화된 버전을 컴파일할 것이다. 먼저 라이브러리 numba에서 njit를 'from numba import njit'로 불러오고 함수가 시작되는 코드 바로 위에 '@njit'를 추가해주면 된다. 이 @njit가 함수의 성능 구현을 보다 빠르게 해줄 수 있는 이유는 LLVM (low-level virtual machine) 환경에서 함수를 실행하기 때문이다. Numba 라이브러리는 파이썬과 NumPy 코드 일부를 LLVM에 최적화된 명령어로 컴파일할 수 있도록 설계되었기에 우리는 빠르게 함수를 실행시킬 수 있다. 이를 통해 for-loop으로 이루어진 함수이지만 이 데코레이터로 그 속도를 어느 정도 높여줄 것이다. 다만 파이썬에 해당하는 코드의 일부만 지원하기 때문에 한계가 있다.

이 점들을 잘 기억하고 다음의 함수 generate_word_by_context의 코드를 이해해보자. 주석에 앞에서 소개했던 'max_vocab_words'와 같은 매개변수 설명들도 들어있으니 확실히 이해해보길 바란다.

```
from numba import njit

@njit
def generate_word_by_context(
    codes,
    max_vocab_words = 1000,
    max_context_words = 1000,
    context_size = 2,
    weight_by_distance = True,
):
    """ 문맥어와 함께 등장한 횟수가 반영된 중심어에 대한 배열을 생성한다.

    매개변수(Parameters)
    ----------
    codes: numpy.ndarray, shape-(N, )
        단어 코드로 이루어진 시퀀스 (정수).

    max_vocab_words: int
        어휘에 포함시킬 단어의 최대 개수 (행렬의 행에 해당).
        이는 문맥창 내에서 중심어가 가질 수 있는 정수 코드의 최댓값을 의미한다.

    max_context_words: int
        가능한 문맥어로 고려될 수 있는 단어의 최대 개수(행렬에서 열에 해당).
        문맥을 스캔할 때 고려하는 단어 코드의 최댓값을 의미한다.

    context_size: int
        문맥창에서 중심어를 기준으로 양쪽(중심어의 왼쪽과 오른쪽)으로 고려할 단어의 개수

    weight_by_distance: bool
        문맥어와 중심어간 거리를 반영하여 가중치를 매길지 여부(거리로 나누어줌으로써 단어끼리
        멀리 떨어져 있을수록 낮게 가중치가 매겨진다.)

            False --> 기여도는 is 1.0
            True  --> 기여도는 is 1.0 / (중심어 위치와 문맥어간 거리)

        예를 들어, ["i", "am", "scared", "of", "dogs"]이 [45, 10, 222,
        25, 88]의 단어 코드를 갖는다고 가정해보자.

        weight_by_distance가 'False'일 경우,
            X[222, 45], X[222, 10], X[222, 25], and X[222, 88] 성분은 모두
            1씩 증가한다.
```

```
    weight_by_distance가 'True'일 경우,
        X[222, 45] += 1.0/2  <-- "i" 와 "scared" 간 거리가 2이므로
        X[222, 10] += 1.0/1  <-- "am" 과 "scared" 간 거리가 1이므로
        X[222, 25] += 1.0/1  <-- "of" 와 "scared" 간 거리가 1이므로
        X[222, 88] += 1.0/2  <-- "dogs" 와 "scared" 간 거리가 2이므로

    반환 값(Returns)
    -------
    ndarray, shape=(max_vocab_words, max_context_words)
        행은 단어 수, 열은 문맥어 수, 그리고 행렬을 이루는 성분은 어떤 중심어와 문맥어가 동
        시에 일어난 횟수를 센 값인 행렬이 반환값
    """
    # 먼저 0으로 이루어진 2차원 배열로 행렬을 초기화하기 (용량 감소 차원에서
      'dtype=np.float32'로 설정하도록 하자.)
    # 여기에 코드 작성

 # 시퀀스를 따라 창을 움직이면서 중심어와 문맥어 코드가 동시에 등장하는 횟수를 센다.
    # Hint: 메인 루프에서 사용하는 인덱스는 문맥창의 중심을 가리키도록 설정하자.
    # 중심어에 대하여 반복되는 코드
    # 여기에 코드 작성


        # 문맥창 내에서 반복되는 코드
        # 여기에 코드 작성
```

```
# 시퀀스에 이미 단어 코드가 할당된 상태일 때
sequence = np.array([2, 3, 4, 9, 6, 7])
context_matrix = generate_word_by_context(
    sequence,
    max_vocab_words = 8,
    max_context_words = 8,
    context_size = 2,
    weight_by_distance = False,
)
print(context_matrix)
```

Step 3. 문맥 행렬 생성해보기

테스트 케이스로 [2, 3, 4, 9, 6, 7]이란 시퀀스를 'codes'에 넣어보면 출력으로 나온 문맥 행렬은 다음과 같이 나와야 한다. (참고로 sequence에 해당하는 리스트 [2, 3, 4, 9, 6, 7]은 이미 'convert_tokens_to_code' 함수를 거쳐서 코드가 부여된 상태이다. 즉 코드 2에 해당하는 맨 처음에 오는 단어가 가장 많이 등장하고, 코드 9에 해당하는 단어는 가장 적게 등장했을 것이다.) 이 테스트 케이스로 아래 문맥 행렬로 확실하게 이 개념을 짚고 넘어가면 좋을 듯하다.

```
[[0.  0.  0.  0.  0.  0.  0.  0.]
 [0.  0.  0.  0.  0.  0.  0.  0.]
 [0.  0.  0.  0.  0.  0.  0.  0.]
 [0.  0.  0.  0.  0.  0.  0.  0.]
 [0.  0.  1.  1.  0.  0.  1.  0.]
 [0.  0.  0.  0.  0.  0.  0.  0.]
 [0.  0.  0.  0.  0.  0.  0.  0.]
 [0.  0.  0.  0.  0.  0.  0.  0.]]
```

먼저 'weight_by_distance' 기능은 'False'로 꺼져있기 때문에 문맥 행렬에 숫자를 입력할 때 중심어와 문맥어 간 거리는 고려하지 않아도 된다. [2, 3, 4, 9, 6, 7]에서 context_size = 2이므로 중심어의 양쪽으로 문맥어가 2개씩 존재하고 문맥 창의 크기는 5가 된다. 따라서 문장을 함수가 스캔할 때 [2, 3, 4, 9, 6]과 [3, 4, 9, 6, 7]의 두 창을 이용한다. 그다음으로 'max_vocab_words = 8'이므로 중심어의 코드가 9인 두 번째 창 [3, 4, 9, 6, 7]은 문맥 행렬에 반영하지 않는다. 따라서 창 [2, 3, 4, 9, 6]만이 문맥 행렬에 반영되었을 것이고, 여기에서도 문맥어가 가질 수 있는 최대 코드, 'maxt_context_words = 8'을 고려하면 9는 문맥어로 고려하지 않아야 한다. 중심어 코드가 4인 상황에서 문맥어가 갖는 코드는 2, 3, 6의 세 개다. 문맥어가 2인 경우 5행 3열에, 3인 경우 5행 4열에, 6인 경우 5행 7열에 1이 더해질 것이다. 만약 'weight_by_distance =True'으로 설정한다면 중심어와 문맥어간 거리로 더해진 1을 나눠주어야 한다. 다음 행렬이 'weight_by_distance = True'일 때의 행렬이다.

```
[[0.  0.  0.   0.  0.  0.  0.   0.]
 [0.  0.  0.   0.  0.  0.  0.   0.]
 [0.  0.  0.   0.  0.  0.  0.   0.]
 [0.  0.  0.   0.  0.  0.  0.   0.]
 [0.  0.  0.5  1.  0.  0.  0.5  0.]
 [0.  0.  0.   0.  0.  0.  0.   0.]
 [0.  0.  0.   0.  0.  0.  0.   0.]
 [0.  0.  0.   0.  0.  0.  0.   0.]]
```

인트로	문맥 행렬의 이해	문맥 행렬 만들기 문맥 행렬 형성을 위한 사전 작업	문맥 행렬 만들기 문맥 행렬 생성을 위한 코드 작성	문맥 행렬 만들기 문맥 행렬 생성해보기	오토인코더 학습시키기	학습을 완료한 오토인코더 모델 평가

3 오토인코더 학습시키기

이제 모델 학습을 위한 모든 과정을 마쳤으니 우리가 쓸 데이터(앞선 n-gram 실습에서 사용했던 위키피디아 txt 파일)를 불러오고 오토인코더 모델을 본격적으로 학습시켜보자. 아래 코드에 따라 데이터를 불러오는데, 경로 설정은 반드시 텍스트 파일이 저장된 위치로 설정해주어야 한다.

```
import nltk
nltk.download('punkt') # 이 코드는 아래의 코드만 실행했을 때 에러가 난다면 새로 다운로드 받아줄 필요가 있는 부분이다.

path_to_wikipedia = "./dat/wikipedia2text-extracted.txt"  # 파일 저장 경로로 업데이트
with open (path_to_wikipedia, "rb") as f :
   wikipedia = f.read().decode().lower()
print(f"{len(wikipedia)} character(s)")

tokens = word_tokenize(wikipedia.lower())
print(f"{len(tokens)} tokens(s)")
```

앞서 문맥 행렬을 생성하는 'generate_by_context' 함수를 만들기 전에 데이터를 여러 토큰으로 나누고 코드를 부여하기 위해 만들었던 함수로 토큰을 코드로 바꿔주는 코드를 아래에 작성해보자.

```
# 여기에 코드 작성
```

이제 임의로 'max_vocab_words'와 'max_context_words'을 설정하고 context_size를 지정하여 함수가 문장을 스캔하여 문맥 행렬을 만들 수 있도록 'generate_by_context' 함수를 사용해보자.
(위키피디아 txt 파일 특성상 max_vocab_words = 10_000, max_context_words = 1000, context_size = 4, weight_by_distance = True 권장.)

```
# 여기에 코드 작성
```

데이터를 임베딩하기 위해서 오토인코더를 문맥 행렬로 학습시키는 과정을 먼저 거칠 것이다. 이때 'generate_by_context'로 만든 문맥 행렬을 그대로 사용하기보다 학습 효율을 높이기 위해 문맥 행렬에 $\log_{10}$을 취해줄 것이다. 하지만 앞서 봤듯이 문맥 행렬은 거의 0으로 이루어져 있는데 여기에 로그를 취하면 0인 부분은 행렬에 나타내기 어려워진다. 이 0을 갖는 부분을 문맥 행렬에 계속 상수 0으로 남기고 싶다면 어떻게 해야 할까? 아래 코드를 작성해보자. 힌트는 0인 부분이 계속 0으로 남을 수 있도록 문맥 행렬에 어떤 조치를 해주면 된다.

```
# 여기에 코드 작성
```

이전 실습에서도 그랬듯이 인코더와 디코더로 이루어진 선형 오토인코더를 학습시킬 것이다. 인코더와 디코더의 'weight_initializer' 모두 'glorot_normal'(Xavier 초기화[41]에 해당)로 설정하고, 선형 모델이므로 두 개의 층 모두에 활성화 함수를 적용하지 말고

41) Xavier Glorot가 만든 초기화 기법으로 들어오는 입력 수 N_{in}와 내보내는 출력 수 N_{out}에 대하여 표준편차를 $\frac{\sqrt{2}}{\sqrt{N_{in}+N_{out}}}$로 두는 방식이다. reference) Huimin Li, et al., 〈A Comparison of Weight Initializers in Deep Learning-based Side-channel Analysis〉, 《Applied Cryptography and Network Security Workshops》, pp. 126-143 (2020)

'bias'도 설정하지 말아야 한다는 것을 유의하여 코드를 완성하면 된다.

```
from mynn.layers.dense import dense
from mygrad.nnet.initializers import glorot_normal

class Autoencoder:
    def __init__(self, context_words, d):
        """ 모델에서 사용하는 인코더와 디코더 층을 모두 초기화하고 이들을 우리 모델이 갖는
            속성으로 정의하라.

        매개변수(Parameters)
        ----------
        context_words : int
            우리가 사용하는 어휘에 포함된 문맥어의 개수

        d : int
            워드 임베딩이 갖는 차원
        """
        # 여기에 코드 작성


    def __call__(self, x):
        ''' 순전파를 이용해 사용할 데이터를 모델로 보내는 함수

        이 함수는 우리가 모델을 'm'이라고 초기에 지정했을 때 'm(x)'로 편리하게 데이터를
        전송할 수 있도록 한다.

        매개변수(Parameters)
        ----------
        x : Union[numpy.ndarray, mygrad.Tensor], shape=(M, context_words)
            문맥 행렬에서 나온 M개의 단어로 이루어진 데이터 묶음으로, 각각은 문맥어와 동시에
            발견된 횟수를 의미

        반환 값(Returns)
        -------
        mygrad.Tensor, shape=(M, context_words)
            인코더와 디코더를 모두 통과한 데이터
        '''
        # 여기에 코드 작성
```

```
    @property
    def parameters(self):
        """ 모델이 갖는 모든 매개변수를 호출할 수 있는 편리한 함수

        'model.parameters'를 통해 속성으로 매개변수에 접근 가능하다.

        반환 값(Returns)
        -------
        Tuple[Tensor, ...]
            모델 내에서 학습 가능한 모든 매개변수를 포함한 튜플"""
        # 여기에 코드 작성
```

오토인코더를 완성해보았으니 이제 오토인코더를 학습시키는 일만 남았다. 이를 위해 아래에 오토인코더 모델을 구현해야 한다. 이때 옵티마이저로는 Adam을 사용해서 **from** mynn.optimizers.adam **import** Adam으로 이를 불러온다.

```
from mynn.optimizers.adam import Adam

# 여기에 코드 작성

plotter, fig, ax = create_plot(metrics = "loss", last_n_batches = 2500)
```

신경망 학습을 효율적으로 하기 위해 이전에도 batch와 epoch을 설정했던 것을 떠올려 보고, batch 크기는 100, epoch는 5로 하여 모델 학습을 진행해본다. 모델 학습을 위한 손실 함수로는 평균 제곱 오차를 활용할 것이므로 이를 먼저 불러온 다음 모델 학습을 위한 코드를 마저 마무리해보자. (손실 함수는 모델이 예측한 값과 실제 참값 사이의 차이를 계산하는 것이기 때문에 예측값과 참값 모두를 코드에 작성해야 함을 유의하여 작성하면 된다. 이미 앞선 실습들에서 학습 코드 작성을 진행해보았으니 손실, 즉 loss를 어떻게 학습에 반영했는지를 떠올려 코드를 완성해보자.)

```
from mynn.losses.mean_squared_loss import mean_squared_loss

# 여기에 코드 작성
```

학습이 진행됨에 따른 손실 값 변화를 보고 손실이 크게 줄어드는 것 같지 않다면 앞서

설정한 batch 등의 변수를 조정하면서 더 나은 변수를 찾아보길 바란다.

이제 오토인코더가 학습을 마쳤으니 워드 임베딩을 만들 수 있게 되었다. 데이터셋을 오토인코더에 안에 있는 인코더만 통과하도록 한 후 그 결과를 출력해보면 우리가 얻고자 했던 데이터의 워드 임베딩 된 형식을 얻을 수 있다. 이 결과를 먼저 'my_vectors'란 이름으로 저장해보자.

```
from mygrad import no_autodiff

with no_autodiff :
    # 여기에 코드 작성
```

<table>
<tr><td rowspan="2">인트로</td><td rowspan="2">문맥 행렬의 이해</td><td colspan="3">문맥 행렬 만들기</td><td rowspan="2">오토인코더 학습시키기</td><td rowspan="2">학습을 완료한 오토인코더 모델 평가</td></tr>
<tr><td>문맥 행렬 형성을 위한 사전 작업</td><td>문맥 행렬 생성을 위한 코드 작성</td><td>문맥 행렬 생성해보기</td></tr>
</table>

4 학습을 완료한 오토인코더 모델 평가

이렇게 워드 임베딩을 얻었으니 잘 코드를 작성했는지 확인해보기 위해 단어 "king"에 해당하는 벡터가 갖는 처음 10개 요소로는 어떤 코드가 있을지 확인해보자. 잘 작성했다면 array([1.3656684, −0.5004739, −1.238607, 1.3919797, −0.02366279, 1.1597245, 0.03027415, 1.2181425, −1.0456737, 0.28740627], dtype = float32)의 결과를 얻을 수 있다.

```
# 여기에 코드 작성
```

이렇게 성공적으로 얻은 워드 임베딩이 어떤 형태를 띠고 있는지 알아볼 것이다. 그 전에 gensim이 갖는 기능을 활용할 수 있도록 하기 위해서 아래 코드로 gensim에 단어 벡터들을 저장하고 다시 불러올 것이다.

```
d = 200 # 워드 임베딩이 갖는 차원을 의미한다.

# word2vec 형식으로 저장해야 한다.(첫 줄은 단어 수와 차원이 명시되어 있고 다른 줄은 단어
  뒤에 임베딩이 붙어 나오도록 쓰여 있다.)
with codecs.open(f"my_vectors_{d}.txt", "w", "utf-8") as f:
    f.write(str(max_vocab_words) + " " + str(d) + "\n")

    for i in range(max_vocab_words):
        f.write(sorted_words[i] + " " + " ".join([str(x) for x in my_vectors[i, :]]) + "\n")

# 다시 불러오기
embeddings = KeyedVectors.load_word2vec_format("my_vectors_200.txt", binary = False )
```

앞서 임베딩 실습 파트에서 한 것과 유사하게 이번 실습에서 사용한 임베딩이 어떤 관계를 가지고 있는지 알아보기 위해 'similar_by_word'와 'similar_by_vector'을 이용해볼 것이다. 어떤 단어와 유사한 단어는 어떤 것이 있는지 알아보기 위해선 'similar_by_word'을 사용하면 되고, '"Athens" is to "Greece" as "Baghdad" is to ?'와 같이 물음표에 들어올 단어를 유추해야 할 때에는 'similar_by_vector'을 사용하면 된다. 이를 고려해 아래 코드를 채워보자.

```
# 여기에 코드 작성
```

이제 우리가 가진 임베딩을 테스트해보자. 여기서 테스트한다는 의미는 워드 임베딩이 오토인코더의 인코더를 통과하며 잘 생성되었는지 확인한다는 것이다. 워드 임베딩은 우리가 지정한 어떤 축소된 차원에 단어가 벡터 형태로 매핑되는 것인데, 이 과정에서 유사성을 띠는 단어는 서로 비슷한 위치 관계를 갖고 있는 것을 알고 있다. 또한, 유사성 외에도 단어가 갖는 단어 벡터로 어떤 단어가 문장에 등장할지 유추하는 것이 가능했다. 따라서 워드 임베딩을 테스트하기 위해 워드 임베딩이 단어가 가진 유사성과 유추 문제 해결을 얼마나 잘 수행하는지 확인해야 한다.

이는 gensim 라이브러리가 가진 KeyedVectors.accuracy라는 방법을 이용하면 된다. 이때 사용할 데이터 파일은 word2vec을 연구하는 사람들이 만들어낸 유추 집합으로 예를 들어 '"Athens" is to "Greece" as "Baghdad" is to ?'의 문장은 'Athens Greece Baghdad Iraq'와 같이 네 단어로 이루어진 튜플 형태로 파일 내에 존재한다. 이제 파일 내에 10,000개 이상의 유추 집합을 마주했을 때 얼마나 유추를 잘 해내는지를 통해 정확도를 측정할 것이다. 아래 코드를 이용해서 데이터를 불러온 후 정확도를 얻어보자. 파일은 'questions-words.txt'를 다운 받으면 된다.

```
# 'https://gist.github.com/iamaziz/8d8d8c08c7eeda707b9e'에서의 결과 압축
  을 풀기 위한 코드:
def unpack_accuracy(results):
    sum_corr = len (results[-1][-1]['correct'])
    sum_incorr = len (results[-1][-1]['incorrect'])
    total = sum_corr +sum_incorr
    percent = lambda a: round(a/total*100, 2)
    print(f'Total sentences: {total}, Correct: {percent(sum_corr)}%,
Incorrect: {percent(sum_incorr)}%')
```

```
# 아래의 코드는 시간이 다소 걸릴 수 있다.
results =embeddings.evaluate_word_analogies("./dat/questions-words.txt")
unpack_accuracy(results)

# 약 30%의 정확도를 얻을 수 있을 것이다.
```

정확도를 출력해보면 Incorrect에 출력된 부분이 약 70%로 나와 당황할 수 있다. 과연 학습이 잘 이루어진 건지 의심이 갈 수도 있다. 특히 이전에 GloVe 임베딩으로 학습을 했을 때에 비해 그 결과가 썩 좋지 않은 것을 알 수 있는데, 일단 학습한 데이터에 포함된 단어 수가 적기 때문이다. 또, 문맥 행렬을 생성할 때 'max_vocab_words'와 'max_context_words'를 설정한 것처럼 문맥 행렬엔 모든 단어의 정보가 들어가 있지 않다. 이런 제약으로 인해 정확도가 떨어졌다고 생각하면 좋을 것 같다. 중요한 것은, 정확도는 기대에 못 미칠지 몰라도 워드 임베딩이 단어 유추나 유사성 파악과 같이 단어 간 관계에 밀접한 문제를 해결하는 데에 기여한다는 점이다!

배운 내용 되돌아보기

인트로	문맥 행렬의 이해	문맥 행렬 만들기			오토인코더 학습시키기	학습을 완료한 오토인코더 모델 평가
		문맥 행렬 형성을 위한 사전 작업	문맥 행렬 생성을 위한 코드 작성	문맥 행렬 생성해보기		

☑ 3절 워드 임베딩 개념 파트에서 잠시 언급했던 문맥 행렬을 통해 워드 임베딩 하는 방법을 배우고 이를 오토인코더가 학습할 수 있도록 하는 실습을 진행하였다.

☐ 단어가 등장한 횟수에 따라 주어진 문장을 재배치한 후 코드를 부여하는 함수를 짜서 문맥 행렬 형성을 위한 기반을 다졌다.

☐ 문맥 행렬을 형성할 수 있는 함수를 작성하였고, 아직 임베딩 되지 않은 데이터셋으로부터 문맥 행렬을 생성하여 오토인코더가 학습하기 위한 준비를 마쳤다.

☐ 이때, 문맥 행렬의 크기를 무한정 늘릴 수 없어, max_vocab_words(중심어가 가질 수 있는 코드의 최댓값)와 max_context_words(문맥어가 가질 수 있는 코드의 최댓값)를 임의로 설정하여 문맥 행렬에 반영할 단어에 제한을 두었다는 점이 중요했다.

☐ 문맥 행렬을 학습한 오토인코더를 평가하기 위해 오토인코더의 인코더만을 통과한 데이터가 유사한 단어를 잘 찾는지, 또 유추 문제를 잘 해결하는지 확인하였다. 30% 정도의 낮은 정확도를 보인 이유는 문맥 행렬에 모든 단어가 반영되지 못한 점, 그리고 데이터셋의 용량이 작았던 점을 들 수 있다.

3절. 워드 임베딩을 마무리하며

우리는 이번 3절 워드 임베딩에서 단어에 벡터 개념을 도입하였다. 어느 연속적인 공간에 단어가 수적으로 표현될 수 있다는 점을 배웠고, 이를 수적으로 표현하는 방식에도 여러 가지가 있다는 것을 이제 알 것이다. 대표적으로 one-hot 인코딩을 통해 단어가 가진 인덱스에 따라 단어를 수적으로 표현하는 방식, 또는 의미론적 유사성에 기반하여 문맥 행렬을 생성하는 방식이 있었다. 이렇게 워드 임베딩을 하면 우리가 얻을 수 있는 것은 무엇이었는지 기억하는가? 방대한 데이터셋에 들어있는 수많은 단어가 임베딩 되었을 때 어떤 일이 일어났는가? 만약 2차원에 매핑된 데이터셋을 시각화했다면, 데이터들은 각자의 유사성에 따라 여러 클러스터링을 이루며 존재하는 것을 확인했다. 이를 바탕으로 어떤 단어가 주어졌을 때 그 단어와 유사한 단어를 찾을 수 있었고 또 어떤 문장이 주어졌는데 빈칸에 들어갈 말이 궁금할 때에도 임베딩을 사용할 수 있었다. 이처럼 우리는 단어를 임베딩이란 수적 표현으로 나타내면서 거대한 데이터셋을 다룰 수 있게 되었다. 그럼 이제 실습 5, 6, 7에서 진행했던 내용을 되짚어보면서 이번 3절을 마무리하자.

실습 5: 워드임베딩

임베딩 되어있는 GloVe 데이터셋을 통해 임베딩에 대한 개념을 다잡았다. 앞선 개념 파트에서 임베딩이 추상적으로 다가왔다면 이 실습을 통해 그 개념이 구체화되었길 바란다. 데이터셋을 이루고 있는 단어들이 어떻게 임베딩 되어있는지 시각적으로 확인하기 위해 우리는 plot_pairs란 함수를 새로 제작하였고 이를 활용하여 형용사와 비교급처럼 특정 기준을 공유하는 여러 단어들이 2차원 공간에 어떤 식으로 매핑되어있는지 확인해 보았다.

실습 6: 오토인코더

마찬가지로 임베딩 되어있는 iris 데이터셋을 이용한 실습이었다. 앞서 실습 5에서는 임베딩 데이터셋을 들여다보는 연습을 했다면 이번엔 오토인코더란 새로운 모델을 정의하고 이를 데이터셋으로 학습시키는 과정까지 마무리하였다. 이 학습이 어떤 의미를 가졌는지 기억하는가? 마지막으로 실습에서 우리가 했던 과정을 떠올려보면 된다. 우리는 오토인코더의 인코더만을 통과한 데이터를 얻어 이를 시각화해보면서 실습을 마무리했다. 오토인코더의 인코더는 데이터의 차원을 축소하는 역할을 하는데 여기서 잘 학습한 오토인코더는 원래의 데이터(raw data)의 중요하면서도 꼭 필요한 특징을 잘 추출하여 원래의 데이터셋이 가졌던 의미를 잃지 않는 모델이어야 한다. 그렇기에 이렇게 축소한 데이터가 원래 임베딩 되어있던 iris 데이터셋에서의 클러스터링을 잘 유지하고 있는지가 중요했다.

실습 7: 오토인코더를 통한 워드 임베딩 학습

실습 7에서는 앞서 배운 iris 데이터셋을 활용한 오토인코더 학습에서 더 나아가 임베딩되지 않은 데이터셋을 임베딩하고 이를 오토인코더 학습에 사용하는 종합적인 실습을 진행하였다. 여기서 우리가 임베딩 하기 위해 활용한 방법은 '문맥 행렬'이었다. 이는 중심어를 기준으로 그 주위 문맥에 문맥어가 등장한 횟수를 바탕으로 행렬을 형성하는 개념이었고 이를 직접 생성하기 위한 함수를 단계적으로 짰다.

주어진 데이터셋에서 문맥 행렬을 형성한 후 이를 오토인코더 학습 과정에서 사용하였고 실습 6에서와 마찬가지로 오직 오토인코더의 인코더만을 통과한 데이터로 오토인코더의 학습 성능을 평가해보았다. 이때 유사한 단어 찾기 및 유추 문제에 오토인코더의 인코더를 거친 데이터가 여전히 잘 적용될 수 있는지를 판단하는 것이 중요했다.

이제 우리는 순환신경망 RNN을 공부할 것이다. RNN은 이전에 나온 출력값을 다음 학습에서 사용하며, 그 내부 구조에 hidden state를 도입해 상당히 정교한 구조를 지니고 있는 신경망이다. 4절로 넘어가서 신경망의 원리를 실습을 통해 공부하고 그 성능을 향상시키기 위한 고민을 해보자.

4 RNN

4.0 학습 목표

2절에서 Bag of Words를 비롯한 기본적인 언어 모델을 살펴보았다. 그러나 Bag of Words는 동의어를 잘 파악하지 못했고, 순서 변화에 따른 문장의 의미 변화도 잘 파악하지 못했다. 의미론적 한계를 극복하고자 3절에서 워드 임베딩을 소개했다. 이어 본 4절에서는 순서 변화에 따른 의미 변화를 찾아낼 수 있는 RNN에 대해 살펴볼 것이다.

[42]컴퓨터 비전에서는 CNN(합성곱 신경망)이라는 신경망이 유용하게 쓰이지만, 자연어 처리의 경우 RNN이 유용하게 쓰인다. 그렇다면 RNN이 대체 무엇이길래 자연어 처리에 유리한 신경망인가? RNN 이론 부분과 이어서 있는 2개의 실습을 통해 RNN이 무엇인지 살펴보도록 하자.

4.1 Intro

CNN은 이미지의 패턴을 찾아내는 데 있어서 매우 좋은 성능을 보여준다. 이미지와 달리 언어의 경우, '순서'라는 성질이 꽤 중요하게 여겨진다. 예시로 두 문장을 살펴보자.

```
"I love google"
"I google love"
```

첫 문장의 경우, 나는 구글을 사랑한다는 의미의 문장이다. 그에 반해 두 번째 문장의 경우, 나는 love를 구글에 검색해보았다는 의미를 지닌 문장이 된다. 같은 단어들로 구성된

42) CNN에 대해 더 알고 싶다면, 스스로 구글링을 해보거나 《인공지능 교육단체 OUTTA와 함께하는! 머신러닝 첫 단추 끼우기》를 읽어보는 것을 추천한다.

문장이라 할지라도 단어가 배열된 '순서'에 따라 각 단어의 역할이 바뀌고, 문장의 뜻이 달라지는 것이다. 그렇기 때문에 본 Language 모듈에서는 '순서'를 내포하는 순환 신경망(RNN)을 이용할 것이다. 그렇다면 RNN은 어떤 방식으로 순서 정보를 표현하는지 살펴보도록 하자.

4.2 RNN이란?

RNN을 설명하기 위해서 이용할 분류 문제 하나를 소개해보겠다. 0과 1만으로 구성된 수열이 있다고 생각해보자. 수열은 01101010100…와 같은 형태를 띨 것이다. 이러한 수열의 원소들 중 1의 개수를 세어봤을 때, 홀수인지 짝수인지 분류하는 문제를 생각해보자.

이제 우리는 임의의 수열을 입력했을 때, 위 분류 문제에 맞게 수열을 적절히 분류해주는 신경망 모델을 구축해볼 것이다. 어떻게 하면 수열을 주어진 문제대로 분류할 수 있을까? 만약 우리에게 위 분류 문제를 토대로 수열을 분류하라는 과제가 주어졌다고 생각해보자. 어떻게 분류하겠는가?

가장 쉽게 떠올릴 수 있는 방식은 첫 번째 원소부터 마지막 원소까지 차례로 살펴보면서 1의 개수를 하나하나 세어가는 것이다. 다 센 다음, 홀수인지 짝수인지 판별하여 분류하게 될 것이다. 또 다른 방식으로는 첫 번째 원소부터 마지막 원소까지 차례로 훑어가면서 1을 세는 대신, 홀짝을 바꾸는 것이다. 맨 처음에는 0개일 테니 짝으로 시작해서, 1개가 될 때 홀로, 2개가 될 때 짝으로, 이런 식으로 개수를 세는 대신 홀 짝을 번갈아 가면서 홀짝 여부만 고려하는 방식이다.

전자의 경우, 개수를 다 세고 그 개수를 가지고 짝수 홀수를 판별하는 추가 작업이 필요한 반면에 후자의 경우 추가 연산이 필요하지 않아서 조금 더 효율적일 것이다.

위에 제시한 방법들을 통해 첫 번째 원소부터 차례로 훑어서 현재 t번째 원소를 살펴보고 있다고 한다면, 전자의 경우 t-1번째 원소까지 1의 개수, 후자의 경우 t-1번째 원소까지의 홀짝 여부를 알고 있어야 할 것이다. 그래야 t번째 원소까지 1의 개수 내지는 t번째 원소까지의 홀짝 여부를 정확하게 계산해낼 수 있기 때문이다. 즉, 위 분류 문제를 위해서는 일종의 '저장 장치'가 필요할 것이다.

이를 위하여 RNN에는 Hidden state라고 부르는 저장 장치가 존재한다. 그렇다면 RNN

은 어떤 방식으로 Hidden state를 활용하는 것일까? 아래에서 조금 더 자세히 살펴보도록 하자.

4.3 RNN 구축하기

자 이제, 위 분류 문제에 적절하게 수열을 분류해주는 RNN 신경망을 구축해보자. 앞서 분류 문제에 대한 두 가지 해석 방식을 제시했는데, 조금 더 효율적인 두 번째 방식을 채택하겠다. 이 때, Hidden state는 이전 원소까지의 홀짝 여부를 지칭할 것이다. 여기서 Hidden state는 짝이면 [1, 0], 홀이면 [0, 1]과 같이 2차원의 배열로 표현될 것이다.

> **Note** 많은 경우, Hidden state의 차원 수를 결정하는 일은 어렵다. hidden state에 들어갈 정보들이 위 문제처럼 사전에 제공될 수 있는 경우가 매우 적기 때문이다. 대부분의 경우, 차원에 대한 대략적인 정보만 주어지고 이를 토대로 추론하여 차원을 결정해야 한다.

아래의 그림을 통해 RNN의 전반적인 구조를 살펴보자.

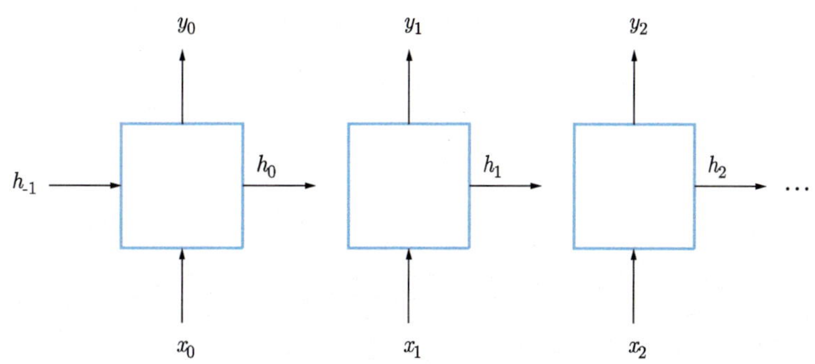

그림 4.1 RNN 구조[43)]

우리는 위와 같은 모델을 Vanilla RNN이라고 부를 것이다. 마치 아이스크림의 근본인 바닐라처럼 간단명료한 RNN 모델이기 때문이다.

x_t는 입력 값, y_t는 출력 값, h_t는 hidden state를 의미한다. 입력 값으로 수열의 첫 번

43) Ryan Soklaski, 《cogworks》, 〈https://rsokl.github.io/CogWeb/Language/RNN.html〉, 2022. 02.01

째 원소부터 마지막 원소까지 차례로 넣게 된다. 각 스텝마다 입력 값, 이전 스텝의 hidden state 값을 받아서 새로운 hidden state와 출력 값을 산출하게 된다.

주어진 분류 문제를 가지고 위 그림을 설명하자면, x_0에 수열의 첫 번째 원소를 넣어주고, 처음에 짝으로 시작하므로 h_{-1}에는 짝을 나타내는 [1, 0]을 집어넣는다. 이를 가지고 첫 스텝에서는 첫 원소까지의 홀짝 여부를 산출하고 y_0과 h_0에 해당되는 값을 넣어준다. 이어 h_0과 두 번째 원소를 지칭하는 x_1을 두 번째 스텝에 입력받고 그에 맞는 출력 값과 hidden state를 산출해주는 '순환적' 구조를 보인다.

> **Note** 본 문제의 경우 y_t와 h_t 둘 다 '(t+1)번째 원소까지의 홀짝 여부'라는 동일한 정보를 나타내게 된다. 결과로 얻고자 하는 값과 다음 스텝에 넘겨줘야 하는 정보가 같기 때문에 일어난 현상인데, 일반적으로 두 값은 서로 다른 값을 나타낸다.

위에서 설명한 RNN을 수식으로 표현하면 아래와 같다.

$$h_t = f_h(x_t W_{xh} + h_{t-1} W_{hh} + b_h)$$
$$y_t = f_y(h_t W_{hy} + b_y)$$

수식의 각 기호들이 어떤 것을 지칭하는지 먼저 살펴보자.

- h_t는 t번째 스텝에서의 hidden state를 말한다.
- x_t는 수열의 (t+1)번째 원소를 나타낸다. (t = 0, 1, 2, 3, ..., T−1. T는 수열의 길이)
- W와 b는 각 밀집 층의 가중치와 편향치를 나타내며, 학습을 통해 변화하게 될 값들이다.
- hidden state h_t는 입력 값 x_t과 이전 hidden state인 h_{t-1}를 결합하고 활성화 함수 f_h를 적용한 값이다.
- y_t는 hidden state h_t에 활성화 함수 f_y를 적용한 출력 값이다.
- y_{T-1}은 수열의 홀짝 여부를 나타내는 최종 출력 값을 의미한다.

이때, 활성화 함수 f_h와 f_y는 같은 함수가 아니어도 좋다.

이렇게 위와 같은 식이 순환적으로 돌아가면서, 총 T개의 출력 값들과 hidden state들이 생성된다. 본 문제에 한해, 우리는 수열 전체의 분류 정보를 나타내는 최종 출력 값에만 관심이 있으므로, 최종 출력 값 y_{T-1}에만 관심을 가질 것이다. 그러나 어떤 상황에서는 최종 출력값뿐 아니라 각 스텝에서의 출력값들이 모두 유용하게 사용되는 경우도 있다.

이러한 문제에 대해서는 후술할 연습문제들을 통해서 살펴보도록 하자.

4.4 Transforming to Be Linear

위 설명에 의하면 우리는 t번째 항까지의 홀짝 여부를 아래의 식을 통해 계산할 수 있다.

(t번째 항까지 짝 여부) = ((t−1)번째 항까지 짝 여부)^(t번째 항)

본 식에 쓰인 ^은 xor 연산자를 말한다. xor 연산자는 두 개의 피연산자가 서로 다른 값을 가질 때 1, 같은 값을 가질 때 0을 출력하는 연산자다.

xor 연산자를 시각화한다면 아래의 그림과 같을 것이다.

a	b	a xor b
1	1	0
1	0	1
0	1	1
0	0	0

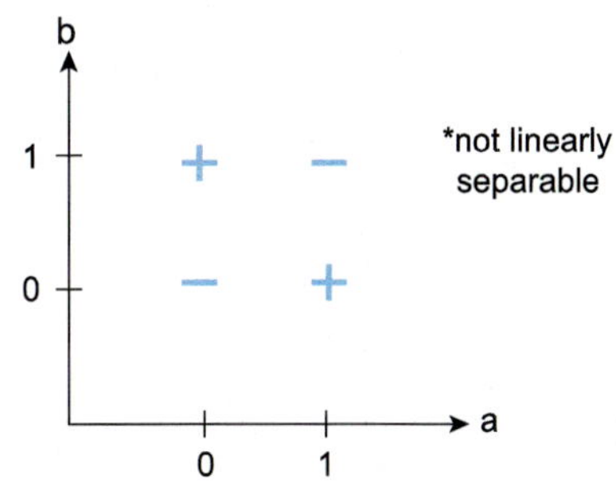

그림 4.2 xor 연산자[44]

본 연습 문제에서 t번째 항까지 짝 여부는 짝일 경우 1, 아닐 경우 0의 값으로 표현된다고 생각하자.

만일 (t−1)번째 항까지 짝수이고, t번째 항의 값이 1이라면 t번째 항까지는 홀수가 될 것이다. 그리고 (t−1)번째 항까지 홀수이고, t번째 항의 값이 1이라면 t번째 항까지 짝수가 될 것이다. 이때, 전자는 1과 1의 xor 값이므로 0이고, 후자는 0과 1의 xor 값이므로 1이다. 이와 같은 방식으로 입력 값과 hidden state에 xor 연산자를 한 번 적용함으로써

44) Ryan Soklaski, 《cogworks》, 〈https://rsokl.github.io/CogWeb/Language/RNN.html〉, 2022. 02.01

출력 값을 산출해낼 수 있는 것이다.

4.3. 'RNN 구축하기'에서 다뤘던 RNN 수식을 보면 입력 값과 hidden state를 가지고 행렬곱을 통한 선형적인 계산을 거쳐서 출력 값을 계산해낸다. 그렇다면 과연 xor 연산자는 선형적일까? 그림 1의 xor 연산자 그림을 보면 선형적이지 않다는 것을 직관적으로 파악할 수 있다. 그렇다면 이것을 선형적인 함수들의 합성으로 표현해볼 수는 없을까?

아래의 사진들은 or 연산자와 nand 연산자를 보여주고 있다.

or 연산자는 둘 중 하나가 1의 값을 가지면 1을 출력해주는 연산자이다. 그리고 nand 연산자는 not 연산자와 and 연산자의 합성이다. and 연산자의 경우, 둘 다 1의 값을 가질 때에만 1을 출력하는 연산자고, not 연산자는 숫자를 바꿔주는 연산자다. 즉, nand는 둘 다 1의 값을 가지면 0을 출력하고, 그 외에는 1을 출력하는 연산자다. 아래 사진을 통해 쉽게 이해할 수 있을 것이다.

a	b	a or b
1	1	1
1	0	1
0	1	1
0	0	0

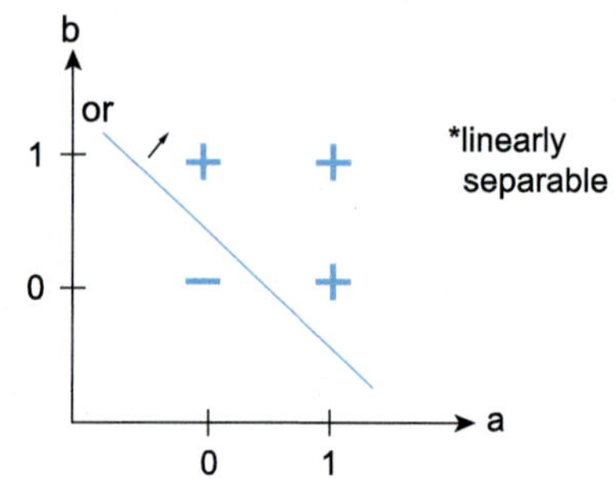

a	b	a nand b
1	1	0
1	0	1
0	1	1
0	0	1

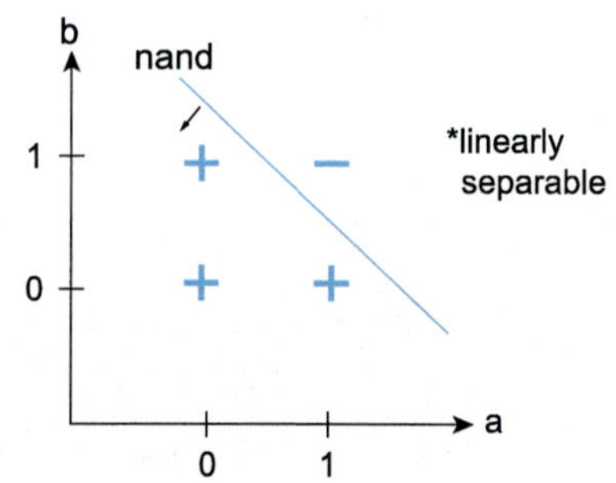

그림 4.3 or 연산자 & nand 연산자45)

45) Ryan Soklaski, 《cogworks》, 〈https://rsokl.github.io/CogWeb/Language/RNN.html〉, 2022.02.01

그래프로 미루어보아, 위 두 개의 연산자로 xor을 표현해볼 수 있지 않을까?

a	b	a xor b
1	1	0
1	0	1
0	1	1
0	0	0

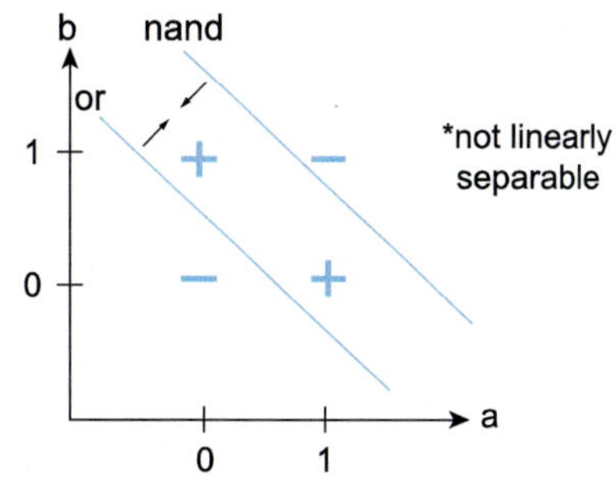

그림 4.4 or 연산자와 nand 연산자의 합성[46)]

그렇다. 위 그림과 같이 xor가 말하는 것은 or과 nand의 교집합이다! 즉, xor은 nand && or로 표현될 수 있다.

이를 밀집 신경망의 관점에서 본다면, 주어진 입력을 통해 nand와 or을 두 번째 층에서 계산하고, 세 번째 층에서 두 계산 결과에 and를 거쳐서 xor값을 출력하게 되는 것이다.

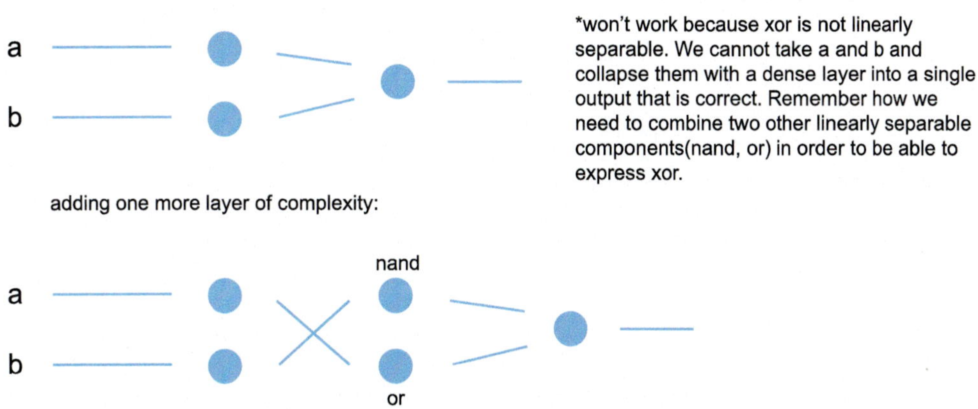

그림 4.5 xor 연산자에 해당하는 밀집 층[47)]

46) Ryan Soklaski, 《cogworks》, 〈https://rsokl.github.io/CogWeb/Language/RNN.html〉, 2022. 02.01

47) Ryan Soklaski, 《cogworks》, 〈https://rsokl.github.io/CogWeb/Language/RNN.html〉, 2022. 02.01

각 밀집 층은 일반적으로 여러 차례의 행렬 곱을 진행하고 활성화 함수를 적용하는 형태이다. 활성화 함수의 비선형성이 빛을 발하기 위해서는 활성화 함수에 입력되는 값들의 선형성이 보장되어야 하기 때문이다.

행렬의 곱으로서 표현이 되기 위해서는 반드시 선형적이어야 하기에, xor 같은 비선형 연산자는 신경망에 학습시킬 수 없다. 그렇기에 비선형적인 함수를 이렇게 선형적인 함수들로 변환하는 과정은 신경망 구축에 있어 정말 필수적인 절차이므로 꼭 유의하자.

4.5 Backpropagation

지금까지 설명한 내용들은 순전파를 통하여 최종 결과 값에 도달하는 데까지의 설명이다. 이제 출력된 값들을 바탕으로 역전파를 활용해 각 스텝별 gradient를 계산해보자. RNN의 경우 gradient를 계산하는 데 사용되는 기법이 CNN과 조금 다른 양상을 보인다. RNN의 경우 스텝마다 사용되는 매개변수가 동일하다. 첫 번째 입력 값과 hidden state에 적용되는 행렬 W와 두 번째 입력 값과 hidden state에 적용되는 행렬 W가 같다는 말이다. 아래 사진의 좌측과 같은 순환적인 형태를 보이기 때문에, 역전파가 진행됨에 따라 동일한 매개변수들이 계속해서 바뀐다. 시간이 흐름에 따라 반복적으로 몇몇 매개변수에 대한 역전파가 진행된다는 의미에서 Backpropagation through time(BPTT) 기법이라고 불린다.

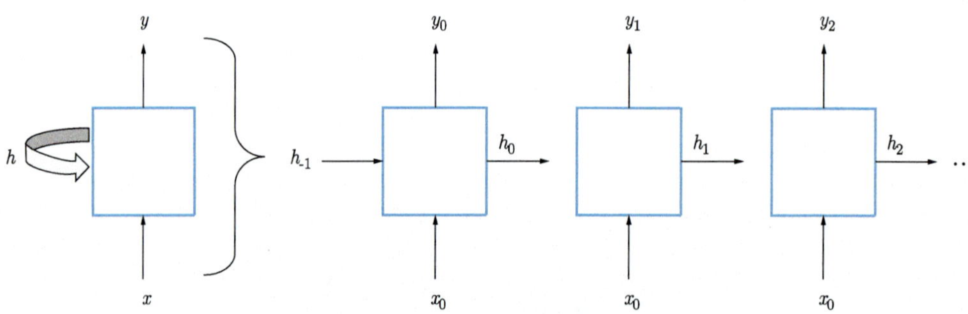

그림 4.6 RNN의 역전파[48]

48) Ryan Soklaski, 《cogworks》, 〈https://rsokl.github.io/CogWeb/Language/RNN.html〉, 2022.02.01

이렇게 순전파와 역전파가 진행됨으로써 RNN의 학습이 이루어진다.

> **Note** 역전파를 진행하면서, 각 스텝의 iteration을 마칠 때마다 gradient를 null로 초기화해야 한다. 이 작업을 제때 하지 못한다면, gradient 값이 누적되어 gradient의 정확성을 현저히 떨어뜨릴 수가 있다. 심지어 RNN의 경우, hidden state를 고려해야 해서 CNN보다 더 많은 시간과 메모리를 필요로 하기 때문에 이와 같은 gradient 초기화 과정은 더 중요하다.

4.6 Variations of RNN

지금껏 설명한 RNN의 구조는 90년대에 고안된 것으로, 지금에 이르기까지 수많은 발전이 이루어졌다. 우리가 앞에서 살펴본 Vanilla RNN의 경우, 4.3.에서 제시한 RNN 수식과 달리 출력 값을 구하기 위해서 활성화 함수를 활용하지 않았다. 입력 값과 이전 hidden state를 통해 출력 값을 얻고, 이 출력 값을 그대로 hidden state에 담았기 때문이다.

우리의 Vanilla RNN은 스텝마다 하나의 숫자를 입력받고, 최종적으로 수열의 홀짝 여부를 나타내는 하나의 숫자를 출력하는, 다대일 관계이다. 이와 반대로, 하나의 이미지를 입력받고 이에 대한 설명 문장을 출력하는 일대다 관계의 RNN도 고안해볼 수 있다. 또한, Vanilla RNN에서 최종적인 홀짝 여부 외에 모든 스텝에서의 홀짝 여부를 알고자 한다면, hidden state와 숫자 두 가지를 입출력으로 받는 다대다 관계의 RNN을 고안해볼 수 있을 것이다.

이로써 우리는 RNN의 이론적 부분을 살펴보았다. 이제 각종 연습문제를 통해서 RNN 이후에 이루어진 NLP의 최신 연구들을 따라가보자!

실습 8 RNN 학습시켜보기 1

Intro	데이터셋 생성 함수 구현	학습 데이터셋 생성	MyNN Model 정의하기	신경망 학습시키기

0 Intro

지금까지 RNN의 이론에 대해서 전반적으로 살펴보았다. 이제 연습문제들을 통해서 RNN에 대한 조금 더 깊이 있는 이해를 시도해보자.

이론 파트의 Implementing a Simple RNN 부분에서, 0과 1로 구성된 수열의 홀짝 여부를 판단하는 문제를 다루었다. 수열 안에 포함된 1의 개수를 기준으로 1의 개수가 홀수면 홀, 짝수면 짝으로 분류하는 문제였다. 본 연습문제에서는 입력받은 수열의 홀짝 여부를 판정해주는 RNN 모델을 구축해볼 것이다. 본 문제를 직접 해결해보면서, RNN 모델이 어떠한 과정을 거쳐서 성공적으로 구축되는지 살펴보도록 하자.

연습문제를 진행하기에 앞서 진행에 필요한 라이브러리들을 import해보자.

```
import mygrad as mg
import numpy as np
import matplotlib.pyplot as plt

%matplotlib notebook
```

Intro	데이터셋 생성 함수 구현	학습 데이터셋 생성	MyNN Model 정의하기	신경망 학습시키기

1 데이터셋 생성 함수 구현

모델을 성공적으로 구축하기 위해서는 학습이 진행되어야 한다. 그리고 학습을 진행시키기 위해서는 먼저 학습에 이용할 데이터셋을 먼저 생성해주어야 할 것이다.

고로 학습에 필요한 데이터셋을 생성해주는 함수 generate_dataset를 구현해보자. 이 함수는 N과 T, 2가지 변수를 입력받아서, x와 y, 두 배열을 출력하는 함수이다. 여기서 출력값인 x, y가 나타내는 것은 아래와 같다.

- x : 각 원소마다 동등한 확률로 0 혹은 1의 값을 갖는 (N, T) 모양의 2차원 Numpy 배열
- y : (N,) 모양의 1차원 Numpy 배열로, x의 i번째 행에 포함된 1의 개수가 짝수이면 1, 홀수이면 0의 값을 갖는다.

  여기서 N은 batch의 크기를, T는 0과 1로 구성된 수열의 길이를 지칭한다.

아래의 예시를 통해, 출력값 x, y가 나타내는 바가 정확히 무엇인지 좀 더 자세히 들여다보자.

예를 들어, generate_dataset(4, 8)이라고 입력했다면, 출력 값으로 4개의 벡터가 생성될 것이다. 그리고 벡터 각각은 0과 1로 구성되어 있는 길이 8의 수열을 나타낼 것이다. 해당 함수에서 생성될 x 값을 예시로 한 가지 들어보자면 아래와 같을 것이다.

```
[[1. 0. 1. 1. 0. 1. 1. 1.],
 [0. 1. 1. 1. 0. 1. 0. 1.],
 [0. 1. 0. 1. 0. 1. 0. 0.],
 [0. 1. 1. 0. 0. 1. 1. 1.]]
```

그리고 이에 대응되는 y 값은 아래와 같을 것이다.

```
[1 0 0 0]
```

> **Note** 배열 y의 dtype은 반드시 np.int로 설정되어 있어야 한다. 이 조건이 만족되어야, 후술할 MyGrad/MyNN 라이브러리의 교차 엔트로피 손실 함수를 사용할 수 있다.

> **Note** 이렇게 생성된 x의 경우, 서로 다른 행이 동일한 값을 가질 수도 있다. 단순히 확률에 의존하여 생성된 데이터이기에 동일한 행이 존재하는 것은 당연히 벌어질 수 있는 상황이며, 수열의 길이가 길어질수록 중복되는 행이 존재할 확률은 줄어들게 될 것이다.

자, 지금까지 generate_dataset의 함수가 무엇을 입력받아서 어떤 값을 출력하는 함수인지 살펴보았다. 이제 본격적으로 generate_dataset 함수를 구현해보도록 하자.

```
def generate_dataset(N, T):
    """
    매개변수(Parameters)
    ----------
    N : int
    생성하고자 하는 수열의 개수
    T : int
    생성하고자 하는 수열의 길이

    반환 값(Returns)
    -------
    Tuple[numpy.ndarray, numpy.ndarray], shapes - (N, T) & (N, )
    Tuple은 다음을 포함하고 있다
    - 수열들로 구성된 batch; shape - (N, T)
    - 각 수열에 대응되는 라벨 : 1의 개수가 짝수면 1, 홀수면 0; shape - (N, )
    """
# 여기에 코드 작성
```

이제 generate_dataset 함수를 구현했으니, 의도한 대로 구현이 잘 되었는지 테스트를 해보도록 하자. 위에서 함수 설명하는 데 예시로 사용했던 대로, 길이 8의 수열을 4개 생성해볼 것이다. 생성한 다음, 각 수열들이 의도한 형태대로 잘 생성되었는지, 각 수열에 대응되는 라벨들은 해당 수열의 홀짝 여부를 고스란히 잘 나타내고 있는지. 두 가지에 대해 확인하는 코드를 작성해보자.

```
#여기에 코드 작성
```

Intro	데이터셋 생성 함수 구현	학습 데이터셋 생성	MyNN Model 정의하기	신경망 학습시키기

2 학습을 위한 데이터셋 생성

이제 본격적으로 데이터셋을 생성해볼 것이다. 우리는 두 가지 데이터셋이 필요하다. 하나는 신경망에 학습을 시키기 위해 필요한 학습용 데이터셋이고, 다른 하나는 신경망의 정확도를 측정하기 위한 테스트용 데이터셋이다. 우리가 구축한 신경망이 훈련에 사용된 데이터뿐만 아니라 임의의 새로운 데이터가 입력이 되었을 경우에도 잘 작동하는지 확인하기 위해 테스트 데이터셋은 필요하다. 학습용 데이터셋과 테스트용 데이터셋은 각각 별도로 생성해 주어야 한다.

이제 10000개의 행과 32개의 열로 이루어진 데이터셋을 생성해보자. 이 데이터셋을 절반으로 나눠서 학습용 데이터셋과 테스트용 데이터셋으로 구분지어 보자.

```
# 여기에 코드 작성
```

학습용 데이터셋과 테스트용 데이터셋의 형태를 출력해보자. 열의 개수와 행의 개수가 의도한 대로 잘 짜여 있는지 확인해보도록 하자.

```
# 여기에 코드 작성
```

Intro	데이터셋 생성 함수 구현	학습 데이터셋 생성	MyNN Model 정의하기	신경망 학습시키기

3 MyNN 모델 정의하기

위에서 만든 데이터셋을 학습시키기 위해 우리는 2개의 층으로 구성된 신경망을 구축할 것이다. 이를 함수의 형태로 표현해보자면, 아래와 같을 것이다.

$$f(W_1,\ W_2,\ b_1,\ b_2; X) = softmax(ReLU(XW_1 + b_1)W_2 + b_2)$$

주어진 입력 값 X에 W_1을 곱하고, b_1를 더한 값에 ReLU 함수를 적용해서 첫 번째 층에 해당하는 연산을 진행한다. 그 값에 W_2를 곱하고, b_2를 더한 다음, softmax 함수를 적용한다. 이로써 2개 층에 해당하는 연산을 진행하게 된다.

Note 왜 이러한 형식의 계산이 이루어지는 것일까? 만일 ReLU 함수와 softmax 함수가 존재하지 않는다고 가정해보자. 그렇다면 함수 f는 아래의 식과 같을 것이다.

$$f(W_1,\ W_2,\ b_1,\ b_2; X) = (XW_1 + b_1)W_2 + b_2 = X(W_1W_2 + b_1W_2) + b_2$$

즉 X에 대한 연산 과정이 단 한 번의 선형 연산으로 표현할 수 있게 되는 것이다. 즉, ReLU와 softmax와 같이 비선형적인 함수가 개입되지 않는다면 층의 개수가 아무리 많다고 하더라도 위와 같이 단 한 번의 선형 연산으로 표현될 수 있게 된다.

선형 연산 한 번으로는 데이터 안의 복잡한 정보를 고스란히 담아내기 어렵다. 데이터의 정보들을 신경망에 최대한 반영하기 위해서는, 실제 뇌처럼 복잡한 구조를 띄어야 한다. 연산의 층을 여러 개 형성하기 위해서는 ReLU와 softmax와 같은 비선형적인 함수를 도입해야 한다. 우리는 이러한 함수를 '활성화 함수'라고 부른다. 활성화 함수를 통해 복잡한 연산을 유도함으로써 데이터의 복잡한 정보들을 신경망이 이해할 수 있게 된다.

[49]손실 함수는 위 연산을 통해 출력된 값을 입력받아 교차 엔트로피를 계산한 값을 출력한다. 교차 엔트로피를 계산하기 위해서 우리는 MyGrad 라이브러리에 있는 softmax_crossentropy 함수를 이용할 것이다. 이 함수의 경우, softmax 함수를 내장하고 있기 때문에 softmax 함수는 연산에서 빼줄 것이다. 고로 우리가 계산할 값은 아래와 같다.

$$f(W_1,\ W_2,\ b_1,\ b_2; X) = ReLU(XW_1 + b_1)W_2 + b_2$$

이렇게 구축된 신경망은 궁극적으로 두 개의 분류 점수를 출력해준다 : p_{old}, p_{new}

Note from mygrad.nnet.initializers import normal을 통해 normal 함수를 사용할 수 있도록 하자. 이 함수를 사용하여 W의 초깃값을 설정할 것이다.

```
from mynn.layers.dense import dense
from mynn.optimizers.sgd import SGD

from mygrad.nnet.activations import relu
from mygrad.nnet.initializers import normal
from mygrad.nnet.losses import softmax_crossentropy

# 우리의 MyNN Model을 정의해보자!

class Model:
def __init__(self, dim_in, num_hidden, dim_out):
# 여기에 코드 작성

def __call__(self, x):
    """ 신경망의 순전파를 진행하는 함수를 구현해보자.
    매개변수(Parameters)
```

49) 교차 엔트로피에 대해 모른다면, 구글링을 해보거나 《인공지능 교육단체 OUTTA와 함께 하는! 머신러닝 첫 단추 끼우기》를 읽어보도록 하자.

```
    ----------
    x : Union[numpy.ndarray, mygrad.Tensor], shape=(N, T)
    크기 N의 batch
    반환 값(Returns)
    -------
    mygrad.Tensor, shape=(N, 2)
    batch에 있는 N개의 수열들에 대한 예상 분류 점수
    """
    # 여기에 코드 작성

    @property
    def parameters(self):
    """ 신경망 모델의 매개변수들을 쉽게 가져올 수 있는 함수 """
    # 여기에 코드 작성
```

이제 구축한 모델과 optimizer를 가지고 학습시켜보자. 히든 레이어의 차원을 100으로 설정하자. 그리고 optimizer의 경우 SGD를 사용하며, learning_rate를 0.1로 설정해놓자.

```
# 여기에 코드 작성
```

이제 신경망 예측의 정확도를 계산하는 함수를 구현해볼 것이다. 신경망이 예측한 값과 실제 라벨들을 비교해봄으로써 정확도를 계산해볼 것이다.

```
def accuracy(predictions, truth):
    """
    신경망의 예측의 정확도를 보여주는 함수
    매개변수(Parameters)
    ----------
    predictions : Union[numpy.ndarray, mg.Tensor], shape=(N, 2)
    batch에 있는 N개의 수열 각각에 대한 홀짝 여부 예측값. 0 아니면 1임.
    truth : numpy.ndarray, shape=(N,)
    각 수열에 대응되는 실제 라벨 값들. 마찬가지로 0 아니면 1이다.
    반환 값(Returns)
    -------
    float
    """

    # 여기에 코드 작성
```

4 신경망 학습시켜보기

이로써 신경망을 정의했다. 이제 신경망을 본격적으로 학습시켜볼 것인데, 학습량이 많아질수록 자연스레 정확도가 높아질 것이다. 학습이 진행됨에 따라 증가하는 정확도를 시각적으로 보여주는 도구로서 noggin plot을 사용할 것이다. 사용에 앞서 noggin plot을 간단히 세팅해보자.

```
from noggin import create_plot
plotter, fig, ax = create_plot(metrics=["loss", "accuracy"])
```

이제 본격적으로 신경망에 학습을 시킬 시간이다! batch의 크기를 100으로 설정하고, 1500번의 epoch를 통해 신경망이 학습하는 과정을 구현해보자.

```
# 여기에 코드 작성

    for epoch_cnt in range(num_epochs):
    idxs = np.arange(len(xtrain))
    np.random.shuffle(idxs)
    for batch_cnt in range(0, len(xtrain) // batch_size):
    # 학습용 데이터셋에서 batch를 임의로 추출하자
    # 여기에 코드 작성

    batch_indices = idxs[batch_cnt * batch_size : (batch_cnt + 1) * batch_size]
    batch = xtrain[batch_indices]
    truth = ytrain[batch_indices]

    # batch를 이용해서 신경망의 순전파를 진행시키자
    # 여기에 코드 작성

    prediction = model(batch)
    # 손실함수의 값을 계산하자
    # 여기에 코드 작성

    loss = softmax_crossentropy(prediction, truth)
```

```
# 순전파에 이어 역전파를 진행시키자
# 여기에 코드 작성

loss.backward()
# 진행된 epoch를 바탕으로 매개변수 값들을 갱신시키자
# 여기에 코드 작성

optim.step()
# 신경망의 정확도를 측정해보자
# 여기에 코드 작성

acc = accuracy(prediction, truth)
plotter.set_train_batch({"loss" : loss.item(), "accuracy" : acc},
                        batch_size=batch_size)
for batch_cnt in range(0, len(xtest) // batch_size):
idxs = np.arange(len(xtest))
batch_indices = idxs[batch_cnt * batch_size : (batch_cnt + 1) * batch_size]
batch = xtest[batch_indices]
truth = ytest[batch_indices]
```

```
with mg.no_autodiff:
prediction = model(batch)
acc = accuracy(prediction, truth)
plotter.set_test_batch({"accuracy" : acc}, batch_size=batch_size)
plotter.set_train_epoch()
plotter.set_test_epoch()
```

최종적으로 학습된 신경망의 정확도를 측정해보자. 학습용 데이터셋과 테스트용 데이터셋을 가지고 각각에 대한 정확도를 측정해보자.

```
# 여기에 코드 작성
```

정확도에 비추어보아, 이 신경망은 성공적인가 아니면 완전한 실패작인가? 정확도가 현저히 낮게 나왔다면, 무엇이 문제일까? 한 번 생각해보도록 하자.

배운 내용 되돌아보기

Intro	데이터셋 생성 함수 구현	학습 데이터셋 생성	MyNN Model 정의하기	신경망 학습시키기

- ☑ 이번 실습에서는 수열의 분류 문제를 다루었다. 0과 1로 구성된 수열을 홀 내지는 짝으로 분류할 수 있는 신경망을 구축하는 것을 주 목적으로 했다.
- ☐ 데이터셋을 생성해주는 함수를 직접 구현했고, 이를 통해 원하는 형태의 데이터셋을 생성했다.
- ☐ ReLU와 softmax 등의 활성화 함수를 활용하여 RNN을 구축했고, 생성한 데이터셋을 활용하여 학습시켰다.

실습 9 RNN 학습시켜보기 2

Intro	One-Hot 인코딩	신경망 모델 파헤쳐보기	순환 신경망 모델 구축하기	학습에 사용할 데이터셋 생성	신경망 학습시키기	수열의 길이에 따른 정확도 차이

0 Intro

앞서 실습 8에서 수열 분류 문제를 다뤄보았듯이, 본 문제 또한 수열 분류를 다뤄보도록 할 것이다. 본 실습에서 다루고자 하는 문제는 아래와 같다.

수열을 절반으로 나눴을 때, 앞부분과 뒷부분이 일치하는가?

간단한 예시를 통해 문제를 이해해보도록 하자.

예를 들어, [1, 2, 3, 1, 2, 3]의 경우 절반으로 나눴을 때, 앞부분과 뒷부분이 [1, 2, 3]으로 동일하다. 그에 반해, [1, 9, 2, 1, 8, 3]의 경우에는 앞부분과 뒷부분이 동일하다고 할 수 없다.

본 연습문제에서는 어떤 수열을 입력해주었을 때, 위에 설명한 분류에 따라 해당 수열을 올바르게 분류할 수 있는 신경망 모델을 구축해볼 것이다. 신경망 모델 정의, 데이터셋 생성, 훈련, 정확도 측정의 순서로 구성되었다. 순서에 따라 신경망 모델을 만들어보고, 모델이 얼마나 정확한지 측정해보자.

시작에 앞서, 본 문제를 해결하는데 필요한 라이브러리들을 import하도록 하자.

```
from collections import defaultdict

import numpy as np

from mynn.layers.dense import dense
from mynn.optimizers.adam import Adam
```

```
from mygrad.nnet.losses import softmax_crossentropy
from mygrad.nnet.initializers import glorot_normal
from mygrad.nnet.activations import relu

import mygrad as mg

%matplotlib notebook
import matplotlib.pyplot as plt
```

Intro	One-Hot 인코딩	신경망 모델 파헤쳐보기	순환 신경망 모델 구축하기	학습에 사용할 데이터셋 생성	신경망 학습시키기	수열의 길이에 따른 정확도 차이

1 One-Hot 인코딩

이제 신경망 모델을 정의해볼 것이다. 모델을 정의하기에 앞서, 모델이 어떤 형태의 값을 입력받아서 어떤 형태의 값을 출력하게 될 것인지에 대한 논의가 필요할 것이다. 뿐만 아니라 신경망 내부에서 입력값을 가지고 어떠한 방식으로 연산을 진행할지에 대한 논의가 필요할 것이다. 이들에 대한 간단한 논의를 진행한 후, 모델을 구성해볼 수 있도록 하자.

우선, 신경망은 수열 $(\mathbf{x}_t)_{t=1}^{T}$를 입력받을 것이다. 이는 (T,C) 모양의 배열로, 분류하고자 하는 길이 T의 수열에 One-hot 인코딩을 적용한 것이다. 여기서 T는 수열의 길이, C는 원소가 임베딩된 차원을 지칭한다. 그리고 수열의 분류가 K가지라면, 신경망은 결과 값으로 K개의 분류 점수를 출력할 것이다. 본 문제에서는 'yes or no' 2가지가 있으므로 K=2라고 할 수 있다.

Note 정수로 구성된 수열을 One-hot 인코딩한다면 어떠한 형태를 띠게 되는가?
0~9까지의 각 정수는 One-hot 인코딩을 통해 길이 10의 배열로 변형된다.

- 0 → [1, 0, 0, 0, 0, 0, 0, 0, 0, 0]
- 1 → [0, 1, 0, 0, 0, 0, 0, 0, 0, 0]
- 2 → [0, 0, 1, 0, 0, 0, 0, 0, 0, 0]

  ⋮
- 9 → [0, 0, 0, 0, 0, 0, 0, 0, 0, 1]

아래의 예시를 통해 직관적인 이해를 도모해보자.

```
# 길이가 4인 정수로 구성된 수열
array([2, 0, 2, 0])

# 위 수열이 one-hot 인코딩된 결과는 아래와 같다.

# (4, 10) 모양
array([[ 0., 0., 1., 0., 0., 0., 0., 0., 0., 0.],
[ 1., 0., 0., 0., 0., 0., 0., 0., 0., 0.],
[ 0., 0., 1., 0., 0., 0., 0., 0., 0., 0.],
[ 1., 0., 0., 0., 0., 0., 0., 0., 0., 0.]])
```

위 예시와 같은 방식으로, 길이 T의 수열에 있는 T개의 정수가 각각 길이 C의 배열로 변환된다. 이렇게 위 예시에서는 One-hot 인코딩을 통해 $(T, C)_{C=10}$ 모양의 배열을 출력받게 된다.

Intro	One-Hot 인코딩	신경망 모델 파헤쳐보기	순환 신경망 모델 구축하기	학습에 사용할 데이터셋 생성	신경망 학습시키기	수열의 길이에 따른 정확도 차이

2 신경망 모델 파헤쳐보기

이제 입력받은 (T, C) 모양의 배열을 가지고 어떻게 가공할 것인지 살펴보자. 살펴보기 전에, 위에 제시한 분류 문제를 컴퓨터가 받아들일 수 있도록 이진 분류 문제로 바꿔보자. 우리가 다루게 될 문제를 이진 분류 문제로 표현해보면, 아래와 같다.

주어진 수열을 절반으로 나눈 뒤, 앞부분과 뒷부분이 같다면 1, 다르다면 0을 출력한다.

최종적으로 결과 값은 0 아니면 1의 값을 나타내게 되는 것이다. 이와 같은 값을 최종적으로 출력하기 위해서 신경망이 입력 값을 가공하는 과정을 아래에 수식으로 표현해보았다.

$$\mathbf{h}_\mathrm{t} = ReLU(\mathbf{x}_\mathrm{t} W_{xh} + \mathbf{h}_{\mathrm{t}-1} W_{hh} + \mathbf{b}_\mathrm{h})$$

$$\mathbf{y}_\mathrm{t} = \mathbf{h}_\mathrm{t} W_{hy} + \mathbf{b}_\mathrm{y}$$

위 식을 이해하기 전에, 우선 각각의 기호가 지칭하는 바가 무엇인지 알아보자.

$\mathbf{x}_t$는 수열의 t번째 원소에 One-hot 인코딩이 적용된 배열을 나타내며, $\mathbf{h}_t$는 원소들에 대한 정보가 담긴 hidden state를 지칭한다. (t = 1, 2, 3, …, T, T는 수열의 길이) 그리고 수열 $(\mathbf{y}_t)$은 결과 값을 말한다. 위 식을 보면, t가 1, 2, 3, …, T일 때 각각의 hidden state와 결과 값을 모두 계산하는 것을 확인할 수 있다. hidden state의 경우, 다음 hidden state를 계산하기 위해 이전의 hidden state가 쓰인다. 그러나 결과 값의 경우, 가장 마지막에 출력되는 최종적인 결과 값, $\mathbf{y}_T$만 활용할 것이다. W_{xh}, W_{hh}, W_{hy}와 $\mathbf{b}_h$, $\mathbf{b}_y$는 신경망의 매개변수다. 이 값들은 신경망이 학습하는 과정에서 지속적으로 조정될 것이다. 각 기호들의 역할에 대해 구체적으로 풀어서 설명해보자면 아래와 같다.

- $\mathbf{x}_t$는 수열의 t번째 원소를 One-hot 인코딩한 배열로, (1, C)의 모양을 갖는다.
- $\mathbf{h}_t$는 "hidden descriptor"로서 $\mathbf{x}_t$의 정보와 앞 원소들에 대한 정보 $\mathbf{h}_{t-1}$을 내포하고 있으며, (1, D)의 모양을 가진다. D의 값은 우리가 임의로 정할 수 있으며, 이 값은 신경망 내 층의 크기를 나타낸다.
- W_{xh}와 $\mathbf{b}_h$는 밀집층의 가중치와 편향을 나타내며, 입력 값 $\mathbf{x}_t$을 받아서 hidden state $\mathbf{h}_t$를 계산하는 데 쓰인다. W_{xh}는 (C, D)의 모양을 가지며, $\mathbf{b}_h$는 (1, D)의 모양을 갖는다.
- W_{hh} 또한 밀집층의 가중치를 나타내며, 이전 hidden state $\mathbf{h}_{t-1}$을 가지고 현재 hidden state $\mathbf{h}_t$를 계산하는 데 쓰인다. W_{hh}의 경우, (D, D)의 모양을 갖는다.
- W_{hy}와 $\mathbf{b}_y$도 밀집층의 가중치와 편향을 나타내며, hidden state $\mathbf{h}_t$를 이용하여 결과 값인 분류 점수 를 계산하는 데 사용된다. W_{hy}는 (D, K)의 모양을 가지며, $\mathbf{b}_y$는 (1, K)의 모양을 갖는다. 여기서, K는 분류의 총 가짓수를 말한다. 위에 언급한 바, 이 문제에 한하여 최종 분류 점수에만 관심이 있으므로, 마지막 hidden state $\mathbf{h}_T$만을 이용해서 최종 분류 점수 $\mathbf{y}_T$를 계산할 것이다.

hidden state와 결과 값을 구하고, hidden state 값을 가지고 다음 hidden state와 결과 값을 산출하는 순환적인 구조를 통해 최종 분류 점수를 산출한다. 이어 최종 분류 점수에 활성화 함수를 적용해서 손실을 계산한다. 이로써 순전파 과정이 완료된다.

순전파를 진행했다면, 역전파 또한 수행해야 한다. 역전파를 통해 gradient 값에 따라 매개변수를 조정한다. 일련의 과정은 후술할 Adam Optimizer를 통해서 진행되며, 이로써 신경망의 학습 과정이 온전히 완료된다.

3 순환 신경망 모델 구축하기

자 이제, MyGrad와 MyNN 라이브러리를 이용하여 신경망 모델을 정의해보자. 모델을 구축하는 데 있어서 기반이 되는 식을 아래에 다시 제시해놓겠다.

$$\mathbf{h}_t = ReLU(\mathbf{x}_t W_{xh} + \mathbf{h}_{t-1} W_{hh} + \mathbf{b}_h)$$

$$\mathbf{y}_t = \mathbf{h}_t W_{hy} + \mathbf{b}_y$$

> `__init__`

세 개의 값을 입력으로 받는다 : dim_input(C), dim_recurrent(D), dim_output(K)

입력받은 값들을 바탕으로 세 개의 밀집층을 생성한다.

Note 하나의 밀집층에는 편향이 존재하지 않아도 된다. W_{xh}와 W_{hh}이 하나의 식 안에 존재하기 때문에 두 개의 밀집층에 대해서 편향은 하나만 존재해도 괜찮다.

> `__call__`

최초의 hidden state $\mathbf{h}_{t=0}$가 정의되어 있지 않은 경우, 모든 원소를 0으로 초기화한 (1, D) 모양의 배열로 최초의 hidden state를 생성한다.

입력받은 수열 $(\mathbf{x}_t)_{t=1}^{T}$을 가지고 연산을 진행한다. 진행하면서 스텝마다 계산된 hidden state들을 저장해놓는다.

모든 스텝의 hidden state들이 다 저장되었다면, 저장된 hidden state 값들을 가지고 각 스텝에 대한 분류 점수를 계산하고 저장해놓는다.

저장된 분류 점수와 hidden state 값 전부를 리턴한다. 여기서, hidden state는 (T, D)의 모양을 가지고, 분류 점수는 (T, K)의 모양을 갖는다.

> parameters

학습 가능한 매개변수들을 하나의 튜플로 묶어서 출력한다.

우리는 궁극적으로 최종 분류 점수인 y_T를 기반으로 손실을 계산해내고자 한다. 우리는 이 점수에 softmax-crossentropy 함수를 적용하여 손실을 계산해낼 것이다.

Note glorot_normal 함수를 weight_initializer로 활용하여 밀집층 최초 생성에 사용하도록 하자.

```
class RNN():
"""분류 점수와 hidden descriptor를 출력해주는 간단한 RNN을 구현해보자"""
def __init__(self, dim_input, dim_recurrent, dim_output):
""" RNN에 필요한 층들을 생성해보자
매개변수(Parameters)
----------
dim_input: int
입력받을 데이터의 차원 (C)
dim_recurrent: int
RNN에서 쓰일 hidden state의 차원 (D)
dim_output: int
RNN에서 출력할 분류 점수의 차원 (K)
"""
# 위에 설명한 W_xh, W_hh, W_hy으로 표현되는 층을 생성하자.
# 각 층의 의미를 잘 나타내도록 층의 이름을 성심껏 지어보자.
# 여기에 코드 작성

def __call__(self, x, h=None):
""" RNN의 순전파를 구현해보자.
비록 최종 분류 점수만을 기반으로 손실함수의 값이 계산되지만,
전체 수열에 대한 hidden state와 분류 점수들 모두 리턴할 것이다.
매개변수(Parameters)
----------
x: Union[numpy.ndarray, mygrad.Tensor], shape=(T, C)
수열이 One-hot 인코딩된 배열
h: Optional[Union[numpy.ndarray, mygrad.Tensor]], shape=(1, D)
최초의 hidden state를 나타낸다.
입력된 값이 없을 경우 0으로 값이 초기화된 배열로 설정한다.

반환 값(Returns)
```

```
-------
Tuple[y, h]
y: mygrad.Tensor, shape=(T, K)
각 스텝마다 계산된 결과 값들(분류 점수)
h: mygrad.Tensor, shape=(T, D)
각 스텝마다 계산된 hidden state들
"""

# 최초 hidden state 값이 입력되지 않은 경우, 모든 원소를 0으로 초기화한다.
#
# 각 x_t에 대해 대응되는 h_t를 저장해놓도록 하자. (h_0 제외)
#
# mg.concatenate(list_of_h, axis=0)을 이용하여 hidden state들을 나타내는
# (T, K) 모양의 배열을 만들도록 하자.
#
# for-loop을 활용하는 것이 적절한 방법일 것이다.
#
# x_t의 모양과 for-loop의 결과 값의 모양에 유념하자. 두 값의 모양은 다르다.

# 여기에 코드 작성

@property
def parameters(self):
""" 클래스 내 모든 매개변수들을 출력해주는 함수
이 함수는 클래스의 attribute로서 접근이 가능하다. 'model.parameters'
반환 값(Returns)
-------
Tuple[Tensor, ...]
학습 가능한 매개변수 전부를 출력한다.
"""
# 여기에 코드 작성
```


4 학습에 사용할 데이터셋 생성

자, 모델을 정의했으니 학습에 사용할 데이터셋을 만들어보자. 데이터셋이 신경망에 적절히 입력되려면, 어떠한 성질을 갖추어야 할까?

우리가 다루고자 하는 문제는 아래와 같다.

수열을 절반으로 나눴을 때, 앞부분과 뒷부분이 일치하는가?

위 분류 문제를 다른 방식으로 표현해보자면, 아래와 같다.

동일한 수열 2개를 이어붙인 형태인가?

우선, 우리가 다룰 문제는 수열을 절반으로 나누는 것을 상정하고 있으므로, 입력받을 수열의 길이는 반드시 짝수여야 할 것이다. 우리는 수열을 절반으로 나눈 뒤 앞부분과 뒷부분으로 구분하고, 각 부분을 패턴이라고 통칭할 것이다. 앞부분과 뒷부분이 일치한 수열을 만든다면 동일한 패턴 2개를 이어붙이는 것이고, 앞부분과 뒷부분이 다르다면 서로 다른 패턴 2개를 이어붙이는 것이다. 이 때, 패턴의 길이는 수열의 길이의 절반이다.

이외에 데이터셋이 갖추어야 할 성질들을 아래에 쭉 나열해보겠다.

- 패턴 길이의 최솟값과 최댓값을 함수 사용자 임의로 지정할 수 있다.
- 위에서 지정한 범위 내에서 랜덤으로 패턴의 길이를 정한다.
- 위에서 정한 길이만큼 0~9의 정수로 구성된 패턴을 랜덤으로 생성한다.
- 수열의 앞부분에 위에서 생성한 패턴을 넣는다.
- 수열의 앞부분과 뒷부분을 동일하게 할 것인가에 대해 50%의 확률로 결정한다.
- 위에서 결정된 내용을 바탕으로 수열의 뒷부분을 채워 넣는다.
- float32를 타입으로 갖는 (T, 10) 모양의 numpy 배열 x을 만든다. 여기서 i번째 행은 수열의 i번째 항을 one-hot 인코딩한 배열이다.
- int16을 타입으로 갖는 (1,) 모양의 numpy 배열 y를 만든다. 수열의 앞부분과 뒷부분이 같다면 array([1]), 다르다면 array([0])의 값을 갖는다.
- (x, y, 수열)의 tuple 형식으로 리턴한다.

▸ HINT

np.random.rand( ) < 0.5는 정확히 50% 확률로 True 혹은 False 값을 갖는다.

위 함수의 이해를 돕기 위해, 예시를 들어보겠다. 생성된 수열이 [2, 0, 2, 0]이라고 하자. 이 수열은 절반으로 나눴을 때, 앞부분과 뒷부분이 동일하기 때문에 y는 array([1])일 것이다. 그리고 x의 경우 아래와 같이 표현할 수 있을 것이다.

```
array([[ 0., 0., 1., 0., 0., 0., 0., 0., 0., 0.],
       [ 1., 0., 0., 0., 0., 0., 0., 0., 0., 0.],
       [ 0., 0., 1., 0., 0., 0., 0., 0., 0., 0.],
       [ 1., 0., 0., 0., 0., 0., 0., 0., 0., 0.]])
```

그리고 수열의 경우, array([2, 0, 2, 0])로 표현될 것이다.

그럼 이제 위에 제시한 설명을 바탕으로 데이터셋을 생성해주는 함수를 구현해보자!

Note 아래의 generate_sequence 함수는 palindrome을 입력받는다. palindrome이란 중앙을 기준으로 대칭인 수열을 나타내며, [1, 2, 3, 3, 2, 1]과 같은 수열이 palindrome의 예시라고 할 수 있다. palindrome=True라고 설정하게 되면, 본 신경망에서 다루는 분류 문제가 달라진다. 원래는 수열의 앞부분과 뒷부분이 일치하는지 따지는 문제였던 반면에, 수열이 palindrome인지 아닌지 따지는 문제로 바뀌게 된다.

```
def generate_sequence(pattern_length_min=1, pattern_length_max=10,
                      palindrome = False):
"""
임의로 수열을 생성해보자. 앞부분과 뒷부분은 50%의 확률로 동일할 것이다.
매개변수(Parameters)
----------
pattern_length_min : int, optional (default=1)
패턴의 최소 길이
pattern_length_max : int, optional (default=10)
패턴의 최대 길이
palindrome : bool, optional (default=False)
True일 경우, 앞부분과 뒷부분이 동일한 수열 대신 palindrome인 수열을 생성

반환 값(Returns)
-------
Tuple[numpy.ndarray, numpy.ndarray, numpy.ndarray]
1. (T, 10) 모양으로 수열이 one-hot encoding된 결과
2. 앞부분과 뒷부분이 동일한지 여부 : 동일하면 1, 아니면 0
3. (T, ) 모양의 실제 수열
"""
# 여기에 코드 작성
```

generate_sequence 함수를 의도한 대로 정확히 구현했는지 테스트해보자.

- 입력해준 최소, 최대 범위 내에서 수열이 생성되는가?
- x 값이 실제 수열에 잘 대응되는가? One-hot 인코딩된 결과를 올바르게 표현했는가?
- 분류 문제에 따라 y 값이 적절히 출력되었는가?

위 조건들 중 하나라도 위배할 시 실패했음을 알려주는 간단한 코드를 작성해보자.

```
# 여기에 코드 작성
```

Intro	One-Hot 인코딩	신경망 모델 파헤쳐보기	순환 신경망 모델 구축하기	학습에 사용할 데이터셋 생성	신경망 학습시키기	수열의 길이에 따른 정확도 차이

5 신경망 학습시키기

학습을 진행함에 따라 변화하는 loss와 정확도를 시각화해주는 noggin plot을 세팅해보자.

```
from noggin import create_plot
# 여기에 코드 작성
```

이제 정의한 모델에 적절한 값을 넣어서 RNN을 구축해보자. 우선. 수열의 각 원소는 One-hot 인코딩되어 있기에 C = 10(input_dim)이다. 그리고 hidden-descriptor의 차원은 D = 50(dim_recurrent)으로 설정하겠다. 마지막으로 우리는 수열의 앞부분과 뒷부분의 일치 여부를 판정하는, 두 가지 중 하나로 분류하는 문제를 다루고 있기 때문에, K = 2(dim_output)으로 설정해준다.

역전파에 사용할 Adam optimizer를 세팅해보자. Adam optimizer에 RNN의 매개변수들을 입력하자.

```
# 여기에 코드 작성
```

10만 번의 iteration을 통해 학습시켜보자. 사전에 생성된 데이터셋을 가지고 학습하는 방식이 아니라, 모든 iteration마다 generate_sequence를 통해 새로운 데이터를 만들어 입력하는 방식을 취할 것이다. 패턴의 최소 길이는 1, 최대 길이는 10으로 설정해놓도록 하자.

plot의 경우, 모든 batch에 대한 plot을 보여주는 방식은 지양하도록 하자. 정말 많은 수열들이 입력되고 처리되기 때문에 모든 손실과 정확도를 시각화하는 것은 성능을 대단히 떨어뜨릴 것이다. 이에 따라 아래처럼 plot을 세팅하자.

```
plotter.set_train_batch({"loss":loss.item(), "accuracy":acc},
batch_size=1, plot=False)
```

그리고 500번째 batch마다 아래의 코드를 실행해준다.

```
plotter.set_train_epoch()
```

이로써 모든 수열에 대한 손실과 정확도를 출력해주는 것이 아니라, 일종의 평균치만 출력해주게 된다.

한 번의 iteration이 성공적으로 진행되었다면, mg.turn_memory_guarding_off( )를 실행해보자. 이를 통해 나머지 iteration들을 빠르게 진행할 수 있을 것이다. 이에 대해 좀 더 자세히 알고 싶다면, 구글링을 통해 찾아보도록 하자.

> **Note** 손실을 계산하기 위해 우리는 오직 최종 분류 점수, (1, K) 모양의 만을 넘겨줄 것이다.

```
# 여기에 코드 작성
```

6 수열의 길이에 따른 정확도 차이

수열의 길이에 따른 정확도를 plot으로 표현해보자. 우선, 임의로 수열들을 생성하고 학습된 신경망에 입력한 후, 예측 분류 점수를 산출한다. 그리고 이 예측이 옳은지 아닌지 판정하여 기록해 놓는다. 이 때, 수열의 길이가 2인 것, 4인 것 등등 수열 길이에 따라 각각에 대한 정확도를 따로 계산해놓는다.

▸ HINT

임의로 생성된 수열 하나하나에 대한 정확도를 측정해가면서, 수열의 길이 별로 수열의 총 개수와 옳은 예측의 개수를 기록해 놓는다.

MyGrad Note : output = model(x)과 같은 형태로 많은 수열들을 가지고 신경망 모델을 평가할 것이기 때문에 mg.no_autodiff 설정해주는 것이 중요하다.

```
with mg.no_autodiff:
```

위 코드를 통해 mygrad는 빨리 작동할 수 있게 된다.

```
# 여기에 코드 작성
```

수열의 길이가 증가함에 따라 정확도는 어떤 양상을 보이는가? 무엇이 긴 수열을 다루기 어렵게 만드는가? 한 번 생각해보자.

학습할 때 사용되는 수열들의 길이를 이전보다 길게 했을 때는 어떻게 되는가? palindrome을 분류하는 문제로 바꿔서 데이터셋을 만들고 학습시킨 경우에는 정확도가 어떻게 되는가? 직접 시도해보고, 답을 도출해내보자.

이제 Computational Graph를 통해 순전파가 이루어지는 과정을 살펴보자. Computational Graph는 연산 과정을 시각화해서 보여주는 것으로, 아래의 사진과 같다.

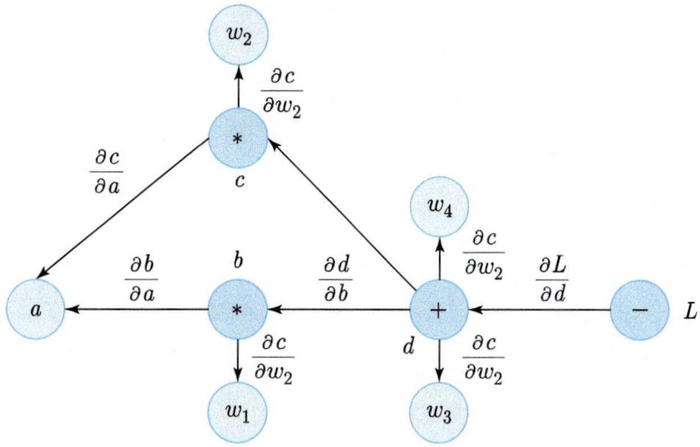

그림 4.7 Computational Graph[50)]

MyGrad의 build_graph를 이용하여 RNN에 수열을 입력시키고 진행한 순전파에 의해 계산된 손실값들에 대한 computational graph를 볼 수 있다.

```
from mygrad.computational_graph import build_graph
x, target, sequence = generate_sequence()

output, _ = model(x)
output = output[-1:]

loss = softmax_crossentropy(output, target)
build_graph(loss, names=locals(), render=True)
```

배운 내용 되돌아보기

Intro	One-Hot 인코딩	신경망 모델 파헤쳐보기	순환 신경망 모델 구축하기	학습에 사용할 데이터셋 생성	신경망 학습시키기	수열의 길이에 따른 정확도 차이

☑ One-Hot 인코딩을 이용하여 수열을 2차원의 배열로 표현했다.

50) 《paperspaceblog》, 〈https://blog.paperspace.com/pytorch-101-understanding-graphs-and-automatic-differentiation/amp/〉, 2022.02.21.

- ☐ 주어진 수열 분류 문제를 해결하기 위해 RNN을 구축해보았다.
- ☐ 연습문제를 학습하는데 사용할 데이터셋을 생성하는 함수를 구현했고, 이를 이용하여 원하는 형태의 데이터셋을 생성했다.
- ☐ Adam Optimizer를 기반으로 한 역전파를 통해 신경망을 학습시켰다.

4절을 마치며

4절은 RNN 이론 부분과 2개의 실습으로 구성되었다. 이를 통해 RNN이 자연어 처리에 적합한 신경망인 이유에 대해 학습하는 것이 주된 목표였다. 2개의 실습을 잘 진행했다면, RNN이 자연어 처리에 왜 적합한지에 대해 어느 정도 깨달음을 얻을 수 있을 것이다.

RNN은 CNN을 비롯한 여타 신경망과 달리, 순서라는 요소를 고려하며 신경망 내에 기억장치가 존재하여 순차적인 연산에 유용하게 쓰이는 것이다. 우리는 2가지 수열 분류 문제에 RNN을 적용해봄으로써 RNN이 어떻게 작동하는지 살펴보았다.

이어서 5, 6절에서는 자연어 처리 분야를 획기적으로 개척한 몇몇 기법들에 대해 살펴볼 것이다.

5 Seq2Seq

실습 10 베이직 seq2seq

과제 이해 | Batch 생성 | seq2seq 개념 | 수식 이해 | 코드로 표현

0 과제 이해하기

"seq2seq를 활용하여 숫자 시퀀스를 좌우 반전 시켜라!"

본격적인 활동에 앞서 지난 실습 내용을 복습해보자. 지난 활동은 RNN을 활용한 분류 작업으로, 어떤 시퀀스가 주어졌을 때 동일한 반쪽을 갖고 있는 다른 시퀀스를 찾아내는 것이었다. 이전 활동에서 살펴봤듯 RNN 모델 아키텍처는 **순차적 데이터**(sequence), 즉 텍스트와 같이 '순서' 개념이 중요한 데이터를 다룰 때 유용하다. 이번 시간에는 RNN이 확장된 형태인 **시퀀스 투 시퀀스(seq2seq) 모형**을 배워볼 것이며, 실습 역시 지난 번과 마찬가지로 순차적 데이터인 시퀀스를 활용하는 활동이 될 것이다.

이번 실습의 과제는, 주어진 숫자 시퀀스를 좌우반전시키는 것이다. 컴퓨터 상에서 언어를 다룰 때, 언어를 변형해야 하는 상황을 자주 마주하게 된다. 이번 과제 역시 일종의 언어 변형 문제라 생각해볼 수 있으며, 그 내용은 간단하다. 일련의 숫자 시퀀스가 주어지면 seq2seq 모델을 활용하여 해당 시퀀스를 뒤집어 좌우반전시키면 된다.

$$[2,4,7,1,3] \rightarrow [3,1,7,4,2]$$

과제 예시

지난 활동에서와 마찬가지로, 우리는 시퀀스를 구성하는 각 숫자(0~9)를 **one-hot 인코딩**으로 나타낼 것이다. 지난 번과 다른 점은, 시퀀스의 시작과 끝을 나타내는 토큰 두 개, 즉 〈Start〉 토큰과 〈End〉 토큰을 추가적으로 사용할 것이라는 점이다. 여기서 〈Start〉 토큰은 숫자 10에, 〈End〉 토큰은 숫자 11에 대응되도록 설정할 것이다. 이같은 방식으로 숫자를 새롭게 표현하면, 이하와 같이 (12,)의 shape을 가진 벡터가 12개 생성될 것이다.

$$\begin{aligned} 0 &\rightarrow [1,0,0,0,0,0,0,0,0,0,0,0] \\ &\vdots \\ 9 &\rightarrow [0,0,0,0,0,0,0,0,0,1,0,0] \\ \langle \text{START} \rangle = 10 &\rightarrow [0,0,0,0,0,0,0,0,0,0,1,0] \\ \langle \text{END} \rangle = 11 &\rightarrow [0,0,0,0,0,0,0,0,0,0,0,1] \end{aligned}$$

여기서 잠깐

[4, 7, 5, 1]과 같은 simple RNN 모델의 경우 데이터 생성 시 〈Start〉 토큰을 사용하지 않고 〈End〉 토큰만 활용하면 된다. 따라서 one-hot 인코딩의 결과는 이하와 같은 형태가 나오게 되며, 정답에 해당되는 타겟 라벨(=해당 시퀀스를 뒤집은 형태)은 [1, 5, 7, 4, 11]이 될 것이다.

```
[[0, 0, 0, 0, 1, 0, 0, 0, 0, 0, 0, 0]  # 4
 [0, 0, 0, 0, 0, 0, 0, 1, 0, 0, 0, 0]  # 7
 [0, 0, 0, 0, 0, 1, 0, 0, 0, 0, 0, 0]  # 5
 [0, 1, 0, 0, 0, 0, 0, 0, 0, 0, 0, 0]  # 1
 [0, 0, 0, 0, 0, 0, 0, 0, 0, 0, 0, 1]] # 〈End〉 (11)
```

그러나 이번 실습에서 만들어볼 모델은 seq2seq 모델이며 이것은 simple RNN보다 더 복잡한 형태이다. 따라서, 〈Start〉 토큰과 〈END〉 토큰을 모두 사용할 것이다.

1 배치(Batch) 생성하기

본격적인 코드 작성에 앞서, 아래 코드를 통해 이번 실습에 필요한 세팅을 진행해보자.

```
from collections import defaultdict

import numpy as np

from mynn.layers.dense import dense
from mynn.optimizers.adam import Adam

from mygrad.nnet.losses import softmax_crossentropy
from mygrad.nnet.initializers import glorot_normal
from mygrad.nnet.activations import relu

import mygrad as mg

%matplotlib notebook
import matplotlib.pyplot as plt
```

우리는 효율적인 학습을 위해 여러 시퀀스에 대한 batch[51]를 생성해볼 것이다. 만든 batches는 학습 과정에서 모델에 전달될 것이다. 그렇다면 batch를 어떠한 형태로 구성하여 모델의 input으로 입력할 것인가? batch-size가 N이고 오리지널 데이터의 자리수 길이가 $T-1$이라 할 때, 우리는 $(T, N, C=12)$의 shape를 가진 one-hot 인코딩 배열이 되도록 batches를 만들 것이다.

51) 한국어 표현으로는 영어 발음 그대로 '배치'라고 한다. batch란, 학습 과정에서 효율을 높이고자 '입력 데이터를 일괄로 처리하기 위해 묶는 것'을 가리킨다.

$(T, N, C=12)$의 모양으로 batch를 구성하는 방식은, N을 0차원 자리에 두었었던 예전의 batch 구성 방식 (N, T, C)와 다른 것이다. 그러나 궁극적으로는 NumPy의 행렬곱 broadcasting 방식[52]에 의하여, 예전과 동일한 방식으로 내적을 수행하게 된다고 볼 수 있다. 아래 코드를 통해, (T, N, C) 모양의 batch와 (N, T, C) 모양의 batch가 각각 arr와의 행렬곱을 진행하면 궁극적으로는 두 결과가 동일함을 확인할 수 있다.

```
T, N, C = 2, 3, 4
seq_then_batch = np.arange(T * N * C).reshape(T, N, C)

#예전의 batch 모양인 (N, T, 5) 만들기
batch_then_seq = seq_then_batch.transpose(1, 0, 2)

arr = np.arange(C * 5).reshape(C, 5)

# shape-(T, N, C) x shape-(C, 5) -> shape-(T, N, 5)
seq_then_batch = seq_then_batch @ arr
# shape-(N, T, C) x shape-(C, 5) -> shape-(N, T, 5)
batch_then_seq = batch_then_seq @ arr

np.all(seq_then_batch == batch_then_seq.transpose(1, 0, 2))
```

위의 고려사항을 염두에 두고, 주어진 숫자 시퀀스(digit-sequences)에 대한 배치를 생성하는 아래의 함수 〈generate_batch〉를 살펴보자. (이때 숫자 시퀀스는 one-hot 인코딩을 거친 형태이다.) 〈generate_batch〉 함수 및 코드에 대한 개괄적인 설명은, 주석으로 삽입할 시 셀이 너무 길어지므로 셀 바깥으로 빼두겠다. 직접 함수를 실행시켜보면서 함수의 기능을 직관적으로 이해해보도록 하자.

〈generate_batch〉 함수란, 여러 숫자 시퀀스로 이루어진 batch를 생성하고 이에 대응하는 one-hot 인코딩을 만들어내는 함수이다. 이때 각 숫자 시퀀스는 T−1의 길이를 가지며 〈END〉 토큰을 포함하지 않는다. T-1의 값은 랜덤으로 생성된다.

52) numpy의 broadcasting 성질은 중요하므로, 잘 이해되지 않는다면 구글링을 통해 개념을 익혀보자.

```
매개변수
----------
seq_len_min : int, optional (default=1)
   가능한 패턴 길이 가운데 가장 짧은 것.
   start 토큰과 end 토큰이 포함되지 않음

seq_len_max : int, optional (default=20)
   가능한 패턴 길이 가운데 가장 긴 것,
   start 토큰과 end 토큰이 포함되지 않음

batch_size : int, optional (default=10)
    배치 크기. 생성하는 sequence의 개수

반환 값
-------
Tuple[numpy.ndarray, numpy.ndarray, numpy.ndarray]
    1. one-hot 형태의 숫자 시퀀스들(end 토큰 포함); 모양-(T, N, 12)
    2. 오리지널 숫자 시퀀스들이 반전된 형태인, 타겟 숫자 시퀀스들(end 토큰을 포함); 모양-(T, N)
    3. 숫자들로 이루어진 오리지널 sequences; shape-(T-1, N)

예시
--------
>>> generate_batch(2, 3, batch_size=2)
(array([[[0., 0., 0., 0., 0., 0., 1., 0., 0., 0., 0., 0.],
         [0., 0., 0., 1., 0., 0., 0., 0., 0., 0., 0., 0.]],

        [[1., 0., 0., 0., 0., 0., 0., 0., 0., 0., 0., 0.],
         [0., 0., 0., 0., 0., 0., 1., 0., 0., 0., 0., 0.]],

        [[0., 0., 0., 0., 0., 0., 0., 0., 0., 0., 0., 1.],
         [0., 0., 0., 0., 0., 0., 0., 0., 0., 0., 0., 1.]]], dtype=float32),
array([[ 0,  6],
       [ 6,  3],
       [11, 11]]),
array([[6, 3],
       [0, 6]]))
```

```
def generate_batch(seq_len_min=1, seq_len_max=20, batch_size=10):
    T_1 = np.random.randint(seq_len_min, seq_len_max + 1)
    digits = np.random.randint(0, 10, (T_1, batch_size))
    one_hot_x = np.zeros((T_1 + 1, batch_size, 12), dtype=np.float32)
    one_hot_x[np.arange(T_1).reshape(-1, 1), np.arange(batch_size), digits] = 1
    one_hot_x[-1, :, -1] = 1
    ends = np.full(batch_size, 11).reshape(1, -1)
    y = np.concatenate([digits[::-1], ends], axis=0)
    return one_hot_x, y, digits
```

각 코드를 분석하자면,

```
T_1 = np.random.randint(seq_len_min, seq_len_max + 1)
    # T-1 값
    # 하나의 sequence를 랜덤으로 생성 ([seq_len_min, seq_len_max] 범위 내의 길이)

digits = np.random.randint(0, 10, (T_1, batch_size))
    # [0-9] 범위의 숫자들로 구성된 (T-1, N) 크기의 시퀀스를 랜덤으로 생성하여,
      'digits'에 저장
    # N: 우리의 모델이 번역할, T-1 길이의 정수 값 시퀀스 N개를 나타냄
    #
    # E.g. 만약 T-1 = 3, N = 2 일 때 생성하는 배열:
    #
    #  array([[3, 9],
    #         [2, 5],
    #         [9, 3]])
    # seq-0: 3, 2, 9
    # seq-1: 9, 5, 3

one_hot_x = np.zeros((T_1 + 1, batch_size, 12), dtype=np.float32)
    # 배열 'one_hot_x'
    # 0으로 구성된 배열 하나(one-hot 인코딩 sequences를 채우는 역할)를 생성
    # 배열의 크기: (T, N, 12) (이때 N = batch-size)
    # 데이터 타입: float-32
    # 배열 길이: T (source sequence가 <end> 토큰을 포함하고 <start>를 포함하
      지 않기 때문)
```

```
    one_hot_x[np.arange(T_1).reshape(-1, 1), np.arange(batch_size),
    digits] = 1
        # 'digits'의 역할: 'one_hot_x'을 적절한 one-hot encodings으로 채우는
          데 사용
        # 이하의 두 방식 중 하나를 통해 구현
        # 1_추가적인 인덱싱: 0으로 채워진 3차원 배열 가운데, 1이 들어가야 할 자리에 1 입력
        # one_hot_x[np.arange(T_1).reshape(-1, 1), np.arange(batch_size),
          digits] = 1
        #
        # 2_for 반복문 사용:
        # for ind in np.ndindex(digits.shape):
        #     one_hot_x[ind + (digits[ind],)] = 1

    one_hot_x[-1, :, -1] = 1
        # 'one_hot_x'에서 모든 batches에 대한 마지막 토큰에 <END>를 위치시킴
        # <END> 토큰은 이 행렬에서 T번째 시퀀스 엔트리와 12번째 인코딩 지점에 위치함
        # 이 선택된 subarray를 1로 지정하고자 함.

    ends = np.full(batch_size, 11).reshape(1, -1)
        # 타겟 시퀀스에 사용할 <END> 토큰 생성
    y = np.concatenate([digits[::-1], ends], axis=0)
        # input 시퀀스가 뒤집힌 형태인 타겟 시퀀스 생성
        # 타겟 시퀀스의 shape는 (T, N), T번째 행에 <END>토큰인 `11` 존재

    return one_hot_x, y, digits
        # 조건에 부합하는 행렬 결과 반환
```

지금까지 생성한 batches를 input으로 넣어주면 학습의 효율이 높아질 수 있다. 지난 시간에 배운 RNN 모델 역시 이러한 batches를 학습과정에 활용하였으며, 우리가 이번 노트에서 다룰 "시퀀스 투 시퀀스", 이른바 seq2seq 모델 역시 RNN을 구성요소로 취하기에 마찬가지로 batches를 활용할 예정이다. 지금부터는 본격적으로 seq2seq에 대해 알아보도록 하자.

2 seq2seq 개념 만나기

seq2seq 개념을 만나기 전 첫 번째로 던질 질문은 "seq2seq는 RNN과 어떻게 다르며, 왜 seq2seq를 사용하는 것일까?"이다. RNN의 경우 데이터의 순서 정보를 고려해준다는 장점이 있었지만, 단일 RNN 셀만으로는 언어를 번역(translate)하는 상황에서 심각한 한계를 가지고 있다. 단일 RNN은 하나의 input에 대한 output을 반환한 후에 새로운 input을 입력받는 구조인데, 이러한 구조는 어순이 서로 다른 언어 간 번역 과정에서 문제를 일으킨다. 예컨대 '나는 너를 사랑해'를 단어 단위로 입력받으면 그 결과로 'I love you'가 반환되는 것이 자연스럽지만, 단일 RNN 상으로는 'I you love'가 반환될 수 있다.

seq2seq 모델은 RNN과 달리 **input 문서 전체를 처음부터 끝까지 연속적으로 살핀 후**에 output 문장을 생성하는 구조이다. 이것을 요약하여 '**인코더-디코더 아키텍처**'[53]라고 부른다. 우리가 현재 다루는 인코더-디코더 구조는 아래 그림과 같이 두 개의 RNN 모델이 묶인 형태로, 첫 번째 RNN 모델이 인코더, 두 번째 RNN 모델이 디코더로 기능한다.

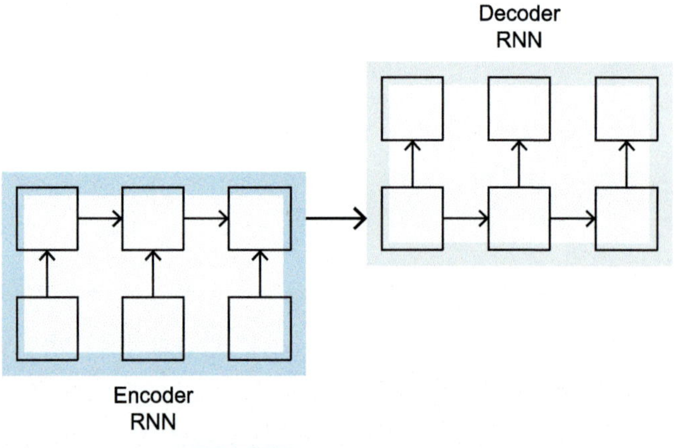

그림 5.1 seq2seq 도식화

53) "사실 인코더-디코더 아키텍처는 RNN뿐 아니라 CNN이나 LSTM으로 구성될 수도 있다. 현재는 simple RNN의 한계를 극복하고자 RNN으로 구성된 인코더-디코더를 살펴보고 있는 것이며, 이를 시퀀스 투 시퀀스 모델이라고 칭한다."

seq2seq 모델에서 핵심은 '문맥벡터'이다. 인코더(첫 번째 RNN)가 input 시퀀스에 대한 정보를 순차적으로 받아 그것을 인코딩하면 결과적으로 '문맥벡터'가 생성된다. 그리고 디코더(두 번째 RNN)에서 해당 문맥 벡터를 입력 받으면 그것을 디코딩하여 최종 예측을 output으로 반환해준다.

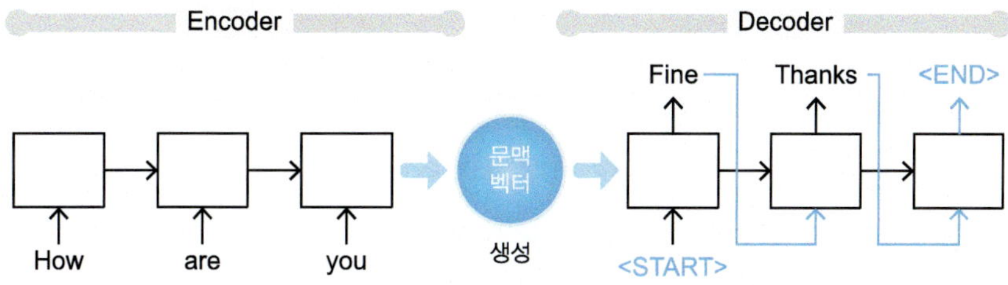

그림 5.2

과제 이해 | Batch 생성 | seq2seq 개념 | 수식 이해 | 코드로 표현

3 수식으로 seq2seq 이해하기

이번에는 인코딩과 디코딩 과정을 수식을 기반으로 구체적으로 분석해보자.

① 인코딩

seq2seq에서 인코딩 단계는 꽤 단순하다. RNN에 분석하고자 하는 input값, 즉 오리지널 sequence를 넣고 돌리면 된다. [그림 2]에서 'How', 'are', 'you'가 순차적으로 입력되었다. 이에 따른 반환값은 (1) 일련의 predictions(z_t)와 (2) 일련의 hidden descriptors (h_t^e)이다.

$$(\mathrm{z}_t)_{t=1}^{\mathrm{T}}, (\mathrm{h}_t^{\mathrm{e}})_{t=1}^{\mathrm{T}} = \mathrm{RNN}_{\mathrm{Encoder}}((\boldsymbol{x}_t)_{t=1}^{T})$$

seq2seq 모델에서 중요한 특징은, 인코더에서 디코더로 전달해주는 정보로 '문맥 벡터'가 있다는 점이다. 마지막 인코더의 hidden descriptor가 문맥 벡터로 기능하게 된다. 그리고 이것은 첫 디코더의 hidden descriptor로 사용될 것이다.

$$\mathrm{h}_0^{\mathrm{d}} := \mathrm{h}_{\mathrm{T}}^{\mathrm{e}}$$

② 디코딩

seq2seq 모델에서 흥미로운 부분은 바로 디코더이다. 우리는 디코더 각 step에서의 예측값 y_t를 디코더의 다음 step에서의 input값인 s_{t+1}으로 사용할 것이다. 이때 디코더에 대한 첫 입력은 한 개의 ⟨start⟩ 토큰이 될 것이다. 이러한 과정이 필요한 이유는 디코더에게 우리가 생성하고자 하는 모든 시퀀스에 대한 '시작점'을 알리기 위해서이다.

$$\mathrm{s}_1 = \mathrm{One-Hot}(\langle \mathrm{Start} \rangle)$$

디코더의 각 step별로는 어떤 일이 일어날까? 첫 번째 step에는 s_1와 h_0^d가 입력되고, step이 끝나면 예측 점수 y_1와 새로운 hidden descriptor h_1^d을 반환하게 된다.

$$\mathrm{y}_1, \ \mathrm{h}_1^{\mathrm{d}} = \mathrm{RNN}_{\mathrm{Decoder}}(\mathrm{s}_1, \ \mathrm{h}_0^{\mathrm{d}})$$

이후, 반환한 $y_{1,}$에서의 예측 점수가 가장 높은 클래스를 결정해야 한다. 그림 2에서는 가장 높은 점수를 가진 클래스가 'Fine'이었을 것으로 추측할 수 있다.

$$\mathrm{s}_2 = \mathrm{One-Hot}(\mathrm{arg}max(y_1))$$

구체적인 예시로 이해를 심화해보자. 만약 예측된 점수 y_1가 [0.32, 0.48, -0.12, 0.07] 라면, 우리는 그 가운데 가장 큰 값인 s_2 (0.48)를 one-hot 인코딩하여 [0, 1, 0, 0]로 만들어줄 것이다. 이 과정은 이른바 "greedy decoding"이라 불리기도 한다. 각 step에서 마치 욕심쟁이와 같이 가장 점수가 높은 토큰만을 취하기 때문이다.

이렇게 선택한 토큰(점수가 가장 높은 클래스)는 one-hot 인코딩을 거쳐 디코더의 다음 step 입력값으로 사용된다. 이전 step의 결과가 다음 step에서도 활용되는 이유는 직관적으로 이해해볼 수 있다. 예컨대, 우리는 질문('How are you?')에 대답을 할 때 이전에 말한 단어('Fine')를 고려하여 그 다음 단어('thanks')를 선택할 때 자연스러운 대답이 이어질 수 있기 때문이다. 일반적으로, 우리의 디코더는 update 함수를 따르게 된다.

$$\mathrm{y}_t, \ \mathrm{h}_t^{\mathrm{d}} = \mathrm{RNN}_{\mathrm{Decoder}}(\mathrm{s}_t, \ \mathrm{h}_{t-1}^{\mathrm{d}})$$

$$\mathrm{s}_{t+1} = \mathrm{One-Hot}(\mathrm{arg}max(y_t))$$

총 T번의 step에서 T개의 예측값이 만들어지게 될 것이다. 이에 따른 모델의 최종

output은 $(y_t)_{t=1}^{T}$가 된다.

일련의 과정에서 기억할 사항에 두 가지가 있다. 첫째, input[54)]**과는 달리 output은 one-hot 인코딩 형태로 반환되지 않고 대신** 모든 분류 점수를 반환한다. 이를 통해 각 라벨이 정답일 확률을 세세하게 비교할 수 있으며, 특정 라벨이 가장 높은 점수를 가지고 있더라도 그것이 다른 라벨보다 확연히 높은 점수를 가진 것인지 큰 차이가 없는 것인지 구분할 수 있다. 이는 결과론적으로 모델이 학습 과정에서 올바른 라벨을 보다 확실하게 파악하도록 만들 수 있다. 둘째, 보편적인 NLP 문제에서는 디코더가 〈end〉 토큰을 생성한 후에는 더 이상 디코더가 실행되지 않도록 하며, 그때까지 처리한 sequences에 대해서만 예측 점수를 반환해야 한다. 그러나 이 방법대로라면 모델 output과 truth values 사이의 시퀀스 길이 차이를 다루기 위해 우리의 truth values에 대한 처리 작업이 이루어져야 한다. 따라서, 이번 활동에서는 과정을 단순화시키기 위해 **〈end〉 토큰이 final 토큰 앞에 나타나는지 여부에 관계 없이 디코더를 T번 반복하여 실행**하도록 할 것이다.

과제 이해	Batch 생성	seq2seq 개념	수식 이해	코드로 표현

4 코드로 seq2seq 표현하기

지금까지 인코딩과 디코딩 과정을 수식을 기반으로 분석해보았다. 이제는 코드로 표현해볼텐데, 이전 노트북의 RNN 클래스를 바탕으로 새로운 seq2seq 모델을 만들고 batches를 활용한 학습을 진행할 것이다. 우선, 아래 코드를 통해 output과 hidden descriptor를 모두 생성하는 simple-cell RNN을 구현해보자. 이때 주어진 코드를 수정할 필요는 없다.

```
class RNN:
    def __init__(self, dim_input, dim_recurrent, dim_output):
        """ RNN에 필요한 모든 레이어 초기 설정

        매개변수
        ----------
```

54) 위 수식들에서 input은 s를 가리킨다. (ex. s_t, $s_{t+1}\cdots$)

```
        dim_input: int
            RNN을 지나가는 데이터의 차원 (C)

        dim_recurrent: int
            RNN에 있는 hidden state의 차원 (D)

        dim_output: int
            RNN의 output의 차원 (K)
        """
        self.fc_x2h = dense(dim_input, dim_recurrent,
                            weight_initializer=glorot_normal)
        self.fc_h2h = dense(dim_recurrent, dim_recurrent,
                            weight_initializer=glorot_normal, bias=False)
        self.fc_h2y = dense(dim_recurrent, dim_output,
                            weight_initializer=glorot_normal)

    def __call__(self, x, h=None):
        """ RNN에 대한 완전한 순방향 패스(full forward pass)를 수행.

        매개변수
        ----------
        x: Union[numpy.ndarray, mygrad.Tensor], shape=(T, N, C)
            batch의 각 시퀀스에 대한 one-hot 인코딩

        h: Optional[Union[numpy.ndarray, mygrad.Tensor]], shape=(1, N, D)
            초기 hidden dimension state h_0에 대한 옵션 설정
            지정되지 않을 경우 영행렬 할당.

        반환 값
        -------
        Tuple[y, h]
            y: mygrad.Tensor, shape=(T, N, K)
                각 RNN step에 대한 최종 분류 점수
            h: mygrad.Tensor, shape=(T, N, D)
                각 RNN step에서 계산된 hidden states (초기 상태 h_0는 제외)
        """
        N = x.shape[1]
        D = self.fc_h2h.weight.shape[0]

        h_t = np.zeros((1, N, D), dtype=np.float32) if h is None else h
        h = []
```

```
        for x_t in x:
            h_t = relu(self.fc_x2h(x_t[np.newaxis]) + self.fc_h2h(h_t))
            h.append(h_t)

        h = mg.concatenate(h, axis=0)

        return self.fc_h2y(h), h

    @property
    def parameters(self):
        """ 모델 내 모든 매개변수를 보여주는 편리한 함수
        이것은 `model.parameters`를 통해 속성(attribute)으로 액세스 가능

        반환 값
        -------
        Tuple[Tensor, ...]
            우리 모델에 대한 모든 학습 가능한 매개변수를 포함하는 튜플
        """
        # 여기에 코드 작성
```

simple RNN이 준비되었으니, 이번에는 각 디코더의 output을 다음 input으로 변환하는 데 필요한 도구를 설정하는 것부터 시작해보자.

아래의 함수 〈one_hot_encode_pediction〉을 완성해보자.

- 입력: 분류 점수에 대한 하나의 텐서
- 반환: 예측 점수가 가장 높은 클래스에 대한 float32 one-hot 인코딩 배열

> **TIP** 이때 NumPy의 argmax 기능이 특히 도움이 될 것이다.

```
def one_hot_encode_prediction(y_t):
    """ 분류 점수 y_t에 대한 하나의 batch를 입력받으면, 가장 높은 점수를 가진 클래스에 해
        당하는 원-핫 인코딩을 반환하는 함수.

    매개변수
    ----------
    y_t: mygrad.Tensor, shape=(1, N, K)
```

```
        seq2seq 디코딩의 한 step으로부터 예측된 분류 점수

    반환 값
    -------
    s_t1: numpy.ndarray, shape=(1, N, K), dtype=np.float32
        y_t에서의 가장 큰 예측 점수에 해당하는 레이블의 one-hot 인코딩.
        float32의 NumPy 배열.

    Notes
    -----
    N : batch size
    K : 클래스 개수 (i.e. vocabulary의 크기)
    """
    # 여기에 코드 작성
```

다음 셀을 실행하여 구현을 확인해보자.

```
y_t = mg.random.randn(1, 4, 6)
s_t1 = one_hot_encode_prediction(y_t)

assert isinstance(s_t1, np.ndarray) # check if s_t1 is numpy array
assert issubclass(s_t1.dtype.type, np.float32) # check if s_t1 is float array
assert y_t.shape == s_t1.shape # check if s_t1 has correct shape
assert np.all(s_t1.sum(axis=-1) == np.ones((1, 4))) # check if one-hot encoded
assert np.all(np.argmax(y_t, axis=-1) == np.argmax(s_t1, axis=-1))
# check if correct one-hot encodings

print("Success!")
```

이제 seq2seq 클래스를 작성해보자. 다행히 이 작업에 필요한 주요 요소들이 모두 RNN 클래스와 one_hot_encode_pediction 함수 내에 존재하니, 이를 잘 활용하면 된다.

```
class seq2seq:
    def __init__(self, dim_input, dim_recurrent, dim_output):
        """ seq2seq에 필요한 모든 RNN layers 초기 설정

        매개변수
        ----------
```

```
        dim_input: int
            RNN을 지나가는 데이터의 차원 (C)

        dim_recurrent: int
            RNN에 있는 hidden state의 차원 (D)

        dim_output: int
            RNN의 output의 차원 (K)

        Notes
        -----
        이 특정 문제에 대해, input의 차원과 output의 차원은 동일(C = K).
        그러나 이것이 일반적인 경우는 아님.
        """
        # 두 개의 RNNs - 인코더와 디코더 - 생성(인스턴스화)
        # 두 개 모두 'dim_input', 'dim_recurrent', 'dim_output' 사용
        # 여기에 코드 작성

    def __call__(self, x):
        """ seq2seq에 대한 완전한 순방향 패스(full forward pass)인 인코딩과 디코딩을 수행.

        매개변수
        ----------
        x: Union[numpy.ndarray, mygrad.Tensor], shape=(T, N, C)
            batch의 각 시퀀스에 대한 one-hot 인코딩

        반환 값
        -------
        y: mygrad.Tensor, shape=(T, N, K)
            각 디코더 step의 output으로부터 도출된 최종 분류 점수
        """
        # 인코더 RNN을 통해 input 시퀀스 실행
        # hidden states를 변수 `enc_h`에 저장.
        # hidden states의 shape는 (T, N, D)
        # 여기에 코드 작성

        # 'enc_h'으로부터 마지막 hidden descriptor에 접근
        # 디코더에 대한 첫 번째 h_{-1}로서 사용됨
        # dimensions을 보존할 것을 명심해야 함
        # 이 hidden descriptor의 shape이 (1, N, D)가 될 수 있도록
```

```
        # 여기에 코드 작성

        # 리스트 'y'를 생성하여 예측 점수 y_t를 저장
        # 여기에 코드 작성

        # 디코더에 초기 input을 생성:
        # float32 형식이고 shape은 (1, N, C)인 배열
        # <START> 토큰에 대한 one-hot 인코딩
        # 우리가 10이라고 표현했던 것
        # 여기에 코드 작성

        # 새로운 y_t, h_t를 디코더로부터 반복적으로 생산
        # 리스트 'y'에서 각 y_t를 저장.
        # 'one_hot_encode_prediction'을 사용하여,
        # output y_t으로부터 다음 디코더 input인 s_{t+1}을 입력받음.
        # 표준적인 for-반복문이 적절함.
        # 여기에 코드 작성

        # 0번째 축을 따라 'y'에 저장된 y_t 텐서들을 연결(concatenate).
        # 결과를 반환.
        # 여기에 코드 작성

    @property
    def parameters(self):
        """ 모델 내 모든 매개변수를 취하는 편리한 함수
        이것은 'model.parameters'를 통해 속성(attribute)으로 액세스 가능

        반환 값
        -------
        Tuple[Tensor, ...]
            우리 모델에 대한 모든 학습 가능한 매개변수를 포함하는 튜플
        """
        # 여기에 코드 작성
```

noggin plot을 만들어 loss와 accuracy를 추적해보자.

```
from noggin import create_plot
# 여기에 코드 작성
```

seq2seq 모델과 Adam Optimizer를 인스턴스로 실제화해보자.

우선, Adam의 매개변수 recurrent_dim의 값의 경우 default인 50으로 시작해보자.

```
# 여기에 코드 작성
```

이번에는 학습을 위한 loop를 작성해보자. 이 loop는 softmax_crossentropy를 사용하여 loss를 계산할 것이다. 그러나 MyGrad의 softmax_crossentropy를 구현하려면, input에 대한 아래의 조건을 충족해야 한다. 첫 번째 input인 x의 shape은 (N, C)이고, 두 번째 input인 y_true의 shape은 (N,)이어야 한다. 이를 우리 모델에 대입해보면,

1. 우리 모델 output의 경우, 우리가 sequences에 대한 batches를 가지고 작업하고 있기 때문에, 그 shape이 (T, N, K)여야 한다. 또한, 정답 값(truth values)의 shape은 (T, N)이어야 한다.
2. 우리의 input들을 softmax_crossentropy와 양립가능하도록 만들기 위해, 우리는 x와 y_true가 각각 (T * N, C)와 (T * N,)의 형태로 reshape할 수 있다. 이를 통해 손실 함수를 위한 새 버전을 재정의할 필요 없이, 토큰당 softmax-crossentropy 손실값을 계산하고 평균화할 수 있다.

이제, 만든 모델을 10000번 반복하여 학습시켜라. 이때 배치 크기는 100, 시퀀스의 길이 범위는 1에서 20 사이로 지정하겠다.

```
# 여기에 코드 작성
```

아래 셀을 실행하여 길이가 다양한 시퀀스에서 모델의 정확도를 평가하라. seq2seq 모델은 기본 RNN과 어떻게 다른가? 놀라운 점은 무엇이며, 만약 그렇지 않다면 이러한 결과를 예상한 이유가 무엇인가? 당신의 생각을 다른 사람들과 논해보자.

```
length_total = defaultdict(int)
length_correct = defaultdict(int)

with mg.no_autodiff:
    for i in range(50000):
        if i % 5000 == 0:
            print(f"i = {i}")
        x, target, sequence = generate_batch(1, 20, 1)
```

```
        output = model(x)

        length_total[sequence.size] += 1
        if np.all(np.argmax(output, axis=-1) == target):
            length_correct[sequence.size] += 1

fig, ax = plt.subplots()
x, y = [], []
for i in range(1, 20):
    x.append(i)
    y.append(length_correct[i] / length_total[i])
ax.plot(x, y);
```

배운 내용 되돌아보기

과제 이해	Batch 생성	seq2seq 개념	수식 이해	코드로 표현

- ☑ seq2seq는 인코더 RNN과 디코더 RNN이 연결된 아키텍쳐이다. simple RNN과 seq2seq 모두 데이터의 순서 정보를 고려할 수 있다는 장점이 있지만, seq2seq은 문서 전체를 처음부터 끝까지 연속적으로 살핀 후 문맥 벡터를 생성한다는 특징이 있었다. 이는 특히 언어를 번역하는 상황에서 강점이 될 수 있다.
- ☐ 인코더 RNN의 마지막 hidden descriptor가 문맥벡터로 기능하며, 해당 문맥벡터는 디코더 RNN에 입력된다.
- ☐ 디코더 RNN의 첫 step에는 〈start〉 토큰이 입력되어 모든 시퀀스에 대한 '시작'을 알려준다. 이후의 step에서는 두 개의 입력값(=이전 step에서 반환한 예측 결과와 이전 step에 대한 hidden descriptor)을 받으면, 새로운 예측 점수를 계산하고 가장 높은 점수의 클래스를 예측 결과로 반환한다. 이때 input과는 달리 one-hot 인코딩을 거치지 않고 모든 분류 점수를 반환해야 한다.

실습 11 Attention 기반 seq2seq

basic seq2seq의 한계	도식으로 Attention의 원리 이해	수식과 핵심 코드로 attention 개념 심화					코드로 seq2seq with attention 구현
		attention score	h_t^d의 학습	attention weight	문맥 벡터	문맥벡터 공유	

0 basic seq2seq의 한계

지난 실습을 통해서도 느꼈겠지만, seq2seq 모델을 사용하는 것이 RNN을 단독으로 사용하는 경우보다 더 우수한 성능을 자랑한다. 그러나 베이직 seq2seq 역시 약점이 있다. 이 약점은 '길이가 긴 sequences'를 input으로 받는 경우 두드러지게 나타난다. 왜 그런 걸까?

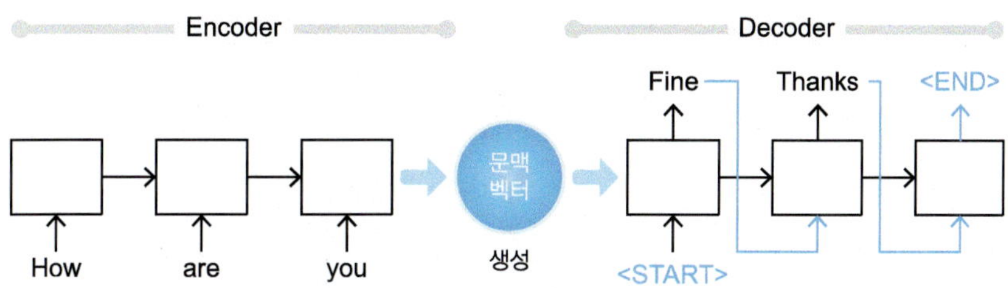

그림 5.3 basic seq2seq 모델 아키텍쳐

RNN 아키텍쳐는 hidden state를 통해 토큰에 대한 정보를 전달한다. 특히 RNN의 확장 버전인 seq2seq 모델에서는, 인코더가 디코더와 '문맥 벡터'를 공유하는 과정을 통해 오리지널 sequence에 대한 정보를 전달하게 된다. basic seq2seq에서 문맥 벡터는 인코더의 마지막 셀에서 생성된 한 개의 hidden state이다. 달리 말해, 디코딩 과정에서 인코더에 입력된 정보를 참조할 때, basic seq2seq는 하나의 고정된 hidden state에만 의존하여 인코더의 입력 정보를 반영한다고 볼 수 있다.

이러한 basic seq2seq의 구조에는 필연적인 한계점이 하나 따르게 된다. 오리지널 sequence에 대한 **초반부 정보**(=초반부 셀에 입력된 정보)**가 점차 희미해지게** 되는 문제이다. 예컨대, 위의 예시에서는 'How', 'are', 'you'가 차례로 입력되면서 hidden state가 계속 만들어지고, 최종적으로 도출된 hidden state인 문맥벡터에서는 거듭된 업데이트를 겪게 된다. 업데이트의 결과 초반에 위치한 'How'는 후반에 입력된 'you'보다 상대적으로 문맥벡터 내에서 힘이 약해질 것이다. 만약 입력되는 sequence의 길이가 'How are you'보다 훨씬 길다면, 첫 번째 셀에 입력되는 토큰은 마지막에 입력되는 토큰보다 훨씬 더 희미해지게 될 것이다. 이에 따라 초반부 셀에 대한 정보가 문맥벡터에 충분히 전달되지 못하여, 결과적으로는 모델의 성능을 약화시킬 것이다.

이러한 문제를 해결하기 위해, basic seq2seq는 attention 메커니즘이라는 것을 도입하게 된다. 우리는 attention을 통해 '각 정보가 놓인 순서'가 아닌 '문맥 상 실제 중요도'를 기준으로 효과적인 디코딩을 진행할 수 있다. 그렇다면 attention 메커니즘은 구체적으로 어떠한 원리로 작동하는 것일까? 지금부터 찬찬히 알아보자.

basic seq2seq의 한계	도식으로 Attention의 원리 이해	수식과 핵심 코드로 attention 개념 심화					코드로 seq2seq with attention 구현
		attention score	h_t^d의 학습	attention weight	문맥 벡터	문맥벡터 공유	

1 도식으로 Attention의 원리 이해하기

'집중'을 뜻하는 단어 'attention'에서 유추할 수 있듯, 본 메커니즘의 핵심은 "각 디코딩의 각 step마다 가장 집중해야 할 인코더의 입력 토큰은 무엇인가?"를 판단하는 것이다. 지금부터 예시를 통해 attention의 원리를 간단히 이해해보자.

①

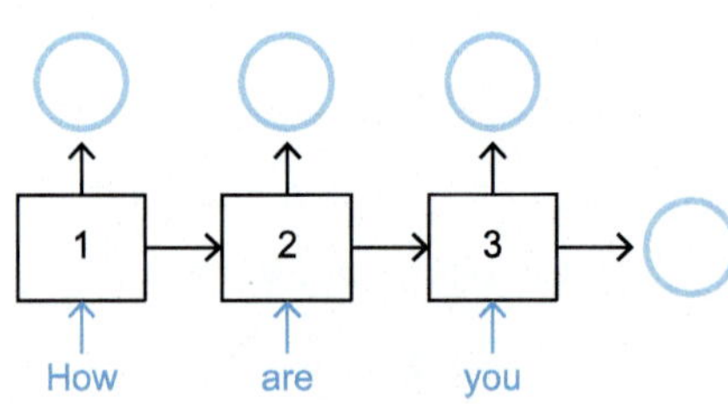

그림 5.4

'How are you' 시퀀스가 'how', 'are', 'you'로 토큰화되어 각각이 차례대로 입력되었다고 해보자.

②

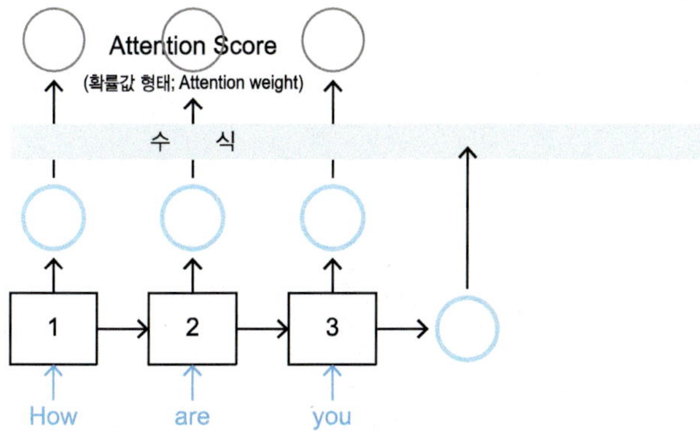

그림 5.5

input을 입력받았으니 이제 첫 번째 디코딩 step을 진행해야 한다. Attention 메커니즘은, 첫 번째 디코딩 step에서 '세 개의 토큰 가운데, 현재 문맥적으로 가장 중요하게 고려되어야 하는 토큰이 무엇인지'를 탐색한다. 그리고 각 토큰의 중요도를 attention score 값으로 표현한다. 그 결과, 인코더의 각 토큰은 첫 번째 디코딩 step에 대한 하나의 attention score을 가지게 된다. 만약 첫 번째 디코딩 문맥 상 'How'가 가장 중요했다면 'How'에 가장 높은 attention score가 매겨질 것이다.

③

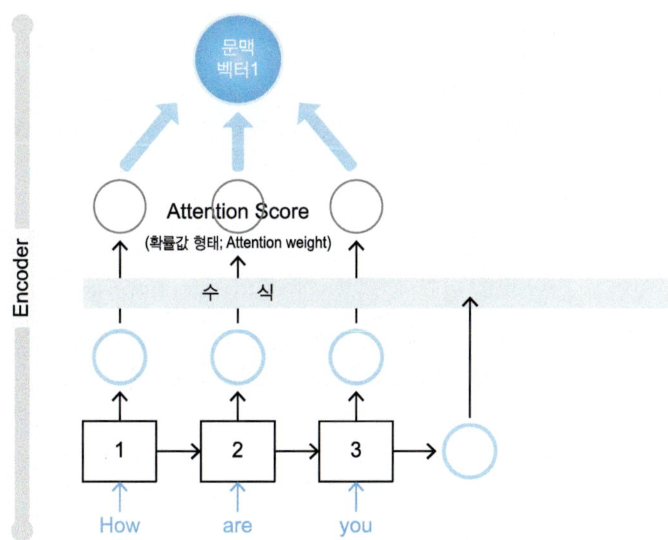

그림 5.6

이렇게 계산된 score들은 첫 번째 디코딩을 위한 '문맥벡터 1'을 구성하는 데 반영된다.

④

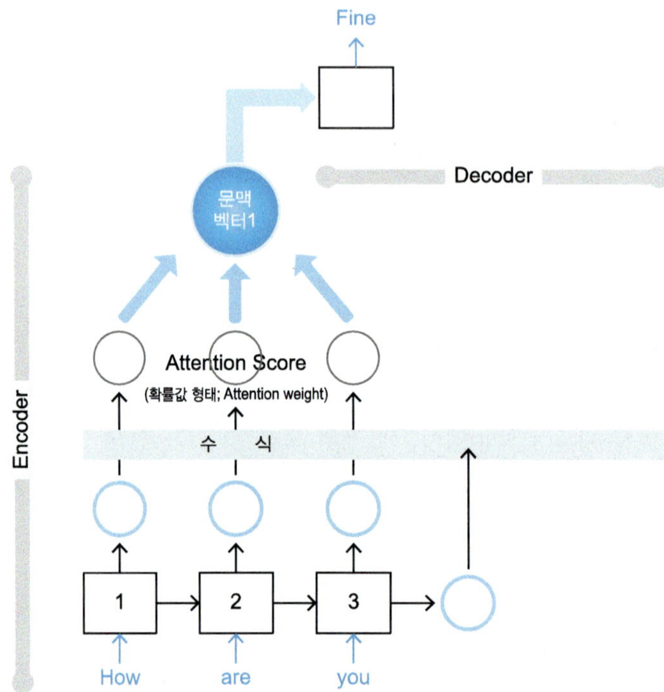

그림 5.7

문맥벡터 1은 첫 번째 디코딩 step에 활용되고, 그 결과 'Fine'이라는 결과가 반환될 것이다.

정리하자면, attention 메커니즘은 문맥을 고려해 보았을 때 가장 중요한 의미를 지니는 셀이 무엇인지 판단하고 판단 결과를 각 셀의 attention scores로 표현한다. 이러한 attention scores를 확률값[55]으로 나타낸 것을 attention weights라고 하며, 이 attention weights를 기반으로 문맥벡터를 구성한다. 해당 문맥 벡터는 추후 디코딩 과정에 활용되며, attention weights를 활용하여 문백벡터를 구성하는 구체적인 방식은 곧 등장할 '2.4 문맥벡터 계산하기' 부분에서 다룰 예정이다.

55) softmax 함수를 거치면 확률값으로 나타낼 수 있다.

이와 같이 attention 메커니즘은 디코딩의 각 step마다 '어떤 셀이 가장 중요할지' 판단하고 이를 문맥벡터에 반영한다. 따라서, attention 기반의 seq2seq 모델에서는 디코딩의 각 step마다 서로 다른 문맥벡터를 생성하며, 이 과정에서 인코더에 존재하는 **모든 셀의 state를 활용**한다고 볼 수 있으며, 이것은 기존의 basic seq2seq의 한계를 극복하는 메커니즘이라 볼 수 있다.

seq2seq with attention과 기존 basic seq2seq 모델 간의 차이점을 확실히 이해해두자.

basic seq2seq	seq2seq with attention
1. 셀의 순서에 영향을 받아, 앞 셀의 정보는 점차 희미해짐 2. 문맥 벡터 구성 시 마지막 하나의 state만을 고려함 3. 고정된 문맥 벡터 (한 개)	1. 셀의 순서에 영향을 받지 않음 2. 문맥 벡터 구성 시 모든 셀의 state를 동시에 고려하고, 문맥 별로 각 셀의 중요도를 attention weights로 산출하여 이를 문맥 벡터에 반영 3. 문맥에 따라 다이나믹하게 변화하는 문맥 벡터 (여러 개의 문맥 벡터)

attention 메커니즘에서 문맥 벡터는 디코딩의 step마다 다이나믹하게 변화한다는 특징을 기억해두자. 즉 '현재의 문맥이 무엇인가'에 따라 문맥벡터의 정보 역시 변화[56]하게 되는 것이다.

이때 attention weight은 모델의 학습(train) 과정을 통해 조정되고 개선될 수 있다. 모델은 attention weight를 바탕으로 '현재의 디코딩 step에 어떤 인코더 hidden descriptor가 적합한지' 결정하게 된다.

56) 여기서 문맥 벡터가 변화하는 이유는 직관적으로 이해할 수 있다. 전에 말했듯이, 문맥 벡터의 구성 요소인 attention weight(=각 단어의 중요도)가 디코딩해나가는 각 step마다 달라지기 때문이다. step마다 attention scores가 변화하면, attention weights, 문맥 벡터 모두 새롭게 업데이트될 것이다.

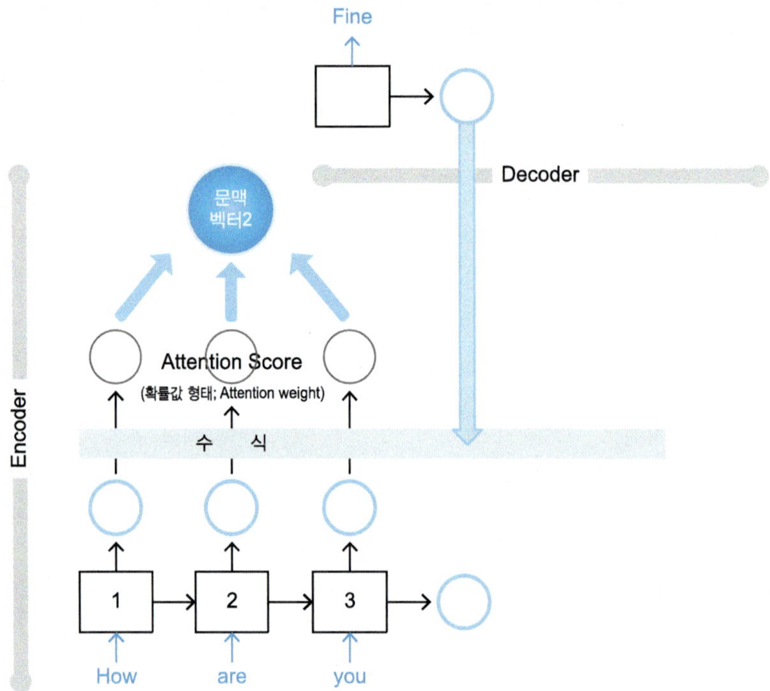

그림 5.8

그림 5-7의 경우 디코딩의 첫 번째 단계 (step 1)를 진행한 결과를 도식화한 것이다. 바로 위의 그림 5-8는 디코딩의 두 번째 단계 (step 2)까지 진행한 것인데, 이때 주목해야 할 부분은 **Decoder 영역으로부터 나와 attention score로 연결되는 화살표**이다. 화살표가 의미하는 것은, 두 번째 디코딩 step에서 문맥벡터 2를 생성하기 위해 새로운 attention score를 계산할 때

(1) encoder 내 모든 셀('How', 'are', 'you')의 states 와 더불어

(2) **decoder의 현재 hidden descriptor[57]까지** 함께 고려한다는 것이다.

이를 바탕으로 모델은 두 번째 디코딩 step에 적합한 문맥벡터 2를 새롭게 생성할 것이다.

57) 그림 5-9에서는 디코더의 첫 번째 셀에서 'Fine'이라는 반환 값과 더불어 오른쪽 동그라미의 hidden descriptor를 생성하였다. 문맥벡터2를 구성할 때 이 hidden descriptor를 반영한다.

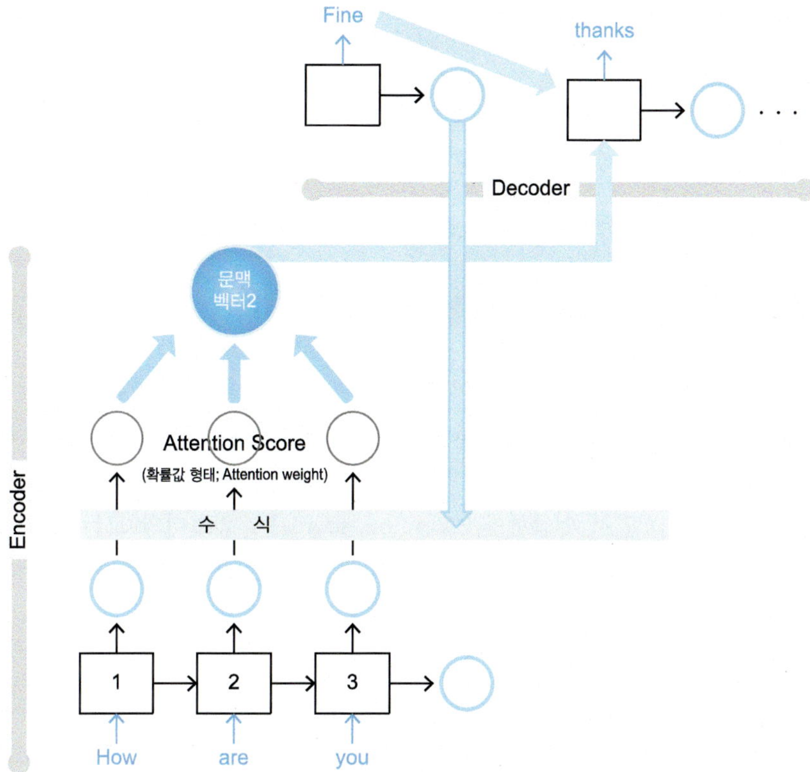

그림 5.9

위 그림에서 두 번째 디코더 셀로 향하는 화살표 두 개에 주목해보자. 모델이 'thanks'를 반환하기에 앞서 ① 새롭게 생성한 문맥벡터 2와 더불어 ② 'Fine'이라는 직전 디코딩 결과까지 함께 고려하였음을 확인할 수 있다. 그 이유는 간단한데, 현재는 'How are you'라는 시퀀스에 대한 대답 시퀀스를 연이어 생성해야 하는 상황이고, 이때 'How', 'are', 'you'라는 입력 정보뿐 아니라 그 대답으로 앞전에 생성해둔 'Fine'까지 고려해야 뒤에 따라올 자연스러운 대답을 만들 수 있기 때문이다. 두 번째 디코딩에서 ①과 ②의 두 가지 정보를 모두 반영한 결과, 'thanks'가 반환된 것을 확인할 수 있다.

지금까지는 Attention 메커니즘의 개념과 원리를 알아보았다. 다음 활동에서는, 이러한 attention score의 계산 방법을 수식을 활용하여 자세히 다루어보도록 하겠다.

basic seq2seq의 한계	도식으로 Attention의 원리 이해	수식과 핵심 코드로 attention 개념 심화					코드로 seq2seq with attention 구현
		attention score	h_t^d의 학습	attention weight	문맥 벡터	문맥벡터 공유	

2 수식과 핵심 코드로 attention 개념 심화하기

Step 1. 수식으로 attention score 개념 다지기

Attention 메커니즘의 핵심은 바로 attention score이다. attention score란, **디코딩 과정에서 인코더의 어느 hidden state에 주목할 것인지의 가중치를 점수로 나타낸 값**을 말한다. 디코딩 과정이 t개의 step들로 나뉘어 있다고 생각해보자. (한 step마다 하나의 output을 만든다.) 앞서 언급했듯, attention scores는 '인코더의 모든 hidden states'와 '현재 디코더의 hidden descriptor' 두 가지를 모두 고려하여 계산된다. 현재 decoder가 t번째 step에 있다면, attention scores($=e_t$)의 계산에 필요한 재료들은 이하와 같다.

$$\text{attention score } \mathbf{e}_t = H^e W_a \mathbf{h}_t^d$$

(1) H^e: 인코더의 모든 hidden state 모음

D-차원의 모든 T개의 인코더 hidden states 행렬 (T, D)

$$\leftarrow D \rightarrow$$
$$H^e = \begin{bmatrix} \leftarrow \mathbf{h}_1^e \rightarrow \\ \leftarrow \mathbf{h}_1^e \rightarrow \\ \vdots \\ \leftarrow \mathbf{h}_T^e \rightarrow \end{bmatrix} \begin{matrix} \uparrow \\ \mathrm{T} \\ \downarrow \end{matrix}$$

(2) W_a: 학습 가능한 매개변수인 가중치에 대한 행렬 (D, D)

$$\leftarrow D \rightarrow$$
$$W_\alpha = \begin{bmatrix} \uparrow & \uparrow & & \uparrow \\ W_1 & W_2 & \cdots & W_D \\ \downarrow & \downarrow & & \downarrow \end{bmatrix} \begin{matrix} \uparrow \\ D \\ \downarrow \end{matrix}$$

(3) $\mathbf{h}_t^d$: step t에서의 디코더 hidden descriptor (D-차원)

위 수식을 달리 설명하면, step t에서의 attention scores인 $\mathbf{e}_t$는 '$\mathbf{h}_t^d$가 확장된 형태'라고도 볼 수 있다. 이때 디코더의 hidden descriptor는 인코더의 모든 descriptors를 검토한 후 학습을 통해 자신과 가장 '연관 있는' 인코더 토큰이 무엇인지 판단한다. 그리고 모델은 학습을 더 많이 진행함에 따라 $\mathbf{h}_t^d$와 인코더 내 각각의 hidden state 간의 관련도를 더 정확하게 파악하게 된다.

Step 2. 디코더 hidden descriptor의 학습 과정 이해하기

attention score 계산 수식인 $\mathbf{e}_t = H^e W_a \mathbf{h}_t^d$을 기반으로, $\mathbf{h}_t^d$가 학습을 통해 어떻게 개선되는지 그 과정을 수식과 코드로 구체적으로 알아보자.

① $H^e W_\alpha$에 대한 행렬곱부터 시작해보자. $H^e W_\alpha$의 각 value는 **인코더 hidden state와 가중치 벡터 간의 '유사성'**을 나타내게 된다.

$$H^e W_\alpha = \overset{\leftarrow D \rightarrow}{\begin{bmatrix} h_1^e \cdot W_1 & h_1^e \cdot W_2 & \cdots & h_1^e \cdot W_D \\ h_2^e \cdot W_1 & h_2^e \cdot W_2 & \cdots & h_2^e \cdot W_D \\ \vdots & \vdots & \ddots & \vdots \\ h_T^e \cdot W_1 & h_T^e \cdot W_2 & \cdots & h_T^e \cdot W_D \end{bmatrix}} \begin{matrix} \uparrow \\ T \\ \downarrow \end{matrix}$$

```
## H^e W_a = W_α @ H^e
## 코드로 적용하면?

precomputed_encoder_score_vectors = W_alpha@encoder_hidden_states
# (T, N, D) @ (D, D) -> (T, N, D)
```

위의 방법을 통해, 디코더를 호출할 때마다 다시 계산을 반복하는 것이 아니라, 단 한번만으로 값들을 계산할 수 있게 된다. 각 디코더 step 동안, $H^e W_\alpha$와 $\mathbf{h}_t^d$의 내적을 통해 최종 attention score 벡터를 계산할 수 있다.

② $\mathbf{h}_t^d$에 유사성 점수 $H^e W_\alpha$를 행렬곱해주면, **디코더 hidden state의 각 구성 요소에 가중치를 반영**할 수 있게 된다. 이렇게 세 가지 요소가 모두 곱해진 $H^e W_a \mathbf{h}_t^d$는 attention score로 기능하게 된다.

$$H^e W_\alpha \mathbf{h}_t^d = \begin{bmatrix} h_1^e \cdot W_1 & h_1^e \cdot W_2 & \cdots & h_1^e \cdot {}_D \\ h_2^e \cdot W_1 & h_2^e \cdot W_2 & \cdots & h_2^e \cdot W_D \\ \vdots & \vdots & \ddots & \vdots \\ h_T^e \cdot W_1 & h_T^e \cdot W_2 & \cdots & h_T^e \cdot W_D \end{bmatrix} \begin{bmatrix} (h_t^d)_1 \\ (h_t^d)_2 \\ \vdots \\ (h_t^d)_D \end{bmatrix}$$

$$= \begin{bmatrix} e_{t,1} \\ e_{t,2} \\ \vdots \\ e_{t,T} \end{bmatrix}$$

$\mathbf{e}_t$ 행렬에서 i번째 행은 attention score $e_{t,i}$가 되며, 이때 $e_{t,i}$는 i번째 인코더 hidden state와 $\mathbf{h}_t^d$(= 현재 디코더 hidden descriptor)와의 유사도를 표현해주게 된다. 계산 과정을 풀어보자면, 예컨대 $\mathbf{e}_{t,1}$을 계산하려면 $\mathbf{h}_1^e$와 $\boldsymbol{W}$를 행렬곱한 값에다 D차원의 $\mathbf{h}_t^d$를 하나씩 곱해줌으로써 구할 수 있다.

```
## e_t={H^e W_a * h_t^d}.sum(axis=-1)58)
## 코드로 적용하면?

e_t = (precomputed_encoder_score_vectors * h_t).sum(axis=-1)
# (T, N, D) * (1, N, D) -> (T, N, D).sum(axis=-1) -> (T, N)
```

이 attention scores 벡터를 사용하면, 디코더 hidden descriptor에 대한 **attention weights**를 계산할 수 있다. 만약 특정 인코더 state의 **weight가 특히 높다면, "현재 디코더 step의 경우**, 다른 hidden states보다 **해당 인코더 hidden state에 특히 주목해야 한**

58) 3차원 데이터를 다룰 때 데이터의 방향에는 x축 방향, y축 방향, z축 방향이 있다. numpy에서 axis = 0는 x축 방향, axis = 1은 y축 방향, axis = 2는 z축 방향을 가리키며, 3차원 데이터에서 axis = −1은 axis = 2 방향, 즉 z축 방향을 의미한다. 따라서, 위 수식에서 'sum(axis = −1)'란, { $H^e W_\alpha$* }라는 3차원 데이터에서 z축 방향으로 같은 위치에 놓인 원소끼리 합해준다는 것을 의미한다.

다"는 정보를 제공해 준다고 이해할 수 있다. 같은 방식으로, 낮은 가중치값에 대해서는 "현재 디코더 step의 경우, 해당 인코더 state에 포함된 정보를 대부분 무시해도 된다." 라는 의미로 이해하면 된다.

이러한 ① → ②의 과정을 반복하면서, 모든 인코더 hidden states 가운데 특정 i번째 디코더 hidden state와 가장 '관련 있는' 인코더 hidden state가 무엇인지 더 잘 판단할 수 있도록, i번째 가중치 벡터가 조율된다. 만약 특정 인코더 hidden state가 D차원의 디코더 hidden descriptor의 D개 항 전반에 걸쳐 높은 관련도를 가지고 있다면, 가중치 벡터는 이러한 정보를 학습한 후 attention score을 통해 자신의 값을 증폭시킬 것이다. 가중치 벡터가 모여 가중치 행렬을 이루게 되고, 이렇게 개선된 가중치 행렬을 통해 모델은 인코더의 hidden states와 디코더의 hidden descriptors 사이의 **구체적인 문맥적 관계**를 파악할 수 있게 된다.

Step 3. attention weight 계산하기

실제로 문맥 벡터를 구성하는 값은 attention score가 아니라 이를 확률값 형태로 나타낸 attention weight이다. 이때 필요한 것은 소프트맥스 함수이다. 우리는 소프트맥스 함수에 현재 디코더 hidden descriptor에 대한 attention score을 입력하여, 전체에 대한 확률값 (0과 1사이의 값) 형태인 attention weight를 구할 수 있다.

$$\boldsymbol{\alpha}_t = \mathrm{softmax}(\mathbf{e}_t) = \frac{\exp(\mathbf{e}_t)}{\sum_{i=1}^{T} \exp(e_{t,i})} = \frac{\exp(\mathbf{e}_t)}{\exp(e_{t,1}) + \exp(e_{t,2}) + \cdots + \exp(e_{t,T})}$$

편리하게도, MyGrad에는 소프트맥스 기능이 내장되어 있다! 단, 소프트맥스를 attention score 행렬에 취할 때, score에 해당되는 축에서 이루어져야 함을 명심하자.

```
## attention weight = softmax(attention score)
## 코드로 적용하면?


a_t = mg.nnet.softmax(e_t, axis=0)
# softmax((T, N), axis=0) -> (T, N)
```

Step 4. 문맥벡터 계산하기

마지막으로, 우리는 모든 인코더 **hidden states의 정보를 '요약'**해주는 **문맥 벡터** c_t를 계산하기 위해 방금 계산한 attention weights를 사용할 것이다. 아래 식에서 알 수 있듯 attention weights α_j는 각 인코더 hidden state $\mathbf{h}_j^e$의 계수가 되며, α_j와 $\mathbf{h}_j^e$에 대한 가중합이 문맥벡터로 기능하게 된다.

$$\mathrm{c}_t = \sum_{j=1}^{T} \alpha_j \mathbf{h}_j^e = \alpha_1(\mathbf{h}_1^e) + \alpha_2(\mathbf{h}_2^e) + \cdots + \alpha_T(\mathbf{h}_T^e)$$

관련성이 상대적으로 적은 인코더 hidden states에는 낮은 attention weights가 주어지게 된다. 따라서, 문맥 벡터는 주로 가장 관련성이 높은 hidden states의 정보를 포함하게 될 것이다.

```
## context vector = {α_j * h_j^e}의 가중합
## 코드로 적용하면?


c_t = (a_t[..., None] * encoder_hidden_states).sum(axis=0, keepdims=True)
# (T, N, 1) * (T, N, D) -> (T, N, D).sum(axis=0, keepdims=True) -> (1, N, D)
```

Step 5. 문맥벡터를 디코더에 넘겨주기

지금까지 문맥벡터를 만드는 과정을 이해해보았다. 이제는 문맥 벡터를 어떻게 다루어야 할지 고민해야 한다. 어떤 방식을 통해 디코더에 문맥 벡터와 디코더의 output을 둘 다 입력해줄 수 있을까? 기계학습 연구원들이 해온 방식에 여러 가지가 있는데, 그 중 우리가 취해볼 접근법은, 문맥 벡터 c_t를 일반적인 디코더 step의 output $\mathbf{y}_t$과 연결하는 (concatenate) 방식이다. 즉, 우리는 디코더 step에 대한 계산을 $\mathbf{s}_t$와 $\mathbf{h}_t^d$를 사용하여 평소대로 진행하고 $\mathbf{y}_t$와 $\mathbf{h}_t^d$를 얻어낼 것이다. 우리는 $\mathbf{y}_t$ 값을 저장한 후, 다음 디코더의 input $\mathbf{s}_{t+1}$에는 $\mathbf{y}_t$와 문맥 벡터 c_t를 이어 붙인 값을 넣어줄 것이다.

```
## 문맥벡터를 디코더에 넘겨주기 = 문맥벡터와 디코더 output을 연결
## 코드로 적용하면?

y_and_c = mg.concatenate([y_t, c_t], axis=-1)
# concatenate([(1, N, K), (1, N, D)], axis=-1) -> (1, N, K + D)
```

우리는 output 벡터의 차원을 변경하기 때문에, dense layer를 사용하여 output 차원을 수정하고 최종 분류 점수를 재계산해야 한다.

```
y_t = post_concat_dense(y_and_c)
# (1, N, K + D) @ (K + D, K) -> (1, N, K)
```

이게 전부이다! 마지막 dense layer는 일종의 인터프리터 역할을 하는데, 문맥 벡터에서 전달되는 정보와 디코더 output의 정보를 통합해준다. 따라서 각 디코더 step에 대한 최종 ouput에는 가장 중요한 인코더 hidden states로부터 직접 가져온 정보가 포함된다.

basic seq2seq의 한계	도식으로 Attention의 원리 이해	수식과 핵심 코드로 attention 개념 심화					코드로 seq2seq with attention 구현
		attention score	h_t^d의 학습	attention weight	문맥 벡터	문맥벡터 공유	

3 코드로 seq2seq with attention 구현하기

이제는, 이 모든 것들을 코드를 통해 구현해보자. 이전에 만들어두었던 RNN 클래스를 활용하면, 우리가 현재 필요로 하는 텐서인 '모든 hidden states를 포함하는 텐서'를 반환할 수 있다. 따라서 우리는 MyNN 라이브러리의 ⟨dense⟩를 이용해 W_α만 잘 정의해주면, attention scores를 계산할 수 있게 되었다. 이때 $H^e W_\alpha$에 대한 계산은 인코더의 output을 받은 입력받은 직후, 즉 다른 decoder 단계가 진행되기 전에 이루어져야 함을 명심하자.

아래 클래스에서 이때까지 설명한 attention mechanism을 적용하여 이전의 seq2seq 모델을 강화해보자. 각 디코더 step에서는 계산된 attention weights를 저장하라. __call__에서는 예측 점수 및 attention weights에 대한 행렬 (T, T, N)[59] 2개를 모두 반환하라.

```
class Attentionseq2seq:
    def __init__(self, dim_input, dim_recurrent, dim_output):
        """ Initializes all RNN layers needed for seq2seq

        매개변수
        ----------
        dim_input: int
            RNN을 지나가는 데이터의 차원 (C)

        dim_recurrent: int
            RNN에 있는 hidden state의 차원 (D)

        dim_output: int
            RNN의 output의 차원 (K)

        Notes
        -----
        이 특정 문제에 대해, input의 차원과 output의 차원은 동일(C = K).
        그러나 이것이 일반적인 경우는 아님.
        """
        # (이전에 했던 것처럼) 두 개의 RNNs - 인코더와 디코더 -를 생성(인스턴스화)
        #
        # 이후, 두 개의 MyNN dense layer 생성:
        # - 하나는 (D, D) 행렬 W_alpha에 해당되는 것 (bias는 없음),
        # - 하나는 y_t 벡터와 c_t 벡터가 concat된 것 (dim K+D)
        #   적절한 output dimension (dim K)을 갖춘 벡터.
        #
        # 두 개의 dense layers 모두, glorot_normal weight initializer 사용
        # 여기에 코드 작성

    def __call__(self, x):
        """ seq2seq에 대한 완전한 순방향 패스(full forward pass)를 수행.

        매개변수
```

59) 여기서 N은 데이터를 이루는 시퀀스의 개수이며, 앞의 T, T는 데이터에 대한 길이를 의미한다. T차원이 2번 필요한 것은 각 토큰(T)별로 어떤 토큰(T)이 연관이 많은지 따져야 하기 때문이다. 구체적으로 보면 (T, T, N)에서 첫 번째 T는 각 디코더 토큰이 인코더의 어떤 토큰과 관련 있는지(=attention weights)를 나타내주고, 두 번째 T는 디코더 토큰의 개수를 나타낸다. 둘의 의미를 혼동하지 않도록 하자.

```
    ----------
    x: Union[numpy.ndarray, mygrad.Tensor], shape=(T, N, C)
        batch에 있는 각 시퀀스에 대한 원-핫 인코딩

    반환 값
    -------
    y: mygrad.Tensor, shape=(T, N, K)
        각 디코더 step의 output으로부터 산출된 최종 분류 점수
    a_ij: numpy.array, shape=(T, T, N)
        sequences의 batch에 대한 attention weights. The 0-th
        0차원은 각 디코더 step에서 계산된 attention weights에 상응함
    """
    # 인코딩 및 디코더 setup을 'seq2seq' 모델에서와 동일하게 수행:
    #
    # - 인코더 hidden states 'enc_h'를 받음,
    # - 첫 번째 디코더 hidden state가 마지막 인코더 hidden state가 되도록 설정
    # - 리스트 'y'를 생성하여 디코더 outputs를 저장
    # - <START> 토큰 원-핫 인코딩을 첫 번째 디코더 input으로 초기설정
    # 여기에 코드 작성

    # W_alpha에 상응하는 dense layer를 'enc_h'에 적용하여
    # attention scores의 일부를 미리 계산
    # 여기에 코드 작성

    # 아래 코드는 'a_ij' 리스트를 생성
    # 리스트에 각 디코더 step에서의 attention weights를 저장
    a_ij = []

for _ in range(T):
    # 'e_t':현재 디코더 hidden state에 대한 attention scores 계산
    # 사용 수식: 미리 계산된 W_alpha * H^e.
    # 여기에 코드 작성

    # attention weights: attention scores에 소프트맥스 함수를 취한 것
    # 'T' 차원에 대해 softmax 함수를 취할 것을 명심하라.
    #
    # 결과를 변수 'a_t'에 저장.
    # 여기에 코드 작성

    # 아래 코드는 현재 디코더 step에 대한 attention weights를 'a_ij' 리스트에
      더해줌
```

```
        # 새로운 축은 weights가 하나의 행렬로 연결(concatenate)될 수 있도록 만듦
        a_ij.append(a_t.data[None])

        # 인코더 hidden states로부터 문맥 벡터 'c_t'를 계산하라
        # 'enc_h' & the attention weights 'a_t'.
        # 여기에 코드 작성

        # basic seq2seq 모델에서처럼 하나의 디코더 step를 수행하여 y_t와 h_t를 입력
          받아라
        # 여기에 코드 작성

        # 마지막 축을 따라 디코더 output y_t와 문맥벡터 c_t를 연결(concatenate)하라
        # (1, N, K)와 (1, N, D)를 연결한 결과 (1, N, K+D)의 shape를 가짐
        # 여기에 코드 작성

        # dense layer를 활용하여
        # 연결한(concatenated) 벡터를 -> 적절한 output 차원(K)의 벡터로 압축시켜라
        # 리스트 'y'에 마지막 'y_t'를 추가하라
        # 여기에 코드 작성

        # 'one_hot_encode_prediction'를 사용하여
        # 디코더 output과 문맥벡터 'y_t'의 결합물을 기반으로
        # 다음 디코더 input s_{t+1}을 찾아내라
        # 여기에 코드 작성

        # 0-th axis을 따라
        # 'y'에 저장된 y_t 텐서들을 모두 연결(concatenate)하라
        # 여기에 코드 작성

        # 아래 코드를 통해
        # 각 디코더 step에 대해 계산된 T개의 attention vectors 'a_t'를 연결할 수 있다
        a_ij = np.concatenate(a_ij, axis=0) # a_ij: shape-(T, T, N)

        # 위 docstring에 부합하는 적절한 텐서들과 배열들을 반환하라
        # 여기에 코드 작성

@property
    def parameters(self):
        """ 모델 내 모든 매개변수를 취하는 편리한 함수
        이것은 'model.parameters'를 통해 속성(attribute)으로 액세스 가능
```

```
    반환 값
    -------
    Tuple[Tensor, ...]
        우리 모델에 대한 모든 학습 가능한 매개변수를 포함하는 튜플
    """

    # 여기에 코드 작성
```

여기에 noggin plot을 그려(인스턴스화) 모델의 손실과 정확성을 추적하라.

```
from noggin import create_plot
# 여기에 코드 작성
```

Attentionseq2seq 모델과 Adam 옵티마이저를 설치하라. 모델의 경우 dim_recurrent가 25인 것이 좋다. 옵티마이저의 경우 매개변수를 default로 지정하는 것이 시작하는 단계에서 적합할 것이다.

```
# 여기에 코드 작성
```

아래에 학습 loop를 작성하라. 필요에 따라 inputs를 softmax_crossentropy로 reshape해야 함을 기억하라. 이때 배치 크기는 100으로 지정하고, 시퀀스 길이는 1에서 20 사이가 되도록 하라. 모델을 8000회 반복하여 학습시켜라.

```
# 여기에 코드 작성
```

다음을 실행하여 모형의 정확성을 평가하라.

```
length_total = defaultdict(int)
length_correct = defaultdict(int)

with mg.no_autodiff:
    for i in range(50000):
        if i % 5000 == 0:
            print(f"i = {i}")
        x, target, sequence = generate_batch(1, 20, 1)
```

```
        output, _ = model(x)

        length_total[sequence.size] += 1
        if np.all(np.argmax(output, axis=-1) == target):
            length_correct[sequence.size] += 1

fig, ax = plt.subplots()
x, y = [], []
for i in range(1, 20):
    x.append(i)
    y.append(length_correct[i] / length_total[i])
ax.plot(x, y);
```

이제 우리는 학습한 모든 시퀀스 길이에 대해 거의 완벽에 가까운 정확성을 확인할 수 있다. (충분히 오래 학습한 경우, 모델은 이 문제를 완전히 마스터할 수 있다).

마무리 단계로, 단일 sequence에 대해 계산된 attention weights를 살펴보자. 아래 셀을 실행하면, 선택한 시퀀스 길이에 대한 attention weights를 시각화할 수 있다.

```
seq_len = 15

x, target, sequence = generate_batch(seq_len, seq_len, 1)
y, a_ij = model(x)
y = np.argmax(y, axis=-1).squeeze() # determine decoder inputs

fig, ax = plt.subplots()

ax.set_yticks(range(y.size))
ax.set_yticklabels(["<S>"] + [x for x in y[:-1]])
ax.set_ylabel("Input to Decoder")

ax.xaxis.tick_top()
ax.xaxis.set_label_position('top')

ax.set_xticks(range(target.size))
ax.set_xticklabels([x for x in sequence.squeeze()] + ["<E>"])
ax.set_xlabel("Original Sequence")

ax.imshow(a_ij.squeeze());
```

이런 결과가 나올 것이라 예상하였는가? 우리가 해결하려는 문제를 고려할 때, 직관적으로 이해가 잘 되는가?

딥러닝 분야에서 attention이 도입됨으로써 모델의 성능을 크게 개선시킬 수 있었다. 실제로 attention은 매우 강력한 도구이기 때문에, 마지막 노트에서는 어떻게 attention만을 활용하여 언어 모델을 구성할 수 있는지 알아보도록 하자.

배운 내용 되돌아보기

basic seq2seq의 한계	도식으로 Attention의 원리 이해	수식과 핵심 코드로 attention 개념 심화					코드로 seq2seq with attention 구현
		attention score	h_t^d의 학습	attention weight	문맥 벡터	문맥벡터 공유	

☑ basic seq2seq는 인코더 마지막에 위치한 하나의 hidden state에만 의존해 문맥벡터를 생성하기 때문에, 길이가 긴 시퀀스를 처리하는 데 큰 한계를 지니고 있다. 이때 seq2seq에 attention 메커니즘을 도입하면 이러한 문제를 완화시킬 수 있다.

☐ attention 메커니즘의 핵심은, 각 step마다 전체 인코더 토큰 가운데 가장 중요한 토큰이 무엇인지 판단하여 이를 디코딩 단계에 반영한다는 것이다. 현재 디코딩 단계에 대해, 어떤 인코더 토큰이 가장 관련성이 있는지를 attention score로 계산하고, softmax 함수를 이용해 이를 확률 형태의 attention weight을 산출한다. 이후 attention weight를 기반으로 인코더의 hidden states를 가중합하여 문맥벡터를 구성하게 된다. 따라서 디코더의 각 step마다 문맥벡터가 다이나믹하게 변화하게 된다.

☐ 각 디코딩 step과 인코딩 토큰 간의 '관련도'는 학습의 결과로 점차 개선된다. 이를 위해 인코더의 모든 hidden states 행렬과 가중치 매개변수 행렬 간 행렬곱이 필요하다. 행렬곱 결과를 디코더 hidden descriptor와 곱해줌으로써 attention score을 산출할 수 있다. 최종적으로 특정 디코더 step에 대한 문맥벡터를 생성하면, 이것을 직전 디코더 step에서의 output과 concatenate한 결과를 디코더에 입력하게 된다.

5절. Seq2Seq를 마무리하며

지금까지 vanilla RNN이 확장 및 개선된 형태인 seq2seq 모델을 만나보았다. seq2seq의 개념과 원리를 차근히 이해한 후, 이 모델에 attention 메커니즘을 도입하여 길이가 긴 시퀀스도 잘 처리할 수 있는 seq2seq의 구현 방법을 배워보기도 하였다. 다음 6절에서 만날 transformer는 이번 절에서 배운 'seq2seq with attention'의 핵심 원리를 유용하게 이용하면서도, RNN적인 요소를 완전히 제거하고 복잡한 계산 과정을 병렬적으로 한 번에 처리해줌으로써 성능과 속도의 양 측면에서 획기적인 성공을 거둔 최신 모델이다. 'seq2seq with attention'에 대한 이해를 확실히 한 후, 다음 절을 통해 transformer의 원리와 구현 방법을 구체적으로 알아보도록 하자.

6 신경망 성능 향상을 위한 기법들

6.0 학습 목표

그동안 Bag of Words에서 Seq2Seq에 이르기까지, 자연어 처리의 주요 발전 과정을 살펴보았다. 이번 절에서는 컴퓨터 비전과 자연어 처리, 두 분야 모두에 적용되는 추가적인 기법에 대해서 살펴보도록 하자.

지금까지 살펴본 내용은 마치 각 분야의 뼈대와 같다. 이 위에 여러 가지 추가 기술들이 계속해서 첨가됨으로써 딥러닝 기술이 발전해나가는 양상을 보이고 있다.

그렇다면 어떠한 기법들이 추가되어 나가고 있는 것인가? 6절을 통해 신경망의 성능을 향상시켜주는 추가 기법들을 살펴보도록 하자.

6.1 Batch Normalization

우리는 입력하는 데이터에 정규화(최소-최대 정규화, Z-점수 정규화) 과정을 도입하여 신경망의 학습 속도를 증진시킬 수 있다.[60] 그러나 이렇게 데이터를 입력하는 과정에서 정규화를 적용한다고 하더라도, 여러 층을 거치면서 행렬곱 진행하고 활성화 함수 적용하는 과정을 거친다면, 그 결과 값이 정규화된 값일 확률은 희박할 것이다.

60) 데이터 전처리 기법 중 데이터의 정규화와 관련된 내용에 대해서는, 구글링을 통해 스스로 알아보거나 《인공지능 교육단체 OUTTA와 함께 하는! 머신러닝 첫 단추 끼우기》를 읽어보는 것을 추천한다.

물론 층의 개수가 적은 경우에는 입력 데이터 정규화를 통해, 적지 않은 효과를 볼 수 있을 것이다. 그러나 층의 개수가 많다면, 정규화된 데이터가 계속해서 변형될 것이기에 정규화를 통한 효과를 보기 어렵다.

그렇다면 한 층의 연산이 진행될 때마다 정규화를 진행하게 된다면, 그렇게 해서 데이터의 분포 형태를 모든 층에 대해 균일하게 유지할 수 있다면, 학습 속도 향상 효과를 기대해볼 수 있지 않을까?

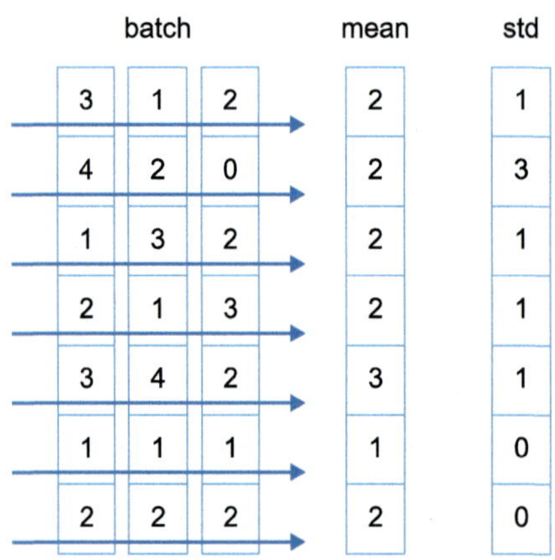

그림 6.1 배치 정규화

바로 이 아이디어에서 착안된 것이 배치 정규화(Batch Normalization)다. 일반적으로 각 층의 연산은 행렬 곱을 통한 선형 연산과 활성화 함수로 구성된다. 배치 정규화는 두 연산 사이에 일종의 정규화 과정을 추가로 도입해주는 것이다.

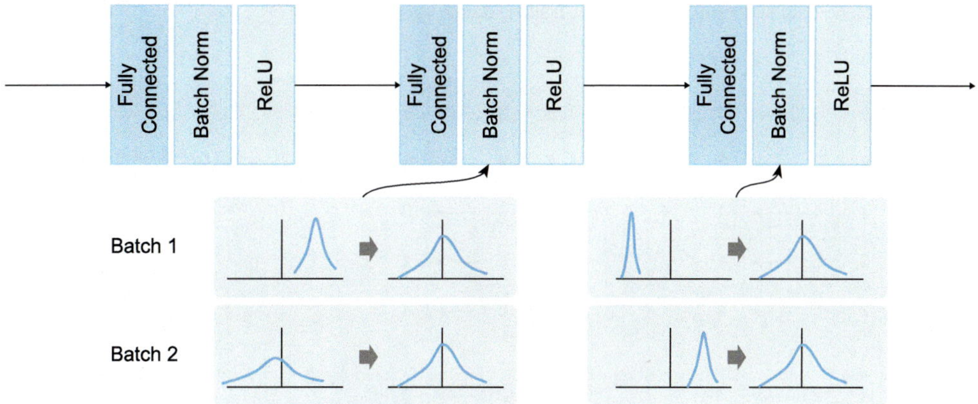

그림 6.2 배치 정규화의 도입[61]

위와 같이 층마다 Batch Normalization을 적용해줌으로써 모든 층의 입력값들의 분포를 정규 분포로 균일하게 유지할 수 있는 것이다. 위 그림을 보면, Fully Connected 연산이 이루어지면서 입력값의 분포가 중앙에서 다소 멀어지게 된다. 우리는 Batch Normalization을 통해 이러한 현상을 방지할 수 있음을 위 그림을 통해 확인할 수 있다.

학습용 데이터에 대해서는 위와 같은 Batch Normalization 과정을 거치지만, 테스트용 데이터에 대해서는 사뭇 다른 방식을 차용한다. 테스트용 데이터의 경우, 테스트용 데이터 자체의 평균과 분산을 활용하지 않는다. 그 대신, 학습용 데이터에서 산출한 batch 별 평균과 분산들의 평균값을 사용한다. 이는 테스트용 데이터에 Batch Normalization을 적용하는 데 있어 학습용 데이터 전체를 활용하겠다는 의지를 보여준다. 학습용 데이터셋의 batch가 2개라고 가정했을 때, 테스트용 데이터셋에 Batch Normalization을 적용하는 과정을 아래에 그려 보았다.

이로써 우리는 Batch Normalization 기법을 통해 층을 여러 번 거치더라도 데이터 분포 형태를 계속 유지할 수 있다. 이에 따라 층의 개수, 신경망의 깊이에 관계없이 정규화를 통한 학습 속도 향상을 기대해볼 수 있게 되었다.

61) 《Jinsol Kim》, 〈https://gaussian37.github.io/dl-concept-batchnorm/〉, 2022.02.15.

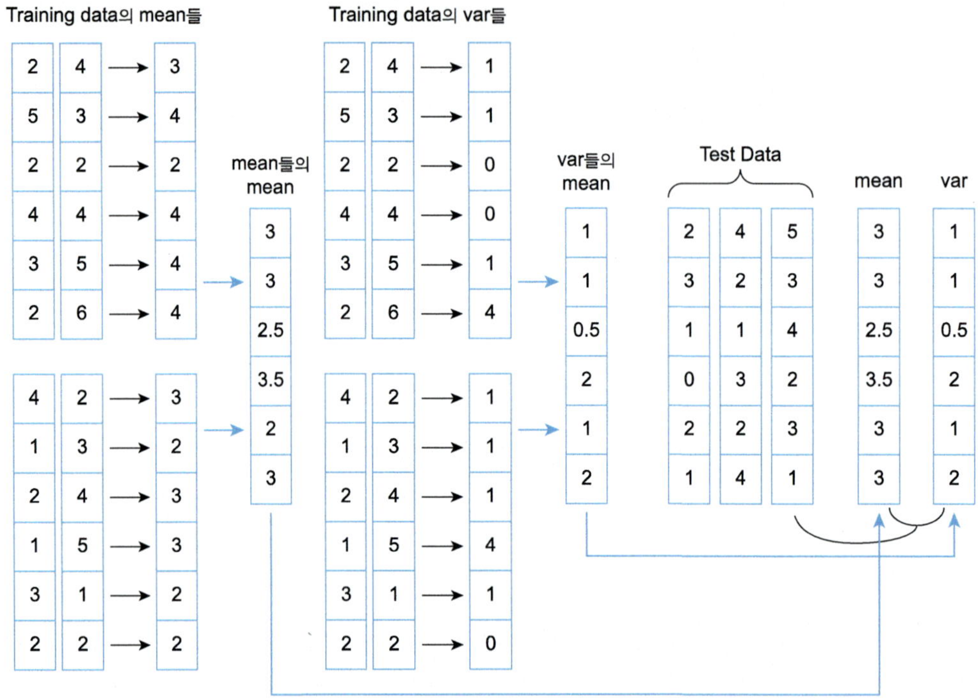

그림 6.3 테스트용 데이터셋에 대한 배치 정규화

Batch Normalization은 데이터 분포를 일정하게 유지해줌으로써 각 층이 각 데이터 분포 형태까지 고려해가면서 학습해야 하는 번거로움을 제거해주었다. 이를 통해 신경망의 학습 속도와 학습 능력을 향상시켰으며, 주로 컴퓨터 비전에서 사용되는 CNN의 학습 속도를 증진시키는데 많이 사용된다. 그러나 이러한 Batch Normalization에는 몇 가지 단점이 존재한다.

우선, batch의 크기가 어느 정도 커져야 한다는 점이다. Normalization을 진행하면서 우리는 batch 내 데이터들의 평균과 분산을 계속 구해준다. 여기서 batch 내 데이터들의 평균과 분산은 전체 데이터의 평균과 분산에 대한 추정값이다. batch의 크기가 작아지게 된다면, 모평균과 모분산에 대한 추정의 정확도가 떨어지게 될 것이다. 결국 Batch Normalization가 역효과를 보이게 되고, 신경망의 학습에 긍정적인 영향을 주지 못하게 된다.

추가로, 테스트용 데이터의 차원이 학습용 데이터의 것보다 커지면 안 된다. Batch Normalization의 작동 방식을 되돌아보면, batch 내 모든 데이터들의 평균과 분산을 데이터의 차원 별로 구해준다. 위에 언급한 바, 테스트용 데이터의 경우 Batch Normalization을 적용해줄 때 학습용 데이터를 Batch Normalization할 때 구한 평균과 분산들의 평균값을 활용한다. 이에 따라 학습용 데이터의 차원보다 테스트용 데이터의 차원이 커지게 되면, 테스트용 데이터에 Batch Normalization을 적용하는 것이 불가능해진다. NLP의 경우, 학습용 데이터의 토큰의 개수와 테스트용 데이터의 토큰의 개수가 다른 경우가 흔하기 때문에 Batch Normalization은 NLP에 적용하기에 다소 부적절해 보이기도 한다.

6.2 Layer Normalization

Batch Normalization은 위에 설명한 대로 NLP에 적용하기 어려운 부분이 있으므로, 다른 기법인 Layer Normalization에 대해 살펴보자. Batch Normalization의 경우, batch마다 데이터의 차원 별로 모든 데이터의 평균과 분산을 계산하여 정규화를 진행하는 방식이었다. 이와 달리, Layer Normalization은 데이터 셋 내 데이터별로 모든 차원에 대한 평균과 분산을 계산하여 정규화를 진행한다. 아래 사진을 살펴보자.

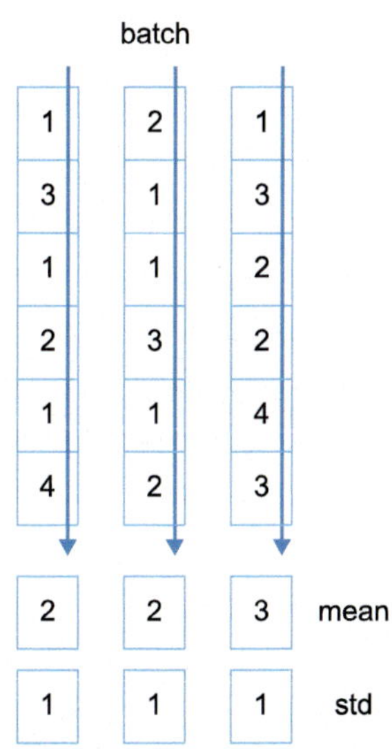

그림 6.4 Layer Normalization

Batch Normalization과 비슷하지만, Batch Norm의 경우 배치 안의 데이터들에서 같은 차원끼리 평균과 분산을 구한 반면에 Layer Norm은 한 데이터 안의 모든 차원들에 대한 평균과 분산인 것이다.

Layer Normalization의 경우, 위와 같은 방식으로 정규화가 이루어지기 때문에 데이터마다 차원의 개수가 변하는 것에 관계없이 정규화 기법을 적용할 수 있게 된다. 그렇기에 NLP에서는 주로 Layer Normalization을 사용하며, 뒤에 나올 연습문제에서도 Layer Normalization 기법을 적극 활용할 것이다.

6.3 Residual Connection

우리는 신경망을 학습시키면서 역전파를 통해 매개변수의 값을 변형시킨다. 역전파는 chain rule에 의거해서 gradient를 계산한다.

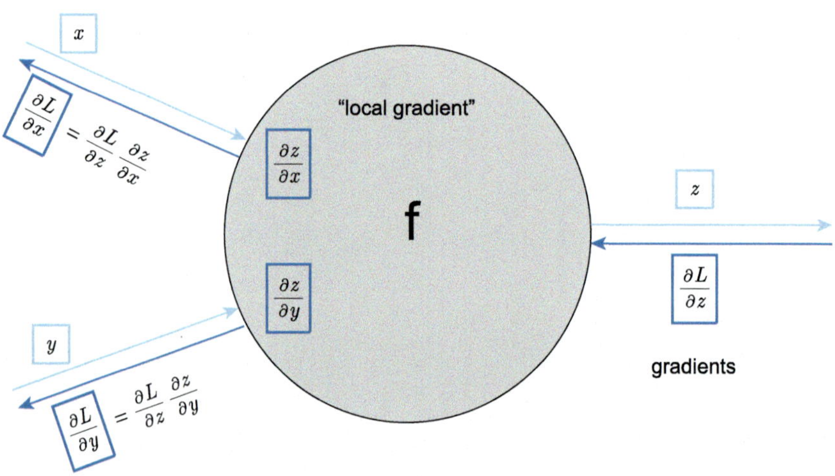

그림 6.5 역전파를 통한 gradient 연산[62]

수많은 gradient들의 곱으로 최종 gradient가 계산될 것이다. 최종 gradient가 산출되기까지는 활성화 함수의 gradient, 입력 값의 gradient 등 많은 값들이 곱해질 것이다.

62) Fei-Fei Li, 《Stanford University cs231n Lecture 4》, 〈http://cs231n.stanford.edu/slides/2017/cs231n_2017_lecture4.pdf〉, 2022.01.15.

chain rule을 기반으로 하여 정말 많은 값들이 곱해지게 될텐데, 매개변수 값들이 변화하여 만일 엄청 작은 값이 여러 번 곱해지는 상황을 상정해보자. 그럴 경우, 최종 gradient는 0에 근접한 매우 작은 값을 갖게 될 것이다.

이렇게 될 경우, gradient가 매우 작아져서, 수렴 속도가 정말 극심하게 느려지게 된다. 이를 방지하기 위해 우리는 residual connection을 도입할 수 있다. residual connection의 형태는 아래와 같다.

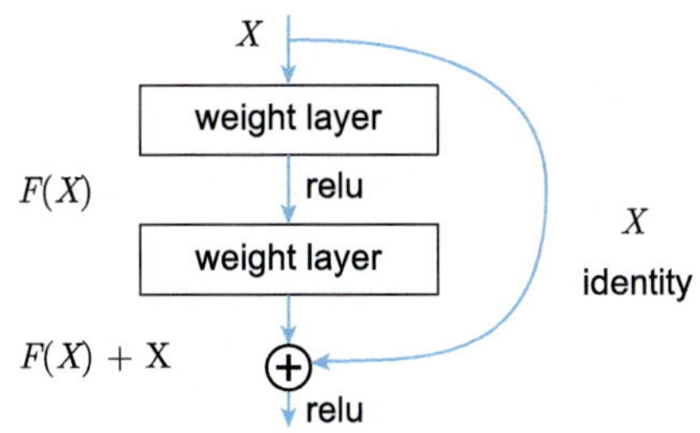

그림 6.6 Residual Connection[63]

$$\boldsymbol{H(X)} = F(X) + X$$

위와 같은 방식으로 식이 구성된다면, 함수 F가 0에 근접한 값을 출력하게 된다고 하더라도 함수 H는 입력값 자체를 내포하고 있다. 이럴 경우, H는 입력값을 고스란히 보존하는 함수이기에 gradient는 1이 될 것이다. Residual Connection을 통해 이렇게 최소 gradient가 1이 되도록 해줌으로써 gradient vanish 현상을 막을 수 있는 것이다.

위와 같이 Residual Connection을 통해 층을 여러 개 도입했을 때 생길 수 있는 gradient vanish 문제를 해결할 수 있다.

이제, 다음 실습을 통해 Transformer 모델에 대해 자세히 살펴보도록 하자. 트랜스포머 연습문제에서는 Residual Connection과 위에서 다뤘던 Layer Normalization을 활용할 것이다.

63) He, K., Zhang, X., Ren, S., & Sun, J. (2016). Deep residual learning for image recognition. In Proceedings of the IEEE conference on computer vision and pattern recognition (pp. 770-778).

실습 12 Transformer

Intro	학습 데이터 만들기	모델의 전반적 구조	Scaled Dot Product Attention	Multihead Attention	인코더	디코더	위치 인코딩	트랜스포머 구현	암호화된 문장 해독	Attention head의 시각화

0 Intro

이전 연습문제에서 Seq2Seq 모델을 살펴보았다. 이 모델은 발표된 이후 한동안 학계와 업계에서 지배적으로 활용되고 있었다. Attention 기능까지 더해지면서, Seq2Seq 모델은 대단한 성능과 학습 속도를 보여주었다. 그러나 머지않아 NLP 연구에 새 지평을 연 하나의 새로운 모델이 세상에 공개되었다.

그것은 바로 지난 2017년, 구글 브레인이 'Attention is All you Need'라는 제목의 논문으로 공개한 트랜스포머다.

논문의 제목에서 알 수 있듯이 트랜스포머는 attention을 기반으로 하며, Seq2Seq과 달리 RNN의 순환 구조가 전혀 사용되지 않았다. 즉, 한 스텝에 하나의 토큰을 처리하는 방식이 아닌, 한 번에 모든 토큰을 처리하는 방식을 취한다. 이로 인해 RNN을 기반으로 한 Seq2Seq보다 훨씬 빠르고, 모델의 복잡도가 현저히 낮다. 이전 스텝과 다음 스텝 간에 유기적인 관계를 맺고 있어 복잡한 양상을 띠는 Seq2Seq와 달리, 트랜스포머는 훨씬 더 간단하고 직관적으로 받아들일 수 있는 행렬곱들로 구성되어 있다.

NLP 학계의 연구들을 트랜스포머 이전과 이후로 구분지을 수 있을 만큼, 트랜스포머의 등장은 NLP의 발전에 지대한 영향을 끼쳤다. 2020년 6월 OpenAI에서 선보인 역대 최대 규모의 초거대 언어 AI 모델, GPT-3도 트랜스포머 기반 모델이다. 트랜스포머는 NLP뿐만 아니라 컴퓨터 비전을 비롯한 다른 분야에서도 정말 강력한 도구로서 많이 활용되고 있다.

그렇다면 트랜스포머가 도대체 무엇인가? 본 연습문제를 통해 트랜스포머 구조에 대해 깊게 들여다보고자 한다. 트랜스포머 모델을 직접 구현해보고, 이 모델에 암호를 해독하는 방법을 학습시켜보도록 할 것이다.

본격적으로 시작하기 전에, 일련의 코드를 통해 줄글 데이터를 불러오도록 하자.

```
path_to_wikipedia = "./dat/wikipedia2text-extracted.txt"
with open(path_to_wikipedia, "rb") as f:
    wikipedia = f.read().decode()
    wikipedia = wikipedia.lower()
print(str(len(wikipedia)) + " character(s)")
```

```
import re

# keep alpha + spaces
wikipedia = re.sub("[^ a-z]", "", wikipedia)
```

```
from itertools import zip_longest

str_len = 25
# using all data is like 30 gigs in numpy array form
percent_of_data_to_use = 0.05

wiki_ls = [''.join(filter(None, s)) for s in zip_longest
        (*([iter(wikipedia)]*(str_len-1)))]
wiki_ls = wiki_ls[:-1] if len(wiki_ls[-1]) != str_len else wiki_ls

wiki_ls = wiki_ls[:int(len(wiki_ls) * percent_of_data_to_use)]
```

```
ALPHA = "abcdefghijklmnopqrstuvwxyz "
IND_LOOKUP = {x:i for i, x in enumerate(ALPHA)}
LOOKUP_TABLE = np.array([x for x in ALPHA])
LOOKUP_TABLE = np.concatenate([np.roll(LOOKUP_TABLE, i)[None] for i
in range(0, -len(ALPHA), -1)], axis=0)
```

```
def cipher(plaintext, key):
    len_p = len(plaintext)
    len_k = len(key)
    key = (key * (len_p // len_k + 1))[:len_p]
    out = ""
```

```
    for p, k in zip(plaintext, key):
        ind_p = IND_LOOKUP[p]
        ind_k = IND_LOOKUP[k]
        out += LOOKUP_TABLE[ind_k, ind_p]
    return out
```

```
key = "clap"

wiki_enc_ls = [cipher(x, key) for x in wiki_ls]
```

```
def one_hot_encoding(text):
    """
    adds both a start and end token
    """
    seq_len = len(text)
# +2 to seq_len to add in start/end tokens, +2 to dimension to

# start = [... 0 1 0], end = [... 0 0 1]
    out = np.zeros((seq_len+2, len(ALPHA)+2), dtype=np.float32)
    inds = [IND_LOOKUP[x] for x in text]
    out[range(1, seq_len+1), inds] = 1
    out[0, -2] = 1
    out[-1, -1] = 1
    return out
```

```
# src one-hots dont need start token
wiki_src_dat = np.concatenate([one_hot_encoding(x)[1:, None] for x
               in wiki_enc_ls], axis=1)

# tgt one-hots dont need end token
wiki_tgt_dat = np.concatenate([one_hot_encoding(x)[:-1, None] for x
               in wiki_ls], axis=1)

print(wiki_src_dat.shape, wiki_tgt_dat.shape)
```

```
# tgt inds do need end token (and no start)
wiki_tgt_inds = np.concatenate([np.array([IND_LOOKUP[x] for x in
                tgt_str] + [len(ALPHA) + 1]).reshape(-1, 1)
for tgt_str in wiki_ls], axis=1)

print(wiki_tgt_inds.shape)
```

```
test_dat = ["cogworks has no asterisk",
"blahblahblahblahblahblah"]

test_dat = [cipher(x, key) for x in test_dat]
test_dat = np.concatenate([one_hot_encoding(x)[1:, None] for x in
           test_dat], axis=1)

print(test_dat.shape)
```

```
np.savez("./dat/wikipedia2text-encoded.npz",
train_src_one_hot=wiki_src_dat,
train_tgt_one_hot=wiki_tgt_dat,
train_truth_inds=wiki_tgt_inds,
test_src_one_hot=test_dat)
```

Intro	학습 데이터 만들기	모델의 전반적 구조	Scaled Dot Product Attention	Multihead Attention	인코더	디코더	위치 인코딩	트랜스포머 구현	암호화된 문장 해독	Attention head의 시각화

1 학습 데이터 만들기

본 실습에서는 비즈네르 암호로 인코딩된 글을 데이터셋으로 이용할 것이다. 우리는 입력받은 글에 one-hot 인코딩을 적용하여 2차원 배열로 표현하고, 여기에 비즈네르 암호 체계를 기반으로 한 인코딩 작업을 추가로 진행할 것이다. 이렇게 인코딩된 배열과 이에 대응되는 디코딩된 배열을 이용하여 트랜스포머를 학습시킬 것이다. 이를 통해 임의의 인코딩된 배열을 트랜스포머 모델에 입력했을 때, 인코딩되기 전 문장이 무엇이었는지 찾아낼 수 있도록 할 것이다.

수열의 각 토큰들은 알파벳 소문자이거나 공백이거나 시작/끝 토큰이다. 당연히 인코딩된 배열에는 시작 토큰이 부여되어 있고, 디코딩된 수열에는 끝 토큰이 부여되어 있다. 그리고 데이터의 차원은 Seq2Seq 연습문제와 동일하다.

학습용 데이터와 테스트용 데이터를 추출하고, 각 배열의 모양을 출력해보자. 배열의 각 차원이 말하는 바가 무엇일지 생각해보자.

> **Note** 이 문제에서 수열의 길이는 시작 토큰과 끝 토큰을 포함한 길이다. 시작 토큰과 끝 토큰을 제외한 길이를 나타냈던 Seq2Seq 연습문제와는 다르다는 점에 유의하자.

```
with np.load("./dat/wikipedia2text-encoded.npz") as data:
    train_src_one_hot = data["train_src_one_hot"]
    train_tgt_one_hot = data["train_tgt_one_hot"]
    train_truth_inds = data["train_truth_inds"]
    test_src_one_hot = data["test_src_one_hot"]

# 여기에 코드 작성
```

Intro	학습 데이터 만들기	모델의 전반적 구조	Scaled Dot Product Attention	Multihead Attention	인코더	디코더	위치 인코딩	트랜스포머 구현	암호화된 문장 해독	Attention head의 시각화

2 트랜스포머 모델의 구조

자, 본격적으로 실습을 시작하기에 앞서, 트랜스포머의 구조를 살펴보자. 각 층이 어떤 기능을 하는지 감이 잘 안 잡힐 수 있겠지만, 구조 정도는 눈에 익을 수 있게 하자. 트랜스포머의 구조는 아래와 같다.

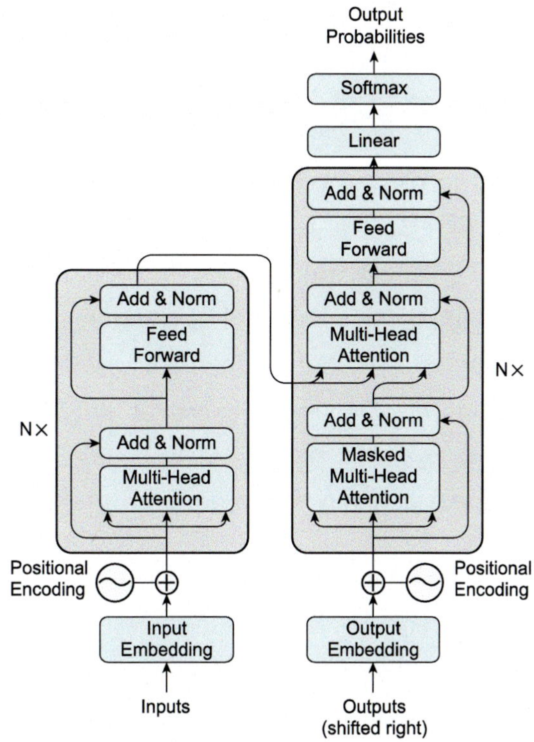

그림 6.7 트랜스포머의 구조[64]

트랜스포머는 크게 인코더와 디코더, 두 가지로 나눌 수 있다. 인코더의 경우, Multihead Attention 기반 층과 Feed Forward 기반 층으로 구성된 층이 N번 반복된다. 그리고 디코더의 경우, Multihead Attention 기반 층 2개와 Feed Forward 기반 층으로 구성된 층이 N번 반복된다.

입력 값과 인코더, 입력 값과 디코더 사이를 보면, Positional Encoding이라는 것이 적용된다. 후술하겠지만, 이는 입력된 각 값들의 위치 정보를 함의한다. 이렇게 각 입력 값에 위치 정보를 넣어줌으로써 RNN과 같은 순환적 구조가 아님에도 입력 값들의 위치를 트랜스포머가 인지할 수 있는 것이다.

64) Vaswani, Ashish, et al. "Attention is all you need." Advances in neural information processing systems 30 (2017).

Multihead Attention이 어떤 것인지에 대해서는 곧 서술하겠으나, 인코더의 Multihead Attention과 달리 디코더의 Multihead Attention에는 마스킹 기법이 쓰이는 것으로 보인다. 이는 디코더가 얻을 수 있는 정보를 제한하기 위함이다.

예를 들어, I want to play soccer이라는 문장을 한국어로 번역하고 있다고 생각해보자. 이것을 번역하게 된다면, '나는 축구를 하고 싶어'라는 문장으로 번역될 수 있을 것이다. 여기서, '나는 축구를'까지 해석이 되었다고 생각해보자. 그렇다면 이어서 '하고'라는 단어를 예측하는데 있어서 '나는 축구를'이 출력되었다는 정보만 다루어야 한다. 그 뒤에 나올 단어들에 대해서는 아는 정보가 없어야 한다. 상식적으로 생각해보았을 때, 어떤 단어를 예측하는데 있어서 이전 단어들만을 가지고 예측하는 것은 타당하다. 다음 단어를 가지고 이전 단어를 예측하는 것은 이치에 다소 어긋나는 것이다. 고로 마스킹 기법을 도입하여, 이후 토큰들의 상황을 제하고 예측하는 것이다.

그리고 모든 Multihead Attention과 Feed Forward 층 다음에는 Add & Norm이 있다. 이것은 앞서 '신경망 성능 향상을 위한 기법들'에서 다룬 Residual Connection과 Layer Normalization 기법을 의미한다. Residual Connection은 결과 값에 입력 값을 더해주는 것이므로 Add, Layer Normalization은 Norm으로 표현되었다.

구조를 한 번 훑었으니, 각 층이 구체적으로 어떤 기능을 하는지 알아보도록 하자. 특히 Multihead Attention이라는 용어가 많이 등장했는데, 이 기법이 무엇인지 한 번 자세히 들여다보자.

Intro	학습 데이터 만들기	모델의 전반적 구조	Scaled Dot Product Attention	Multihead Attention	인코더	디코더	위치 인코딩	트랜스포머 구현	암호화된 문장 해독	Attention head의 시각화

3 Scaled Dot Product Attention

Multihead Attention을 알아보기에 앞서, 그것의 근간을 이루는 Scaled Dot Product Attention에 대해 살펴보도록 하자. 이름에서 볼 수 있듯이 내적을 활용하며, 내적을 통해 Attention Score를 계산하는 기법이다. (* dot product = 내적)

이를 자세히 들여다보기 전에, Seq2Seq With Attention 실습에서 배웠던 Attention에 대해 다시 한 번 상기시켜보자.

Attention 기법은 직전 디코더 hidden state와 인코더 hidden state들 간의 유사도를 각각 구하여, 다음 디코더 hidden state를 생성할 때 인코더 hidden state들 중 어떤 것을 중시해야 하는지 판단하는 것이다. Attention 기법을 활용하기 위해서는 인코더 hidden state들과 직전 디코더 hidden state들 사이의 관계를 나타내는 Attention Weight를 구해야 했다. 그리고 이 배열과 인코더 hidden state들의 가중합으로써 다음 디코더 hidden state를 산출했다.

Scaled Dot Product Attention도 위와 유사한 방식으로 작동한다. 정확히 어떤 방식으로 구성되어 있는지 아래에서 살펴보도록 하자.

Scaled Dot Product Attention은 이 세 가지를 입력받는다 : query Q, key K, value V

위 Q, K, V가 지칭하는 값은 아래와 같다.

- Query : 직전 디코더의 hidden state
- Key : 인코더의 전체 hidden state
- Value : 인코더의 전체 hidden state

여기서 K와 V는 같은 값을 갖는데, 각 벡터의 의미가 조금 다르다.

key의 경우, query와의 연관성 측정을 위해 즉, 직전 디코더의 hidden state와 인코더의 hidden state 사이의 관계를 파악하는 데 쓰인다. 이렇게 측정된 연관성은 Seq2Seq에서의 attention weight을 나타낸다. 그리고 value의 경우, query와 key를 통해 계산된 attention weight으로 가중합을 산출하여 궁극적으로 디코더의 새로운 hidden state를 계산해내는데 쓰인다.

어떻게 하면 attention score를 구할 수 있을까? attention score의 경우, query와 key의 내적을 통해 구할 수 있다. 그리고 여기에 softmax 함수를 적용하여 attention weight를 구한다.

이렇게 계산된 attention weight은 다음 디코더 hidden state를 계산하는 데 있어서 어떤 인코더 hidden state가 중요하게 여겨져야 할지 표현해준다. 위와 같은 연산 과정이 어떻게 이루어지는 것인지 수식을 통해 좀 더 명확히 살펴볼 수 있도록 하자.

Q는 (t, d) 모양의 배열일 것이고, K와 V는 (T, d) 모양의 배열일 것이다. 셋 모두, 각 행은 토큰을 one-hot 인코딩한 배열을 나타낸다. 예를 들어, Q의 경우 아래와 같을 것이다.

$$
\begin{array}{c} \leftarrow \quad d_k \quad \rightarrow \\ Q = \begin{bmatrix} \leftarrow & \vec{q}_1 & \rightarrow \\ \leftarrow & \vec{q}_2 & \rightarrow \\ & \vdots & \\ \leftarrow & \vec{q}_t & \rightarrow \end{bmatrix} \begin{matrix} \uparrow \\ t \\ \downarrow \end{matrix} \end{array}
$$

> **Note** 여기서 각 배열의 길이를 나타내는 T와 t의 경우, 같은 값을 가져도 되고, 다른 값을 가져도 된다.

이제, Q와 K를 이용하여 attention score를 계산해보자. Q와 K의 전치 행렬에 행렬곱을 진행해서 각 query 벡터와 key 벡터의 내적을 구해볼 것이다.

$$
E = QK^t = \begin{bmatrix} \leftarrow & \vec{q}_1 & \rightarrow \\ \leftarrow & \vec{q}_2 & \rightarrow \\ & \vdots & \\ \leftarrow & \vec{q}_t & \rightarrow \end{bmatrix} \begin{bmatrix} \uparrow & \uparrow & & \uparrow \\ \vec{k}_1 & \vec{k}_2 & \cdots & \vec{k}_T \\ \downarrow & \downarrow & & \downarrow \end{bmatrix}
$$

$$
\begin{bmatrix} \vec{q}_1 \cdot \vec{k}_1 & \vec{q}_1 \cdot \vec{k}_2 & \cdots & \vec{q}_1 \cdot \vec{k}_T \\ \vec{q}_2 \cdot \vec{k}_1 & \vec{q}_2 \cdot \vec{k}_2 & \cdots & \vec{q}_2 \cdot \vec{k}_T \\ \vdots & \vdots & \ddots & \vdots \\ \vec{q}_t \cdot \vec{k}_1 & \vec{q}_t \cdot \vec{k}_2 & \cdots & \vec{q}_t \cdot \vec{k}_T \end{bmatrix} = \begin{bmatrix} e_{1,1} & e_{1,2} & \cdots & e_{1,T} \\ e_{2,1} & e_{2,2} & \cdots & e_{2,T} \\ \vdots & \vdots & \ddots & \vdots \\ e_{t,1} & e_{t,2} & \cdots & e_{t,T} \end{bmatrix}
$$

이로써, (t, T) 모양의 배열 E가 생성되었다. 여기서 $e_{i,j}$는 i번째 query 벡터와 j번째 key 벡터 사이의 attention score를 말한다.

이제 이 점수에 softmax 함수를 적용하여 attention weight를 계산하기 이전에, 우리는 attention score를 $\sqrt{d_k}$로 나눌 것이다.

$$\mathbf{E}' = \frac{1}{\sqrt{d_k}} E$$

Note 이는 softmax 함수를 적용하는 데 있어 attention score의 범위를 보다 더 합리적으로 설정해준다. 절댓값이 큰 음수의 경우 softmax 함수를 적용했을 때, 0에 매우 근접한 값을 가지게 되어 훈련의 효과가 감소하게 된다. 고로 $\sqrt{d_k}$로 나눠 줌으로써 위와 같은 vanish 현상의 빈도를 줄여서 학습 효율을 높여준다.

이제 attention weight를 구하기 위해 $\mathbf{E}'$에 softmax 함수를 적용해볼 것이다.

$$\alpha = softmax(E') = \begin{bmatrix} softmax(e'_{1,1} & e'_{1,2} & \ldots & e'_{1,T}) \\ softmax(e'_{2,1} & e'_{2,2} & \ldots & e'_{2,T}) \\ & \vdots & & \\ softmax(e'_{t,1} & e'_{t,2} & \cdots & e'_{t,T}) \end{bmatrix}$$

Seq2Seq에서 했던 것처럼, 우리는 이 attention weight를 이용해 value 벡터의 가중합을 구할 것이다. 아래와 같이 진행할 수 있다.

$$C = \alpha V = \begin{bmatrix} \alpha_{1,1} & \alpha_{1,2} & \cdots & \alpha_{1,T} \\ \alpha_{2,1} & \alpha_{2,2} & \cdots & \alpha_{2,T} \\ \vdots & \vdots & \ddots & \vdots \\ \alpha_{t,1} & \alpha_{t,2} & \cdots & \alpha_{t,T} \end{bmatrix} \begin{bmatrix} \leftarrow & \vec{v}_1 & \rightarrow \\ \leftarrow & \vec{v}_2 & \rightarrow \\ & \vdots & \\ \leftarrow & \vec{v}_T & \rightarrow \end{bmatrix}$$

$$\begin{bmatrix} \sum_{i=1}^{T} \alpha_{1,i}(\vec{v}_i)_1 & \sum_{i=1}^{T} \alpha_{1,i}(\vec{v}_i)_2 & \cdots & \sum_{i=1}^{T} \alpha_{1,i}(\vec{v}_i)_d \\ \sum_{i=1}^{T} \alpha_{2,i}(\vec{v}_i)_1 & \sum_{i=1}^{T} \alpha_{2,i}(\vec{v}_i)_2 & \cdots & \sum_{i=1}^{T} \alpha_{2,i}(\vec{v}_i)_d \\ \vdots & \vdots & \ddots & \vdots \\ \sum_{i=1}^{T} \alpha_{t,i}(\vec{v}_i)_1 & \sum_{i=1}^{T} \alpha_{t,i}(\vec{v}_i)_2 & \cdots & \sum_{i=1}^{T} \alpha_{t,i}(\vec{v}_i)_d \end{bmatrix} = \begin{bmatrix} \leftarrow & \vec{c}_1 & \rightarrow \\ \leftarrow & \vec{c}_2 & \rightarrow \\ & \vdots & \\ \leftarrow & \vec{c}_t & \rightarrow \end{bmatrix}$$

위와 같이 배열 C를 계산할 수 있고, 여기서 각 행은 Seq2Seq에서의 문맥 벡터와 같은 의미를 지닌다고 생각해도 좋다. 그리고 우리는 K와 V를 같은 값을 갖는다고 가정할 것이다.

만일 이 모델을 Seq2Seq 모델의 연장선 상에서 본다면, K와 V 둘 다 $\mathbf{H}^e$로 볼 수 있고, Q는 h_t^d로 볼 수 있다.

Scaled Dot Product Attention을 정리하자면 아래와 같이 표현할 수 있다.

$$C = \text{Attention}(Q,\ K,\ V) = \text{softmax}\left(\frac{QK^T}{\sqrt{d_k}}\right)V$$

Intro	학습 데이터 만들기	모델의 전반적 구조	Scaled Dot Product Attention	Multihead Attention	인코더	디코더	위치 인코딩	트랜스포머 구현	암호화된 문장 해독	Attention head의 시각화

4 Multihead Attention

Scaled Dot Product Attention에 대해 살펴보았으니, Multihead Attention에 대해 본격적으로 살펴보자.

Scaled Dot Product Attention은 연산 과정이 직렬적으로 이어져 있어 오랜 시간을 들여야 한다는 단점이 있다. 그러나 Multihead Attention의 경우 연산 과정을 '병렬화', 즉 여러 개로 쪼개어 각각을 동시에 실행하므로 시간이 훨씬 절약된다. 우리는 Multihead Attention 기법을 통해 하나의 Attention 연산을 h개의 attention 연산으로 쪼개서 동시에 h개의 연산을 진행할 수 있도록 할 것이다. 이렇게 되면, 한 번의 큰 연산을 진행할 때보다 h배 가량 빠른 연산이 가능할 것이다.

Step 1. attention head 나누기

우리는 나눠진 attention 연산 각각을 attention head라고 부를 것이다. 이렇게 여러 attention head를 동시다발적으로 진행함에 따라 더 많은 양의 데이터를 빠른 시간 안에 학습할 수 있게 된다.

이에 대한 설명에 앞서, 학습 가능한 가중치 배열들 $(W_q^{(i)})_{i=1}^h$, $(W_k^{(i)})_{i=1}^h$, $(W_v^{(i)})_{i=1}^h$를 정의할 것이다. 이 가중치 배열들은 하나의 큰 attention head를 h개의 attention head로 분산시키는데 사용된다. 어떤 방식으로 이루어지는 것일까?

기존 하나의 큰 attention head의 경우, Q, K, V 벡터를 입력받아서 그대로 Scaled Dot Product Attention을 수행해준다. 이에 반해 Multihead Attention은 Q, K, V를 입력받고 각각에 대응되는 h개의 가중치 배열을 곱해준다. 그렇게 진행해준다면, Q, K, V가 각각 h개씩 새로 생성될 것이다. 그렇게 생성한 h개의 Q, K, V를 가지고 h번의 Scaled Dot Product Attention을 수행한다. 이로써 h개의 attention head가 구성된다.

각각의 이름에서 알 수 있듯이, 위의 가중치 배열들은 각각 d차원의 Q, K, V를 d_k나 d_v 차원 공간에 정사영시키는데 사용될 것이다. 각 벡터마다 h개의 가중치 배열들을 통해 h 가지의 서로 다른 방식으로 투영되기 때문에 모델은 query, key, value 벡터의 다양한 패턴을 인지하고 학습할 수 있다. 여기서 h는 attention head의 개수를 말하며, 배열 $\mathbf{W_q}$, $\mathbf{W_k}$, $\mathbf{W_v}$은 각각 $(d,\ d_k)$, $(d,\ d_k)$, $(d,\ d_v)$의 모양을 지닌다.

여기서 d_k, d_v값의 경우, 우리 임의대로 정할 수 있으므로 아래와 같이 정의할 것이다.

$$d_k = d_v = \left\lfloor \frac{d}{h} \right\rfloor$$

이렇게 한 개의 거대한 attention head를 h개의 작은 attention head들로 나눠서 연산하는 multihead attention의 도입 덕분에, 많은 수의 attention head들을 수행하는데 필요한 computational cost가 마치 적은 수의 연산을 수행하는 것과 비슷하게 된다.

이제 각 attention head에 입력되어야 하는 query, key, value 벡터를 직접 산출해보자. 각각은 query, key, value 벡터를 각 배열에 대응되는 가중치 배열과 곱함으로써 구해진다. i번째 attention head가 입력으로 받게 될 query, key, value 벡터는 아래와 같다.

$$Q^{(i)} = QW_q^{(i)} \rightarrow (t,\ d) \times (d,\ d_k) \rightarrow (t,\ d_k)$$
$$K^{(i)} = KW_k^{(i)} \rightarrow (T,\ d) \times (d,\ d_k) \rightarrow (T,\ d_k)$$
$$V^{(i)} = VW_v^{(i)} \rightarrow (T,\ d) \times (d,\ d_v) \rightarrow (T,\ d_v)$$

위에서 언급한 바 Q, K, V의 각 벡터마다 곱해지는 가중치 배열이 서로 다르다. 이에 따라 각 벡터가 서로 다른 정보를 함의한 채 각기 다른 방식으로 모델에 투영되므로. Q, K, V 벡터들이 d_k나 d_v 차원의 벡터 h개 그 이상의 의미를 지니게 된다. 결과적으로 모델은 다양한 패턴을 인지하고 학습하게 되는 것이다.

Step 2. attention weight 계산하기

이제 우리는 h개의 ($\mathbf{Q}^{(i)}$, $\mathbf{K}^{(i)}$, $\mathbf{V}^{(i)}$)에 scaled dot product attention을 적용하여 (t, d_v) 모양의 배열을 h개 출력할 것이다.

$$C^{(i)} = \text{Attention}(Q^{(i)},\ K^{(i)},\ V^{(i)})$$

하지만, 우리는 attention 메커니즘을 통해 하나의 배열만을 출력해야 하기 때문에 h개의 attention head 출력 값을 결합할 것이다. 우리는 아래와 같이 열들을 이어붙임으로써 attention head들을 결합시킬 수 있다.

$$C = \begin{bmatrix} \leftarrow & \vec{c}_1^{\,(1)} & \rightarrow \leftarrow & \vec{c}_1^{\,(2)} & \rightarrow \cdots \leftarrow & \vec{c}_1^{\,(h)} & \rightarrow \\ \leftarrow & \vec{c}_2^{\,(1)} & \rightarrow \leftarrow & \vec{c}_2^{\,(2)} & \rightarrow \cdots \leftarrow & \vec{c}_2^{\,(h)} & \rightarrow \\ & \vdots & & \vdots & \vdots & \vdots & \\ \leftarrow & \vec{c}_t^{\,(1)} & \rightarrow \leftarrow & \vec{c}_t^{\,(2)} & \rightarrow \cdots \leftarrow & \vec{c}_t^{\,(h)} & \rightarrow \end{bmatrix}$$

이제 $(t, h\left\lfloor \frac{d}{h} \right\rfloor)$ 모양의 배열 C를 얻었다. 이때 우리가 얻고자 하는 최종 출력의 모양은, 연산 과정을 여러 개로 나누기 전 즉 직렬적으로 연산을 수행했을 때와 동일한 형태여야 한다. 즉, $(t,\ d)$의 모양을 얻고자 한다. 이를 위해 우리는 $(h\left\lfloor \frac{d}{h} \right\rfloor, d)$ 모양의 가중치 배열 $\mathbf{W}_\mathrm{O}$를 곱할 것이다.

$$C_{out} = CW_O$$

$\mathbf{W}_\mathrm{O}$는 attention head에서 연산된 결과에서 중요한 정보들을 요약해 출력해줄 것이다. 결론적으로, 최종 결과 값 $\mathbf{C}_\mathrm{out}$은 $(t,\ d)$ 모양의 배열로 query 벡터와 같은 모양을 띨 것이다.

이제 우리는 여러 개의 attention head를 동시에 수행하는 것뿐만 아니라 데이터셋을 여러 개의 batch로 나눠, 여러 개의 batch에 대해서도 동시에 학습을 진행할 것이다. 어떻게 하면 여러 batch들에 대해서 동시에 행렬곱 연산을 진행할 수 있는 것인지 살펴보자.

4-1 Batch를 기준으로 한 병렬화

multihead attention에 입력될 batch는 길이 t 혹은 T의 배열이 N개 들어있는 batch라고 가정해보자. 배열의 각 토큰은 d 차원의 벡터로 표현될 것이며, query, key, value 벡터의 모양은 아래와 같다.

$$Q : (t,\ N,\ d),\ K : (T,\ N,\ d),\ V : (T,\ N,\ d)$$

Step 1. Attention head 나누기

multihead attention을 실행하기 위해서는 위에서 언급한 바, 학습 가능한 가중치 배열들도 정의해주어야 한다. $\mathbf{W}_\mathrm{q}$, $\mathbf{W}_\mathrm{k}$, $\mathbf{W}_\mathrm{v}$는 각각 $(d,\ d_k)$, $(d,\ d_k)$, $(d,\ d_v)$의 모양을 가질 것이다. 그리고 위에서 언급한 바와 같이, $d_k = d_v = \left\lfloor \frac{d}{h} \right\rfloor$로 값을 설정해줄 것이다. 그럴 경우, 가중치 배열들의 모양은 아래와 같다.

$$\mathbf{W}_\mathrm{q} : (h,\ d,\ d//h) = (h,\ d,\ k)$$
$$\mathbf{W}_\mathrm{k} : (h,\ d,\ d//h) = (h,\ d,\ k)$$
$$\mathbf{W}_\mathrm{v} : (h,\ d,\ d//h) = (h,\ d,\ v)$$

마지막으로 h개의 문맥 벡터들을 이어붙인 $(t,\ h\left\lfloor \frac{d}{h} \right\rfloor)$차원의 배열을 $(t,\ d)$차원 배열로 만들어주는데 필요한 $\mathbf{W}_\mathrm{O}$를 정의해주어야 한다. 이 배열의 모양은 아래와 같다.

$$\mathbf{W}_\mathrm{o} : (h \cdot (d//h),\ d) = (hv,\ d)$$

이로써 필요한 변수들을 모두 정의했다. 이제 어떻게 연산을 수행할 것인지 살펴보도록 하자.

multihead attention에서 가장 먼저 해주어야 할 연산은 query, key, value 벡터를 각각

에 대응되는 가중치 배열과 곱해주는 것이다. 그래야 하나의 거대한 attention 연산을 h개의 attention head로 나눌 수 있기 때문이다.

h개의 attention head의 연산을 구분하기 위해, 행렬곱을 수행할 때 가중치 배열에 h-차원 브로드캐스팅을 해주어야 한다. 비슷한 논리로 batch에 있는 각 수열들에 대해 동시에 attention weight를 계산하기 위해, N-차원 브로드캐스팅을 해줄 것이다. 고로, 각각의 행렬 곱이 이루어진 값의 모양은 아래와 같을 것이다.

$$Q_i = Q \times W_q : (t,\ N,\ d) \times (h,\ d,\ k) \rightarrow (t,\ N,\ h,\ k)$$
$$K_i = K \times W_k : (T,\ N,\ d) \times (h,\ d,\ k) \rightarrow (T,\ N,\ h,\ k)$$
$$V_i = V \times W_v : (T,\ N,\ d) \times (h,\ d,\ v) \rightarrow (T,\ N,\ h,\ v)$$

d-차원에 대해 행렬 곱이 진행되어 Q_i, K_i, V_i에는 d-차원이 존재하지 않는다.

Note 이어질 두 가지의 연산을 파헤쳐보는데 있어 N과 h는 무시하는 것이 도움이 될 수 있다. 위의 식처럼 행렬 곱이 진행될 때, batch와 attention head의 차원에 대한 브로드캐스팅이 일어나서, 실질적으로 행렬 곱이 발생하는 곳은 첫 번째 축과 마지막 축(T or t, k or v)이기 때문이다.

Step 2. attention weight 계산하기

이제 우리는 각각의 attention head를 수행하여 attention weight를 계산해낼 것이다. attention weight를 계산하기 위해서는 우선 query 벡터와 key 벡터의 유사성을 나타내는 query 벡터와 key 벡터의 내적을 계산해주어야 한다. 이전 연산들과 마찬가지로, Q_i, K_i 모두에게 batch와 attention head의 차원을 기반으로 한 브로드캐스팅이 이루어진다. 각 행렬들의 모양은 아래와 같을 것이다.

$$E = Q_i \times K_i : (t,\ N,\ h,\ k) \times (T,\ N,\ h,\ k) \rightarrow (t,\ N,\ h,\ T)$$

k-차원 벡터에 대하여 행렬 곱 연산이 이루어져서, E에는 k-차원이 존재하지 않는다. 이로써 attention score E를 구했다. 이제 위에서 구한 E를 $\sqrt{d_k}$로 나누어주고, T-차원에 대해 softmax를 적용해준 후, attention weight을 구하자.

attention weight들과 V_i들을 곱해줌으로써 각 attention head 별 value 벡터의 weighted sum을 구할 것이다. 아래와 같이 T-차원에 대해 행렬 곱 연산을 진행하고 결과 값 C를 출력한다.

$$C_i = \alpha \times V_i : (t,\ N,\ h,\ T) \times (T,\ N,\ h,\ v) \rightarrow (t,\ N,\ h,\ v)$$

이로써, 각 attention head별 문맥 벡터를 계산하는 것까지 진행했다. C_i는 한 batch에 담긴 N개의 수열에 대한 v-차원의 문맥 벡터를 t개 출력하는 attention head h개의 연산 결과다. 그러나 우리는 attention head 여러 개로 분리된 결과가 아니라 attention head가 하나일 때의 결과값과 같은 모양의 값을 얻고 싶다. 그렇기에 attention head를 기준으로 분리된 축들을 하나로 병합할 것이다.

$$C_i \rightarrow C : (t,\ N,\ h,\ v) \rightarrow (t,\ N,\ hv)$$

그리고 우리는 (t, N, d) 모양의 최종 결과 값을 얻고자 하므로, 배열 C에 $(hv,\ d)$ 모양의 배열 W_o을 추가로 곱하여 원하는 모양의 행렬을 출력받을 것이다.

$$C_{out} = C \times W_o : (t,\ N,\ hv) \times (hv,\ d) \rightarrow (t,\ N,\ d)$$

이렇게 C_{out} 배열을 계산함으로써 Multihead Attention에 관련한 모든 연산을 마쳤다.

이제 위 연산을 코드로 직접 구현해보도록 하자. 아래에 코멘트들을 달아서 다양한 행렬 곱을 구현하는데 필요한 지시사항들을 제공했으니 잘 반영할 수 있도록 하자. 그리고 MyGrad 라이브러리의 einsum 함수 역시 많은 부분에서 필요하니 적극적으로 활용하도록 하자. 자, 그럼 코드로 넘어가보자!

```
class MultiheadAttention:
def __init__(self, dim, n_head=3):
""" multihead attention을 구현해보자.

매개변수(Parameters)
----------
dim : int
입력 값의 차원을 말한다.
one-hot 인코딩 관점에서 본다면, 단어의 개수다.
n_head : int
```

```
attention head의 개수를 말한다.
"""
# self.Wq를 glorot-normal 분포로부터 받아오도록 하자.
# 배열은 3차원이며, (h, d, d // h)의 모양을 가질 것이다.
# 여기에 코드 작성

# self.Wk를 glorot-normal 분포로부터 받아오도록 하자.
# 배열은 3차원이며, (h, d, d // h)의 모양을 가질 것이다.
# 여기에 코드 작성

# self.Wv를 glorot-normal 분포로부터 받아오도록 하자.
# 배열은 3차원이며, (h, d, d // h)의 모양을 가질 것이다.
# 여기에 코드 작성

# self.Wo를 MyNN dense class로 설정해줄 것이다.
# 이는 (t, N, h * [d // h]) 모양의 배열을 (t, N, d) 모양의 배열로 바꿔준다
# 이 밀집층은 편향 값을 가지지 않으며,
# 가중치 값은 glorot_normal 분포로부터 받아올 것이다.
# 여기에 코드 작성

def __call__(self, Q, K, V, mask=None):
""" attention을 이용한 순전파를 구현해보자.

매개변수(Parameters)
----------
Q : Union[numpy.ndarray, mygrad.Tensor], shape=(t, N, d)
query 벡터. 이 벡터는 어텐션 점수를 계산해가면서 차츰 바뀔 것이다.

K : Union[numpy.ndarray, mygrad.Tensor], shape=(T, N, d)
key 벡터. 어텐션 점수를 계산하는 데 있어 이 벡터에 담긴 정보들을
끌어온다. key 벡터의 토큰 각각은 query 벡터의 토큰들과 비교되고,
key와 query의 유사성 정도에 따라 어텐션 점수가 결정된다.

V : Union[numpy.ndarray, mygrad.Tensor], shape=(T, N, d)
value 벡터. 이 벡터와 어텐션 점수를 기반으로 가중합이 구해진다. 이 벡터 는 종종 x_k라고 불
릴 것이다.

mask : Optional[numpy.ndarray], dtype=bool, shape=(t, T)
어텐션 가중치에 적용하는 마스크.
False로 설정된 값들을 softmax가 적용되기 이전에 -1e14로 바꾸어 준다.
```

```
반환 값(Returns)
-------
mygrad.Tensor
value 벡터 V의 가중합이다. 가중치들은 query 벡터와 key 벡터의 유사성에
기반하여 설정되었다.
"""
# 'self.Wq', 'self.Wk', 'self.Wv'를 이용하여 Q_i, K_i, V_i를 계산해보자.
# 각각은 4차원 벡터여야 하며, (t or T, N, h, d // h)의 모양을 지녀야 한다.
#
# 위 텐서는 batch의 각 수열 그리고 각 attention head에 대해
# Q_i, K_i, V_i를 포함해야 한다.
# 여기에 코드 작성

# 아래에서 우리는 scaled dot product attention을 이용하여
# 투영된 query, key, value 벡터를 구해볼 것이다.
#
# Q_i와 K_i의 전치행렬(첫 번째 축과 마지막 축만 교환한다)을 곱하고,
# 'E'에 결과를 저장하자. (t, N, h, T)의 모양을 지녀야 한다.
# 행렬곱 과정에서 batch와 attention head 사이에
# 브로드캐스팅이 반드시 발생하도록 해야 할 것이다.
#
# 그리고, 'E'를 sqrt(d_k)로 나누고 그 결과를 'E'에 다시 저장한다.
# 여기에 코드 작성

# 이제 위에 언급한 마스크를 사용해볼 것이다. 마스크는 (t, T) 모양의 배열이며,
# False 값을 나타내는 곳이 있다면, 그 위치에 해당하는 어텐션 가중치 값을
# 0으로 설정한다. 마스크는 batch와 attention head의 차원에 맞춰서
# 브로드캐스팅하게 될 것이다.

if mask is not None:
E.transpose(1, 2, 0, 3)[:, :, ~mask.astype(np.bool_)] = -1e14
# 마스킹된 점수의 마지막 축을 따라 softmax를 적용하고,
# 어텐션 가중치를 `self.a_ij`에 저장해놓자.
# 여기에 코드 작성

# 어텐션 가중치와 V_i를 곱해주고, (T, N, h, d // h)의 모양을 갖기 위해
# 행렬 곱 결과의 전치 행렬을 출력해주자.
# 여기에 코드 작성

# 이제 우리는 각 attention head의 연산을 진행했고, 결과 값들을 합쳐서
# 하나의 배열로 출력할 것이다.
```

```
#
# (t, N, h, d // h) 모양의 텐서를 (t, N, h * [d // h]) 모양의 텐서로 바꾸자.
# 이는 attention head의 연산 결과 값들을 열로 간주하고 이어붙이는 것과
# 동등한 작업이다.
#
# 이제 마지막 밀집 층인 Wo를 적용하고, (t, N, d) 모양의 텐서를 출력하자.
# 여기에 코드 작성

@property
def parameters(self):
""" 모델의 모든 파라미터를 리턴해주는 편리한 함수 """
# 여기에 코드 작성
```


5 인코더

Seq2Seq 모델처럼 트랜스포머 또한 인코더와 디코더를 갖고 있다. 인코더는 self-attention을 이용하여 주어진 글 안의 중요한 관계와 패턴을 추출해낸다. Self-attention은 무엇인가? 잠시 이에 대해 살펴보자.

우리는 위에서 Q, K, V 벡터를 입력받아서 Attention을 구하는 Multihead Attention 메커니즘에 대해 알아보았다. Attention은 Q, K, V 벡터를 입력받아서 행렬 곱 연산을 통해 유사도를 구함으로써 전체 입력 벡터 가운데 다음 벡터 예측을 위해 가장 집중해야 하는 입력 벡터가 무엇인지 판단하는 기법이다.

Self-Attention은 Q, K, V 벡터 모두에 같은 값을 넣어서 Attention을 계산하는 기법을 의미하는데, 입력받은 벡터 자체로 Attention을 계산함으로써 해당 벡터 내 토큰들 사이의 연관성을 알려준다. 즉, 입력받은 벡터의 토큰들 각각이 벡터 내의 어떤 토큰들과 얼마나 관련이 있는지 찾아내어 입력 벡터 내 단어들 사이의 관계를 파악하는 것이다.

그렇다면 인코더는 어떤 구조를 가지고 있는 것일까? 이에 대해 살펴보기 전에, 앞서 다뤘던 신경망의 성능을 향상시켜주는 기법들에 대한 기억을 되살려보자.

Batch Normalization와 Layer Normalization의 경우 모든 층마다 일종의 표준화 과정을 도입함으로써 신경망의 성능을 향상시킬 수 있으며, Residual Connection를 추가하는 경우 결과 값에 입력 값을 더해주어 gradient vanish 현상을 방지할 수 있었다. 이들은 트랜스포머의 인코더와 디코더에 모두 활용되며, 혹여나 내용이 헷갈린다면, 해당 본문으로 돌아가서 다시 살펴보고 오도록 하자.

Batch Normalization의 경우, 데이터의 차원에 제한점이 있어 NLP에 적용하기 다소 어려운 점이 있었다. 이에 따라 본 트랜스포머 모델의 인코더와 디코더에는 Layer Normalization과 Residual Connection을 활용할 것이다. 모든 층이 끝날 때마다 Layer Norm과 Residual Connection을 적용해줄 것이다.

아래의 ResidualConnectAndLayerNorm은 Layer Normalization과 Residual Connection을 수행하는 역할을 하는 클래스다. 이 클래스는 트랜스포머의 각 층의 연산이 끝난 이후에 사용될 것이다.

call 함수는 x_old와 x_new, 두 가지 변수를 필요로 한다. 각각은 입력 값과 이전 층에서의 결과 값을 의미한다. 아래의 코드를 살펴보고, Residual Connection과 Layer Normalization이 코드로 구현된 것을 확인해보자.

```
class ResidualConnectionAndLayerNorm:
    def __init__(self, dim):
        """
        매개변수(Parameters)
        ----------
        dim : int
        __call__ 함수 설명문 속 d에 해당되는 값이다.
        """
        self.g = mg.ones(dim)
        self.b = mg.zeros(dim)
    def __call__(self, x_old, x_new):
        """
        매개변수(Parameters)
        ----------
        x_old : Union[numpy.ndarray, mygrad.Tensor], shape-(..., d)
```

```
    x_new : mygrad.Tensor, shape-(..., d)
    반환 값(Returns)
    -------
    mygrad.Tensor, shape-(..., d)
    """
    x = x_old + x_new
    # 마지막 축을 따라서 정규화를 해주고, 정규화하는 정도는 학습 가능하다.
    # 이어서 편향치를 더해주자.
    mu = x.mean(axis=-1, keepdims=True)
    sigma = x.std(axis=-1, keepdims=True)
    return self.g * (x - mu) / (sigma + 1e-6) + self.b
@property
def parameters(self):
""" 모델의 모든 매개변수를 출력해주는 편리한 함수 """
    return (self.g, self.b)
```

이제 트랜스포머의 인코더의 구조를 본격적으로 구현해보자. 트랜스포머의 인코더는 multihead self-attention 층과 feed forward 층, 두 개의 층을 포함할 것이다.

feed forward 층의 경우, self-attention 층에서 산출된 문맥 벡터의 유의미한 정보를 추출해주는, 일종의 해석자 역할을 수행한다. 각 층을 거치고 나오게 되면, 그 값에 Residual Connection과 Layer Normalization을 적용해준다. 고로 인코더는 아래와 같은 구조를 보일 것이다.

$$X_1 = MultiheadAttention(src,\ src,\ src) \qquad \text{Self-Attention Layer}$$

$$X_2 = \text{LayerNorm}(src + X_1) \qquad \text{Residual Connection \& Layer Normalization}$$

$$X_3 = \text{ReLU}(X_2 W_1 + b_1) W_2 + b_2 \qquad \text{FeedForward Layer}$$

$$Enc_{out} = \text{LayerNorm}(X_2 + X_3) \qquad \text{Residual Connection \& Layer Normalization}$$

위 식을 참고하여 아래의 두 클래스들을 구현해보자. FeedForward 클래스는 ReLU 활성화 함수를 이용한 간단한 밀집층을 나타낸다. MyNN 라이브러리의 dense 함수를 이용하여 FeedForward 클래스를 구현하고, 위 식을 참고하여 TransformerEncoder 클래스도 구현해보도록 하자.

```
class FeedForward:
    def __init__(self, in_dim, h_dim, out_dim):
        """ 순전파를 위한 간단한 층을 구현해보자.
        매개변수(Parameters)
        ----------
        in_dim : int
        입력받는 벡터의 차원
        h_dim : int
        은닉 층의 뉴런 개수
        out_dim : int
        출력되는 결과 벡터의 차원
        """
        # MyNN의 밀집 층을 선언해보자.
        # 여기에 코드 작성
    def __call__(self, x):
        """
        매개변수(Parameters)
        ----------
        x : Union[numpy.ndarray, mygrad.Tensor]
        반환 값(Returns)
        -------
        mygrad.Tensor
        """
        # 두 밀집 층 사이에 ReLU 활성화함수를 적용하자.
        # 여기에 코드 작성
    @property
    def parameters(self):
    """ 모델의 모든 매개변수를 출력해주는 편리한 함수 """
    # 여기에 코드 작성
```

```
class TransformerEncoder:
    def __init__(self, dim, h_dim, n_head=3):
        """ 트랜스포머의 인코더를 구현해보자.
        매개변수(Parameters)
        ----------
        dim : int
```

```
        입력 벡터와 결과 벡터의 차원 'd'
        잔차 연결을 이용하기 위해 두 벡터의 차원이 같다
        h_dim : int
        feed forward layer에서의 은닉 창의 뉴런 개수
        n_head : int
        self-attention를 기반으로 한 층의 attention head 개수
        """
        # 여기에 코드 작성
    def __call__(self, src):
        """ 트랜스포머의 인코더의 순전파를 구현해보자.
        매개변수(Parameters)
        ----------
        src : Union[numpy.ndarray, mygrad.Tensor], shape=(T, N, d)
        수열들로 구성된 batch
        반환 값(Returns)
        -------
        mygrad.Tensor, shape=(t, N, d)
        """
        # 입력받은 수열에 self-attention 층을 적용해보자.
        # 즉, 입력받은 수열로 attention 층의 query, key, value 벡터를 구성해보자.
        # 이를 통해 모델은 입력받은 수열 내의 관계들을 학습한다.
        # 여기에 코드 작성
        # 첫 residual connection와 layernorm을 이용해보자.
        # 여기에 코드 작성
        # feedforward 층을 적용하자.
        # 여기에 코드 작성
        # 두 번째 residual connection와 layernorm을 적용해보자.
        # 여기에 코드 작성
```

```
    @property
    def parameters(self):
        """ 모델의 모든 매개변수를 출력해주는 편리한 함수 """
        # 여기에 코드 작성
```

6 디코더

트랜스포머의 디코더는 인코더보다 조금 더 복잡하다. 그 이유는 타겟 시퀀스(정답)가 입력되어야 하기 때문이다. 상식적으로 봤을 때, 답을 예측하기 위한 학습을 진행하는데 입력으로 이미 답을 넣어버리면 그냥 답을 외워버리지 않겠는가? 그럼에도 불구하고 타겟 시퀀스는 왜 입력되는 것일까? 그 이유에 대해 살펴보자.

우선, 위와 같은 특이한 상황을 이해하기 위해서는 Teacher Forcing 학습 방법에 대해 알아야 한다. Teacher Forcing이란 무엇인가?

누차 들었겠지만, 언어에서는 '순서'라는 요소가 굉장히 중요하다. 그렇기에 NLP에서 RNN이 지배적으로 사용되었던 것인데, RNN을 보면 현재 예측값을 가지고 다음 토큰을 예측하는 구조를 보인다. 이런 구조라면 만일 첫 번째 토큰 예측이 잘못 되었다고 했을 때, 이를 가지고 예측하게 될 이후의 토큰들은 당연히 정답과는 거리가 멀 것이다.

특정 토큰에 대한 예측이 올바르지 않다면, 그 이후의 모든 토큰들에 대한 예측을 정상적으로 수행할 수 없는 것이다. 과연 바람직한가? 이를 방지하기 위해 Teacher Forcing을 도입할 수 있다. 아래의 사진을 통해 자세히 살펴보자.

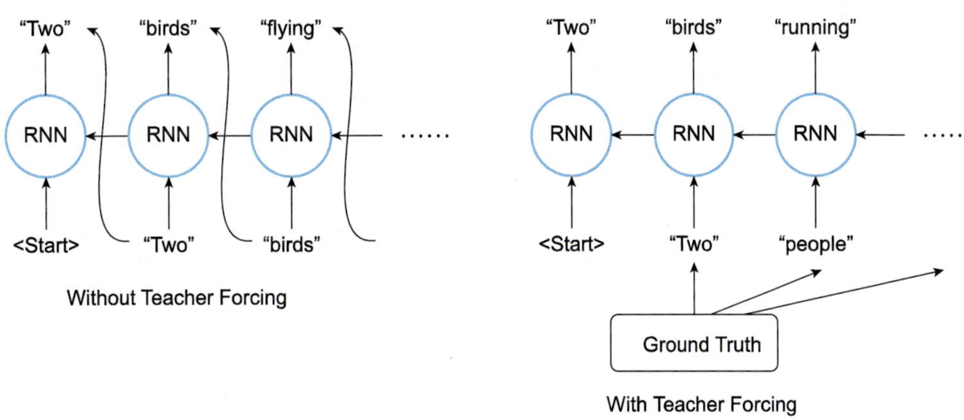

그림 6.8 Teacher Forcing[65]

Teacher Forcing이란, 위 사진처럼 잘못된 예측이 있을 경우에 다음 예측에 사용될 입력 값으로 올바른 예측 값을 집어넣는 것이다. Two 다음에 birds라고 잘못 예측해서 다음에 올 단어로 flying이 출력된 반면에, Teacher Forcing을 통해 birds를 people로 고쳐주면 running이 출력되는 것이다.

본 트랜스포머에서도 훈련 과정에서 위와 같은 Teacher Forcing 기법을 활용하기 위해 타겟 시퀀스를 입력받을 것이다. 타겟 시퀀스를 입력해주는 과정에서 만일 타겟 시퀀스의 모든 원소들을 그 값 그대로 입력시켜주게 된다면, 신경망은 타겟 시퀀스를 그대로 외우게 될 것이다. 이를 방지하기 위해서는 입력시켜주는 값에 제한을 걸어두어야 할 것이다. t번째 토큰을 예측하고자 한다면, t+1번째 이후 토큰들에 대한 정보는 알면 안 될 것이다. 이를 위해 self-attention 층을 거친 타겟 시퀀스에 마스크를 씌워줄 것이다.

예를 들어, 타겟 시퀀스에 self-attention을 적용한 결과가 아래와 같다고 하자.

```
a_ij = np.array([[0.1, 0.7, 0.2],
                 [0.4, 0.2, 0.4],
                 [0.1, 0.8, 0.1]])
```

위 배열을 보면, 첫 토큰을 예측할 때 두 번째 토큰이 상당 부분 관여한다는 것을 알 수 있다. 그러나, 이러한 영향은 바람직하지 않다. 첫 토큰의 경우, 첫 토큰만이 영향을 줄 수 있고, 두 번째 토큰의 경우, 첫 토큰과 두 번째 토큰의 영향을 받아야 할 것이다. 즉 현재 토큰과 그 이전 토큰들을 가지고 예측해야 하는 것이다. 그렇기에 우리는 현재 토큰 뒤에 있는 토큰들이 현재 토큰을 예측하는데 미치는 영향을 제거할 것이다.

> **Note** 어떻게 영향을 제거해줄 수 있을까? 마스킹하고자 하는 부분의 값을 $-\infty$로 만들어주면 된다. $-\infty$는 이후 softmax 함수에 넣어주었을 때, 그 값이 0이 되기 때문에 해당하는 value 벡터가 아무런 영향을 미치지 못하게 되기 때문이다.

65) 《stuart》, 〈https://liger82.github.io/nlp/dialogue/2020/04/19/paper-non-autoregressive-dialog-state-tracking.html〉, 2022.02.15.

softmax를 취하기 전에, a_ij의 모든 원소에 −log를 취해줄 것이다.

```
C = np.array([[-2.30258509, -0.35667494, -1.60943791],
              [-0.91629073, -1.60943791, -0.91629073],
              [-2.30258509, -0.22314355, -2.30258509]])
```

여기서 우측 상단의 값들을 매우 작은 음수 −1e14로 설정해줌으로써 마스크를 씌워줄 것이다. 이로 인해 softmax를 적용했을 때, 해당하는 값들은 0의 값을 갖게 된다.

```
C = np.array([[-2.30258509e+00, -1.00000000e+14, -1.00000000e+14],
              [-9.16290730e-01, -1.60943791e+00, -1.00000000e+14],
              [-2.30258509e+00, -2.23143550e-01, -2.30258509e+00]])
```

이제 각 행에 대해 softmax를 취해볼 것이다. 매우 작은 음수의 경우 0이 되고, 그렇지 않은 부분들의 경우 합쳤을 때 1이 되어야 할 것이다. softmax를 취해보면 아래와 같다.

```
array([[1.        , 0.        , 0.        ],
       [0.66666667, 0.33333333, 0.        ],
       [0.1       , 0.8       , 0.1       ]])
```

이러한 마스킹 매커니즘은 이미 위의 MultiheadAttention 클래스에 구현해놓았다. boolean 타입으로 구성된 배열이며, False에 대응되는 값은 −1e14로 바꾸어준다. 예를 들자면, 아래와 같다.

```
mask = np.array([[ True, False,  True],
                 [False,  True, False],
                 [ True, False, False]])

C = np.array([[[[10,  2, -3],
                [ 5, -6,  4],
                [ 1, -5, 12]]]])
```

위의 C에 mask를 통해 마스킹을 적용하면, 아래와 같을 것이다.

```
array([[[[ 10,      -100000000000000,          -3],
         [-100000000000000,      -6,   -100000000000000],
         [      1,   -100000000000000,   -100000000000000]]]])
```

이런 방식으로 마스킹이 이루어진다. 이제 디코더의 구조를 한 번 살펴보고, 코드로 디코더를 구현해보자.

$$
\begin{aligned}
&X_1 = Masked\ Mltihead\ Attention(tgt, tgt, tgt) && Masked\ Self\text{-}Attention\ Layer \\
&X_2 = LayerNorm(tgt + X_1) && Residual\ Connection\ \&\ Layer\ Normalization \\
&X_3 = Multihead\ Attention(X_2, Enc_{out}, Enc_{out}) && Encoder\text{-}Decoder\ Attention\ Layer \\
&X_4 = LayerNorm(X_2 + X_3) && Residual\ Connection\ \&\ Layer\ Normalization \\
&X_5 = ReLU(X_4 W_1 + b_1) W_2 + b_2 && FeedForward\ Layer \\
&Dec_{out} = LayerNorm(X_4 + X_5) && Residual\ Connection\ \&\ Layer\ Normalization
\end{aligned}
$$

마스킹을 제외하면, 디코더는 인코더와 닮은 면이 많다. 첫 층에서는 타겟 시퀀스를 입력받아서 self-attention 기법을 적용한다. 그리고 Add & Norm을 거친 다음, 인코더의 결과와 첫 층의 결과 값을 입력받아서 attention을 적용시킨다. 마찬가지로 Add & Norm을 거친 후, feed forward 층을 통과시켜서 attention 적용된 값을 해석해 준다.

자 이제, 아래의 TransformerDecoder 클래스를 채워보자. 타겟 시퀀스를 받는 self-attention 층에만 마스크를 적용하고, 나머지 층에는 마스크가 쓰이지 않는다는 점에 유의하도록 하자.

```
class TransformerDecoder:
    def __init__(self, dim, h_dim, n_head=3):
        """ TransformerDecoder를 구현해보자.

        매개변수(Parameters)
        ----------
        dim : int
            입력받는, 출력할 값의 임베딩 차원의 수 ('d')

        h_dim : int
            feed forward 층의 hidden 층의 뉴런의 개수

        n_head : int
            multihead attention 층에서의 attention head 개수
        """
```

```
        # 두 개의 attention 층을 구축하자
        # 그 중 하나는 타겟 시퀀스를 가지고 self-attention을 적용한다.
        # 다른 하나는 타겟 시퀀스와 인코더의 출력 값을 가지고 attention을 계산한다.
        # 여기에 코드 작성

        # feed forward 층과 3개의 residual connection + layer norm 층을 구
          축해보자.
        # 여기에 코드 작성

    def __call__(self, enc_out, tgt):
        """

        매개변수(Parameters)
        ----------
        enc_out : mygrad.Tensor, shape=(T, N, d)
            인코더의 출력값

        tgt : Union[numpy.array, mygrad.Tensor], shape=(t, N, d)
            번역이 이루어진 타겟 시퀀스들로 구성된 batch

          반환 값(Returns)
        -------
        mygrad.Tensor, shape=(T, N, d)
        """
        # 타겟 시퀀스에 self-attention 적용하는 층에 활용할 마스크를 만들어보자.
        # attention score의 우측 상단 부분을 -1e14로 만들 것이다.
        # 마스크는 반드시 (t, t) 모양의 Numpy boolean 배열이어야 한다.
        # 여기에 코드 작성

        # 타겟 시퀀스에 마스킹이 포함된 self-attention 층을 적용해보자.
        # 여기에 코드 작성

        # 첫 번째 layer norm을 적용해보자.
        # 여기에 코드 작성

        # 인코더-디코더 attention 층을 구축해보자.
        # query 값으로 타겟 시퀀스에 self-attention 적용된 값을 넣는다.
        # key와 value 값으로 인코더의 출력 값을 넣는다.
        # 여기에 코드 작성
```

```
        # 두 번째 layer norm을 적용해보자.
        # 여기에 코드 작성

        # feed forward 층을 구축해보자.
        # 여기에 코드 작성

        # layer norm을 마지막으로 적용해보자.
        # 여기에 코드 작성

    @property
    def parameters(self):
        """ 모델의 모든 매개변수들을 출력해주는 편리한 함수 ""
        # 여기에 코드 작성
```

Intro	학습 데이터 만들기	모델의 전반적 구조	Scaled Dot Product Attention	Multihead Attention	인코더	디코더	위치 인코딩	트랜스포머 구현	암호화된 문장 해독	Attention head의 시각화

7 위치 인코딩(Positional Encoding)

지금까지 트랜스포머의 디코더 부분까지 구성하는 것을 완료하였다. 근데 가장 중요한 무엇인가를 빼먹었다. 지금까지 구성한 트랜스포머로만 작동을 시키면 트랜스포머는 입력의 위치에 대해선 아는 바가 없게 된다. 앞서 배운 RNN에서는 토큰을 순서대로 처리하여 모델 자체가 토큰이 갖는 위치 정보를 이용할 수 있도록 했다면, 트랜스포머에서는 들어온 입력의 위치 정보를 기억할 수 있는 기능이 없고 무작위로 들어오는 형태를 띤다. 따라서 트랜스포머로 들어간 입력은 마치 앞에서 배운 BOW와 같은 형태를 띤다고 생각해도 좋다. 여러 토큰이 순서를 갖고 나열된 것이 아니라 무작위로 배열된 상황이므로 트랜스포머는 입력값의 위치 정보를 활용할 수 없다.

이 문제를 해결하기 위한 방법으로 우리는 트랜스포머의 입력에 위치 인코딩(positional encoding)이란 것을 도입한다. 단어 벡터에 위치 인코딩을 적용한다는 것은 문장을 이루는 토큰이 갖는 임베딩 벡터에 토큰의 위치 벡터를 더하는 것이라고 이해할 수 있다. 위치 벡터는 주로 코사인과 사인 함수를 이용해 나타낸다.

> **Note** 앞선 워드 임베딩 파트의 실습 1에서 워드 임베딩을 갖는 데이터를 시각화한 것을 떠올려보자. 워드 임베딩이 잘 이루어진 경우 단어 벡터가 이루는 클러스터링을 통해 우리는 단어 간 유사성을 파악할 수 있었다. 여기에 더해 위치 인코딩으로 문장 내에서 단어의 위치 벡터까지 더해진다면 단어들끼리 이루는 거리는 유사성과 위치의 영향을 동시에 받을 것이다.[66]

위치 인코딩 벡터의 모양은 입력 시퀀스의 모양과 동일하다. 인코더와 디코더에 입력되기 전에 입력 시퀀스에 위치 인코딩 벡터를 더해줌으로써 위치 인코딩을 적용할 수 있다. 이로써 우리는 모델에 시퀀스를 이루고 있는 각 토큰에 대한 위치 정보를 제공하는 것이 가능해지고 트랜스포머가 고려할 수 없었던 문제를 해결하였다.

아래에는 위치 인코딩을 위한 class 'PositionalEncoder' 코드이다. 주석과 함께 코드를 따라가보자.

```
class PositionalEncoder:
    def __init__(self, dim):
        """ 트랜스포머 모델의 위치 인코더를 초기화한다.

        매개변수(Parameters)
        ----------
        dim : int
            소스와 타켓 시퀀스를 이루는 토큰의 임베딩이 갖는 차원인 'd'. 만약 one-hot 인
            코딩이라면 단어의 크기에 해당한다.('the size of the vocab이 단어의 개
            수?)
        """
        self .dim = dim

    def __call__(self, seq_len):
        """ 시퀀스 내의 각 토큰이 갖는 '지문'과 같은 위치 인코딩을 계산

        매개변수(Parameters)
        ----------
        seq_len : int
            인코딩된 시퀀스의 길이('T')
```

66) https://www.tensorflow.org/text/tutorials/transformer

```
    반환 값(Returns)
    -------
    numpy.ndarray, shape : (T, 1, d)
        d 차원을 갖는 임베딩으로 이루어졌고 그 길이가 T인 시퀀스에 대한 위치 인코딩으로
        시퀀스로 이루어진 배치로 브로드캐스팅이 가능하도록 만들어짐.
    """
    den = 10000**(-np.arange(0, self.dim, 2)/self.dim)
    pos = np.arange(0, seq_len).reshape(seq_len, 1)

    out = np.zeros((seq_len, self.dim))
    # 위치 인코딩에서 사용하는 코사인 및 사인 함수
    out [:, 0::2]=np.sin(pos * den)
    out [:, 1::2]=np.cos(pos * den[:self.dim // 2])

    return out[:, None]
```

이 class는 토큰의 임베딩이 갖는 차원을 의미하는 'dim'과 시퀀스 길이를 의미하는 'seq_len'의 두 입력을 필요로 한다. 출력값은 (seq_len, 1, dim) 모양을 갖는 배열이 된다. 이제 위의 class와 아래의 코드까지 모두 실행해보라. 실행한 뒤에는 위치 인코더가 내놓는 출력값이 어떤 형태를 띠는지 확인해보자.

```
C =50 # 토큰의 임베딩 크기
T =20 # 시퀀스 길이

pos = PositionalEncoder(C)

fig, ax = plt.subplots()

# 도식화할 때 배치가 갖는 차원을 없애기 위해 squeeze 적용
ax.imshow(pos(T).squeeze())

ax.set_xlabel("Dimension of Token Embeddings")
ax.set_ylabel("Positional Encoding for \n Tokens in Sequence");

# squeeze 한 후 도식화한 위치 임베딩은 (C, T) = (20, 50)의 모양으로 출력된 것을 확인
할 수 있다.
```

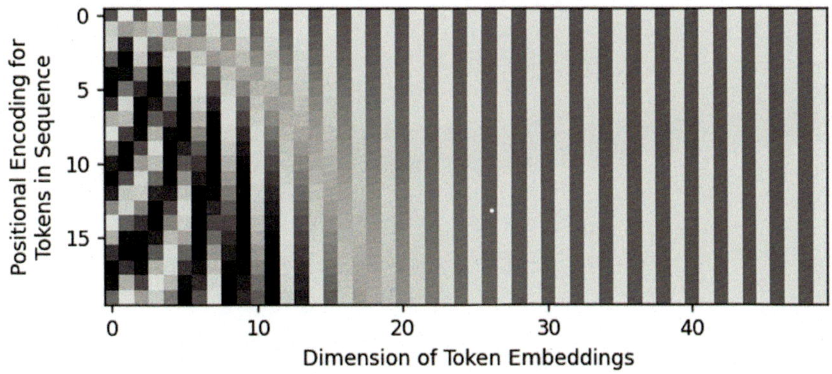

그림 6.9 위치 인코딩의 시각화[67]

위 셀을 실행하면 위치 인코딩에 대한 출력으로 나온 값은 그 모양이 (T, 1, C)가 된다. 우리가 갖고 있는 시퀀스에 위치 인코딩을 적용시키기 위해서는 시퀀스와 위치 인코딩 값을 더해주어야 한다. 따라서 임베딩 차원과 같은 차원을 갖는 것을 알 수 있다.

Intro	학습 데이터 만들기	모델의 전반적 구조	Scaled Dot Product Attention	Multihead Attention	인코더	디코더	위치 인코딩	트랜스 포머 구현	암호화된 문장 해독	Attention head의 시각화

8 트랜스포머 구현

이제 트랜스포머를 구성하는 모든 요소를 만들었으니 합쳐서 트랜스포머 구동을 위한 코드를 완성해보자!

```
class Transformer:
    def __init__(self, dim, h_dim, n_enc, n_dec, n_head = 3):
        """ 완전한 트랜스포머 모델을 구현해보기.

        매개변수(Parameters)
        -----------
```

67) 코드 실행 결과

```
    dim : int
        소스와 타켓 시퀀스를 이루는 토큰의 차원 ('d').

    h_dim : int
        각각의 feed forward 층에 있는 뉴런 개수.

    n_enc : int
        순차적으로 적용할 인코더 층의 개수.

    n_dec : int
        순차적으로 적용할 디코더 층의 개수.

    n_head : int
        각 multi-head attention에서 사용할 attention head의 개수.

    """
    # 'PositionalEncoder'를 알맞은 임베딩 차원으로 구현해보기
    # 여기에 코드 작성

    # 'TransformerEncoder'와 'TransformerDecoder'에 해당하는 두 리스트를
      생성
    # 그 길이는 각각 'n_enc'과 'n_dec'.
    # 우리는 __call__'에 여러 개의 인코더와 디코더를 적용하기 위해 생성한 리스트를 바
      탕으로 반복할 것이다.
    # 여기에 코드 작성

    # softmax 확률이 각 토큰에 대하여 계산되기 이전에
    # 최종적으로 디코더가 최종적으로 출력하는 값을 '해석'할
    # MyNN의 밀집층을 인스턴스하기
    #
    # 밀집층은 'd' 차원의 벡터를 'd' 차원으로 가져가야 한다.
    # glorot_normal을 weight initializer로 사용해라.
    # 여기에 코드 작성

def __call__(self, src, tgt):
    """ 완전한 트랜스포머 forward pass를 수행

    매개변수(Parameters)
    ----------
```

```
        src : 집합[numpy.ndarray, mygrad.Tensor], shape=(T, N, d)
            소스 시퀀스의 batch.

        tgt : 집합[numpy.ndarray, mygrad.Tensor], shape=(t, N, d)
            타겟 시퀀스의 batch.

        반환 값(Returns)
        -------
        mygrad.Tensor, shape=(t, N, d)
        """
        # 소스 시퀀스에 대한 위치 인코딩을 계산하고
        # 소스 시퀀스에 구한 것을 더해라.
        # 여기에 코드 작성

        # 인코더 층의 리스트에 대해서 반복
        # 각 층에서 얻은 출력을 다음 층에서의 입력으로 사용
        # 디코더에서 사용할 인코더의 마지막 입력값을 저장하는 것도 유의
        # 여기에 코드 작성

        # 타겟 시퀀스에 대한 위치 인코딩을 계산하고
        # 타겟 시퀀스에 구한 것을 더해라.
        # 여기에 코드 작성

        # 디코더 층의 리스트에 대해서 반복
        # 각 층에서 얻은 출력을 다음 층에서의 입력으로 사용
        # 여기에 코드 작성

        # 마지막 밀집층을 적용하고 그 출력을 반환
        # 여기에 코드 작성

    @property
    def parameters(self):
        """위 모델이 갖는 모든 파라미터를 불러올 때 사용하는 편리한 함수 """
        # 여기에 코드 작성
```

트랜스포머 모델까지 형성했으니 이제 모델이 학습을 진행할 차례만 남았다. 학습 과정을 진행하기에 앞서 미리 noggin plot을 불러오도록 하자. 모델 학습 과정에서 얻은 손실 및 정확도 변화를 우리가 확인할 필요가 있기 때문에 미리 손실과 정확도를 나타낼 수 있는 그래프 공간을 만들어 놓는 것이 편리하다.

```
from noggin import create_plot
## 여기에 코드 작성
```

앞서 정의 내린 트랜스포머 모델이 갖는 입력 중 feedforward 은닉 차원은 30, 인코더와 디코더 층은 각각 2개, 어텐션 헤드는 4로 설정한 다음 모델 학습을 진행해 볼 것이다. 이제 항상 해왔듯이 신경망 학습을 위해 옵티마이저(optimizer)와 함께 트랜스포머 모델을 불러와 보도록 하자. 옵티마이저로는 Adam을 사용할 것인데 이 Adam은 모델, 트랜스포머가 갖는 일반적인 매개변수에 대해 최적화를 진행해줄 것이다. 이 개념을 이해하고 아래에 모델로 트랜스포머를 불러오고 최적화 과정까지 정의해보도록 하자.

```
# 여기에 코드 작성
```

마지막으로, 아래에 loop 코드를 이용하여 학습 과정을 짜보도록 한다. Epoch 수는 자유롭게 정해도 좋지만 먼저 1회 실시해본 후 정확도를 확인해보도록 한다. 처음부터 너무 많은 epoch를 행하면 학습하는데 상당한 시간이 소요될 수 있으니 1 epoch를 시작으로 점차 늘려가 보면서 정확도가 높아지는 epoch를 찾아보는 것이 좋을 것이다. 늘 그랬듯이 학습의 효율성을 위해 batch 크기를 정해주어야 하고 시퀀스의 길이 또한 알아야 한다. 학습 과정에서 예측값과 실제값 간 손실은 softmax_crossentropy을 통해 처리해주고 이번엔 정확도를 계산하는 코드도 같이 작성해보라. 코드 작성을 끝낸 후 셀을 실행해보면 그래프에 손실은 점점 감소하고 정확도는 점차 증가하는 모습이 나타난 것을 확인할 수 있을 것이다.

```
# 여기에 코드 작성
```

Intro	학습 데이터 만들기	모델의 전반적 구조	Scaled Dot Product Attention	Multihead Attention	인코더	디코더	위치 인코딩	트랜스포머 구현	암호화된 문장 해독	Attention head의 시각화

9 암호화된 문장 해독

일정 수준 이상의 정확도를 보인 트랜스포머 모델을 학습을 통해 얻었다면, 새롭게 얻은 encrypted text 혹은 cipher text라고도 하는 암호화된 문장을 바로 다시 해독하는 과정도 가능하다. 먼저 one-hot 인코딩 방식으로 주어진 데이터를 디코딩하는 과정을 거치고, 그다음 one-hot 문장을 실제 토큰으로 다시 바꾸는 과정을 거치면 일정 이상의 정확도를 갖는 해독화된 문장을 얻을 수 있을 것이다. 다시 정리하자면 트랜스포머 모델을 이용해 우리는 다음 순서에 나올 토큰을 얻을 것이다. 여기에 사용되는 방식은 'greedy decoding'이라고 불리는 방식이며 이는 토큰과 각 토큰에 해당하는 확률이 주어지면 그 중 가장 높은 확률을 갖는 토큰을 argmax 함수로 출력해내는 방식이라고 간단하게 말할 수 있겠다. 즉, argmax를 이용해 다음에 나올 확률이 가장 높은 토큰을 계속해서 출력해 나가면 된다. 아래의 셀에 'greedy decoding' 방식을 이용한 코드를 작성해보자.

```
# 추론을 위해 'greedy decoding'을 활용
test_tgt_one_hot = np.zeros_like(test_src_one_hot)
test_tgt_one_hot[0, :, -2] = 1 # 모든 시퀀스를 시작 토큰(start token)으로 시
작하도록 한다.

for i in range(len(test_tgt_one_hot)-1):
    # 타켓 시퀀스에서 첫 번째 'i' 토큰들에 접근
    # 여기에 코드 작성

    # 완전한 소스 시퀀스와 전체에서 일부만 존재하는 타겟 시퀀스 보내기
    # 여기에 코드 작성

    # 'i+1'번째 토큰을 가장 예측 점수가 높은 토큰으로 업데이트
    # 여기에 코드 작성
```

```
# 다음의 것으로 알파벳을 정의하자: ' ' = space, ~ = start, ! = stop
ALPHA_STA_STO = string.ascii_lowercase + " ~!"
decoded_str = []
# batch가 갖는 차원에 맞게 반복
for seq_one_hot in test_tgt_one_hot .transpose(1, 0, 2):
 # 시퀀스의 one-hot 인코딩에 기초에 알파벳으로 인덱스하기
 seq_text = "".join([ALPHA_STA_STO[i] for i in
seq_one_hot.argmax(axis = -1)])
 decoded_str.append(seq_text)
print(decoded_str)
```

위 두 개의 셀을 실행함으로써 어느 정도 정확한 실제 문장을 추론하는 것이 가능하다.

Intro	학습 데이터 만들기	모델의 전반적 구조	Scaled Dot Product Attention	Multihead Attention	인코더	디코더	위치 인코딩	트랜스포머 구현	암호화된 문장 해독	Attention head의 시각화

10 Attention head의 시각화

여기까지 성공했다면 마지막으로 우리가 사용했던 모든 attention head를 시각화해보며 본 실습을 마무리하자. 아래의 것은 단순 예시이고 이름을 설정할 때 반드시 본인이 모델 정의를 내릴 때 사용했던 속성의 이름으로 설정해야 한다는 점을 잊지 말자!

```
# 이미 학습을 거친 트랜스포머 모델로 모델 설정
model = model

#  모델의 인코더 목록의 이름으로 설정 (string)
enc_layers = "enc_layers"

# 트랜스포머 모델의 디코더 목록의 이름으로 설정 (string으로)
dec_layers = "dec_layers"

# 트랜스포머 인코더에 쓰인 MultiHeadAttention'  self-attention의 이름으로 설정
(string으로)
enc_self_attn = "self_attn"

# 트랜스포머 디코더에 쓰인 MultiHeadAttention'  self-attention의 이름으로 설정
(string으로)
dec_self_attn = "self_attn"

# # 트랜스포머 디코더에 쓰인 MultiHeadAttention'  encoder-decoder의 이름으로 설정
(string으로)
dec_enc_dec_attn = "enc_dec_attn"
```

```
enc_layers_ls = getattr(model, enc_layers)

n_layers = len(enc_layers_ls)
n_heads = len(getattr (enc_layers_ls[0], enc_self_attn).Wq)

fig, ax = plt.subplots(n_layers, n_heads)
ax = np.array(ax).reshape(n_layers, n_heads)

for I, layer in enumerate(enc_layers_ls):
    a_ij = getattr(layer, enc_self_attn).a_ij[:, 0] # shape: (T, h, t)
    for j in range(a_ij.shape[1]):
        head_aij = a_ij[:, j]
        ax[i, j].imshow(head_aij);
```

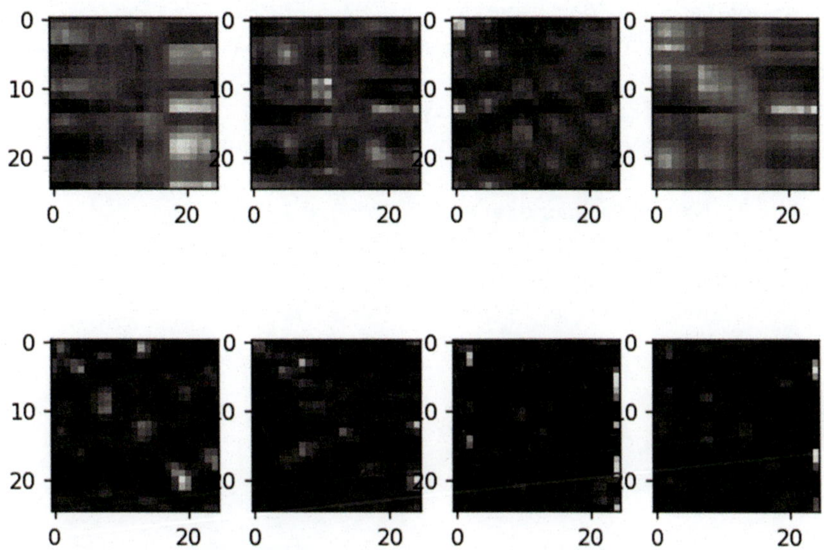

그림 6.10 Attention head 시각화 예시[68)]

먼저 위 셀을 실행하면 위 그림처럼 우리가 트랜스포머에서 사용한 어텐션 헤드가 어떻게 생겼는지 확인할 수 있다. 나머지 셀도 마저 실행해보고 어텐션 헤드가 어떻게 생겼는지 눈으로 확인해보면 이 개념을 보다 명확히 이해하는데 도움이 될 것이다.

68) 코드 실행 결과

```
dec_layers_ls = getattr(model, dec_layers)

n_layers = len(dec_layers_ls)
n_heads = len(getattr(dec_layers_ls[0],dec_self_attn).Wq)

fig ,ax = plt.subplots(n_layers, n_heads)
ax = np.array(ax).reshape(n_layers, n_heads)

for i, layer in enumerate(dec_layers_ls):
    a_ij = getattr(layer, dec_self_attn).a_ij[:, 0] # shape: (T, h, t)
    for j in range(a_ij.shape[1]):
        head_aij = a_ij[:, j]
        ax[i, j].imshow(head_aij);
```

```
n_layers = len(dec_layers_ls)
n_heads = len(getattr(dec_layers_ls[0], dec_enc_dec_attn).Wq)

fig, ax = plt.subplots(n_layers, n_heads)
ax = np.array(ax).reshape(n_layers, n_heads)

for i, layer in enumerate(dec_layers_ls):
    a_ij = getattr(layer, dec_enc_dec_attn).a_ij[:, 0] # shape: (T, h, t)
    for j in range (a_ij.shape[1]):
        head_aij = a_ij[:, j]
        ax[i, j].imshow(head_aij);
```

배운 내용 되돌아보기

Intro	학습 데이터 만들기	모델의 전반적 구조	Scaled Dot Product Attention	Multihead Attention	인코더	디코더	위치 인코딩	트랜스 포머 구현	암호화된 문장 해독	Attention head의 시각화

☑ 트랜스포머는 Seq2Seq의 순환적 구조에서 기인한 한계점을 극복했다. 문장의 길이에 관계없이 정해진 횟수만큼 인코더와 디코더의 층이 반복되는 구조를 가지고 있다. 각 층이 끝나는 구간에는 Batch Normalization과 Residual Connection이 적용되어 있어 신경망의 성능을 꾸준히 향상시켜준다.

- ☐ Scaled Dot Product Attention 기법을 통해 한 차례의 연산으로 Attention Weight을 산출할 수 있게 했다. 이는 직전 디코더의 hidden state(Q)와 인코더의 hidden state들(K, V)의 내적으로 나타내며, 두 배열 사이의 연관성을 나타낸다.
- ☐ Q, K, V를 활용한 Attention Weight 연산은 수행하는데 오래 걸리기에, Multihead Attention 기법을 통해서 h개의 Attention head로 나누어 동시다발적으로 진행해 주었다. 이로써 수행하는데 걸리는 시간이 효과적으로 줄어든다.
- ☐ 디코더에서는 타겟 시퀀스가 입력되는데, 이 과정에서 t번째 토큰을 예측하는데 타겟 시퀀스의 t번째 이후의 토큰들이 영향력을 행사하는 것은 좋지 않다. 이를 방지하기 위해 마스킹을 도입하였다. 마스킹을 통해서 t번째 토큰을 예측하는 데는 그 이전의 토큰들만 관여할 수 있도록 조정해주었다.
- ☐ 트랜스포머 모델이 반영할 수 없는 토큰의 위치 정보를 고려하기 위해 위치 인코딩(positional encoding)이란 개념을 도입하였다. 이는 토큰이 갖고 있던 기존 임베딩에 토큰의 위치 정보를 반영할 수 있는 벡터를 함께 고려하고자 하는 개념이다. 이때의 벡터는 코사인 및 사인 함수에 의존하였다.
- ☐ 트랜스포머에 필요한 구성들을 모아 하나의 트랜스포머 모델을 형성하였다. 이때 사용한 attention head를 시각화해보았는데 이 과정으로 추상적으로 다가왔을 attention head가 무엇인지 눈으로 확인할 수 있었다.
- ☐ 완성된 트랜스포머 모델로 주어진 암호화된 문장을 해독할 수 있었다. 'greedy decoding'이란 방식을 이용해 계속해서 그 다음에 이어질 토큰을 예측할 수 있다는 것을 확인했다. 여기서 'greedy decoding'이란 argmax 함수를 통해 가장 높은 확률로 뒤이어 나올 토큰을 예측하는 방식이었다.

6절. 신경망 성능 향상을 위한 기법들을 마무리하며

이번 6절에서는 신경망의 성능을 높이기 위해 도입된 추가 기법들에 대해서 살펴보았다. 데이터 정규화의 장점을 빌려온 Batch Normalization과 Layer Normalization. Gradient의 최솟값을 설정해줌으로써 역전파의 성능 저하를 방지한 Residual Connection. 그리고 이 둘을 이용하여 순환적 구조의 한계를 이겨낸 Transformer. 이 기법들은 자연어 처리 분야뿐만 아니라 컴퓨터 비전 분야에서도 유용한 툴로 사용되고 있다.

실습 12를 통해 Attention 기반 모델인 트랜스포머를 자세히 살펴보았다. 이 모델은

Scaled Dot Product Attention 기법을 통해 모든 입력 값을 한 번에 받아서 한 번에 결과를 출력해준다. 또한, Multihead Attention을 통해 이 연산에 걸리는 시간을 획기적으로 줄였다.

이로써 자연어 처리 분야의 근간을 이루는 기법들에 대해 살펴보았다. 이 책을 잘 따라왔다면, 아마 자연어 처리 분야의 Base를 성공적으로 구축했을 것이다. 인공지능 분야의 경우, 연구를 주 목적으로 하는 연구원 뿐만 아니라 연구 결과를 활용하는 엔지니어들도 논문 리딩이 생활화 되어있다. 매일매일 새로운 기술과 혁신이 쏟아져 나오기 때문에, 이에 발맞추기 위해서는 신문 읽듯이 논문을 읽어야 하기 때문이다. 이 책을 뗀 독자 여러분에게도 논문 읽기를 시작해보기를 권한다. 무엇을 읽어야할지 막막하다면, 우리가 방금 다뤘던 트랜스포머 모델을 소개한 논문을 읽어보아도 좋고, Batch Normalization에 대한 논문을 읽어보아도 좋다. 멀게만 느껴졌던 논문들이겠지만, 이 책을 완수한 독자라면 충분히 해낼 수 있을 것이다!